IRINEU MARINHO
Imprensa e Cidade

Maria Alice Rezende de Carvalho

IRINEU MARINHO
Imprensa e Cidade

PREFÁCIO
José Murilo de Carvalho

PESQUISA
Memória Globo

GLOBOLIVROS

É com muito orgulho que vemos o lançamento deste livro sobre nosso avô, Irineu Marinho. A pesquisa minuciosa e a análise apurada feita pela socióloga Maria Alice Rezende de Carvalho nos confirmaram muito do que já sabíamos por meio dos relatos de parentes. Mas, principalmente, nos revelaram aspectos de sua vida que, em grande medida, explicam a trajetória de nossa família e de seus valores. Irineu Marinho morreu cedo, poucos dias depois de lançar o jornal O Globo, em 1925, décadas antes de nosso nascimento, portanto. Nosso pai, Roberto Marinho, era ele próprio muito jovem quando assumiu a liderança do jornal. Porém, ao longo de sua vida, sempre teve nosso avô como uma referência importante, e não se cansava de nos repetir isso. Este livro de Maria Alice Rezende de Carvalho ajuda a entender melhor a razão dessa influência.

Para nós, é surpreendente e gratificante confirmar em dados históricos que o que somos hoje, como um conglomerado de mídia, e os princípios que sustentamos já estavam presentes lá atrás, como semente, em Irineu Marinho. Em primeiro lugar, sobressai a paixão por comunicação, de maneira integral e abrangente: criou os jornais A Noite, que revolucionou o jornalismo brasileiro quando do seu surgimento em 1911, e O Globo, que seguiu os seus passos e o superou; foi dono de uma produtora cinematográfica, com a realização de filmes que marcaram a sua época, e abriu uma editora de livros e revistas. À exceção dos jornais, tais iniciativas não prosperaram, mas é fascinante ver que o empenho de nosso pai na produção audiovisual, com a TV Globo, com a edição de livros e revistas, e com tudo o mais que diga respeito à mídia, como o rádio, seguiu, anos mais tarde, uma obstinação que era também de nosso avô. E que agora é nossa, e de nossos filhos, com os desafios de nosso tempo, a internet e os novos meios: temos a mesma paixão por comunicação, o mesmo entendimento de que esta é uma atividade essencial para o desenvolvimento do ser humano.

Irineu Marinho apostou na modernização da sociedade e na cultura brasileira. Viveu o Rio de Janeiro, então capital federal, em todas as suas dimensões: participava de entidades filantrópicas, associações civis e organizações profissionais; incentivava o teatro de revista e a música popular, como o samba e o chorinho. Era amigo de escritores, atores e sambistas. Um dos pontos que mais nos tocaram sentimentalmente no livro foi confirmar, baseado em documentos, que o primeiro samba, "Pelo telefone", teve como inspiração duas reportagens do jornal A Noite. Ter a nossa família, de algum modo, na raiz do samba, é algo que, para brasileiros, não pode ter importância maior.

Maria Alice revela ainda que a atuação de Irineu Marinho como jornalista, iniciada apenas com 15 anos de idade, foi pautada por uma busca permanente pela independência editorial e econômica, num contexto de grande pressão dos

Família Marinho e amigos na varanda da casa de Correias, em 1921. Em pé, da esquerda para a direita: Mário Magalhães, Roberto Marinho, d. Christina (mãe de d. Chica), d. Chica, sra. Mário Magalhães e filho. Sentados, em sentido horário: Heloísa, Elvira (irmã de d. Chica), Irineu Marinho e filha de Mário Magalhães (com laço na cabeça).
MEMÓRIA GLOBO

governos oligárquicos. Repórter por vocação, acreditava que apenas a notícia que buscasse a isenção era fonte de informação e conhecimento para a população. A Noite, e depois O Globo, eram jornais essencialmente noticiosos, diferentes da maioria dos grandes jornais da época, de estilo mais literário e longos artigos de fundo. A essência era o fato, e a obrigação do jornalista, noticiá-lo, independentemente de pressões. Quando lemos os Princípios Editoriais das Organizações Globo, *por nós formalizados em documento em 2011, fica mais claro por que ali dissemos que aquele conjunto de normas sempre foi seguido de maneira intuitiva, ao longo dos anos, por nossas redações. Porque começou a nascer longe, pelas mãos de Irineu Marinho.*

Num Brasil tão carente de estudos que recuperem a trajetória dos homens que ajudaram a moldar a nossa cultura, o livro Irineu Marinho – Imprensa e Cidade *ocupa de maneira indispensável uma lacuna. O leitor, acredite, ao ter a visão do homem Irineu Marinho terá fundamentalmente o panorama da época da qual ele foi fruto. Da qual todos nós somos fruto.*

— Roberto Irineu Marinho, João Roberto Marinho e José Roberto Marinho

PREFÁCIO 9
PONTO DE PARTIDA 13
1. UMA HISTÓRIA PLAUSÍVEL 19
2. PAISAGENS ANCESTRAIS 29
3. NOVA IMPRENSA 39
4. TRAVESSIAS 53
5. CAPITAL FEDERAL 67
6. CÚMPLICES 83
7. "A NOITE" 97
8. "A NOITE" E A POLÍTICA 121
9. "A NOITE" E A CIDADE 139
10. SOL DE CARTOLINA AMARELA 159
11. VOLTAR 193
CRONOLOGIA 213
BIBLIOGRAFIA 219
ÍNDICE ONOMÁSTICO 222

PREFÁCIO

José Murilo de Carvalho

O primeiro elogio a ser feito a este livro de Maria Alice Rezende de Carvalho é que o título, *Irineu Marinho – Imprensa e Cidade*, corresponde precisamente ao conteúdo. De fato, o tema do livro é Irineu Marinho, a imprensa (carioca) e a cidade (Rio de Janeiro, então capital do país). Um nome, uma atividade, uma geografia humana. O que a autora nos apresenta, com base em boa pesquisa, competência profissional e rica imaginação, é uma análise das iniciativas, muitas delas pioneiras, do empresário Irineu Marinho, empreendidas em estreito entrosamento com a vida cultural e política da cidade. Para isso, recorreu a documentos da família reunidos no Memória Globo, a fontes diversas de outras instituições, a uma iconografia que valoriza esta publicação e à literatura sobre o Rio de Janeiro, que inclui um de seus livros, *Quatro vezes cidade*.

Pode ser útil resumir algumas informações fornecidas pela autora. Filho de imigrante português de modestos recursos, Irineu Marinho encarnou um exemplo de ascensão de portugueses, ou seus descendentes, no Rio de Janeiro, baseado em grande esforço próprio, mas contando sempre com boa ajuda dos patrícios. No caso de Irineu, a ajuda se fez presente na fundação de seu primeiro jornal, *A Noite,* em 1911. A propósito, é conhecida a enorme influência exercida por portugueses na economia e na sociedade do Rio de Janeiro na virada do século. Falta ainda um estudo mais acurado dessa influência na imprensa da capital, de que o exemplo mais conspícuo foi *O Paiz*, jornal quase oficial dos governos após a proclamação da República.

A marca empresarial presente na atuação de Irineu Marinho como jornalista, que a autora chama de norte-americana, revelou-se sobretudo na preocupação de manter o jornal independente da ajuda e, portanto, da tutela dos governos, contrariando a prática da maioria dos órgãos de imprensa da época. Independente financeiramente do governo era, sem dúvida, o *Jornal do Commercio*, fundado em 1827 e, desde 1890, de propriedade da firma comanditária Rodrigues & C., presidida por José Carlos Rodrigues. No entanto, a independência do *Jornal do Commercio* em relação ao governo era contrabalançada por sua estreita vinculação com o que se chamava então praça do Rio de Janeiro, que impunha ao jornal estrita neutralidade partidária. Irineu Marinho buscou outro tipo de

independência, baseado na lucratividade do jornal. Para ser lucrativa, a folha precisava de leitores e anunciantes. Para aumentar a tiragem, o novo jornal, a exemplo do que fizera o *Jornal do Brasil* no início da República, foi em busca do leitor comum, adaptou a ele sua linguagem e temática, ampliou a presença de reportagens. A tática funcionou como demonstrado pelas tiragens, altas para os padrões da época. O jornal dava resultados do jogo do bicho, ou dos bichos, como se dizia, na primeira página, caprichava no noticiário policial, envolvia-se em problemas da cidade, promovia concursos de beleza. No esforço empresarial, Irineu Marinho foi além do jornal. Demonstrando agora autêntico pioneirismo, diversificou seus negócios, investiu na indústria do entretenimento, na produção cinematográfica, na música popular. Aproximar-se do povo e da cidade para se libertar financeiramente revelou-se inicialmente boa política e bom negócio.

Mas, conta-nos a autora, Irineu Marinho, para seu mérito, não conseguiu manter-se alheio à política. Como o *Correio da Manhã* de Edmundo Bittencourt, fundado em 1901, e desde então consistentemente oposicionista, *A Noite* já nasceu crítica do governo Hermes da Fonseca, o que rendeu uma viagem forçada a seu dono e família em 1914 e represálias contra o jornal. Em 1922, agora por suspeita de simpatia pelos tenentes revoltosos, Irineu Marinho foi preso e, já no governo de Artur Bernardes, compelido a uma viagem à Europa que visava tanto tratar da saúde como fugir às ameaças do estado de sítio que vigorou no país por boa parte daquele governo. Traído por companheiros enquanto ausente, perdeu o comando do jornal em 1925. Mas, pouco tempo depois, deu a volta por cima e fundou novo jornal, *O Globo,* que não chegou a dirigir por ter falecido poucos dias depois, aos 49 anos de idade. O destino do novo jornal recairá sobre o filho mais velho, Roberto Marinho, e faz parte de outra história.

Maria Alice Rezende de Carvalho conta-nos, em suma, a história de Irineu Marinho, seu espírito empresarial, sua busca de independência frente ao governo, seu esforço de profissionalização da carreira de jornalista, distanciando-a do beletrismo, sua sensibilidade em relação à cultura popular carioca, sua simpatia pelas emergentes demandas por maior participação de novos setores sociais no mundo político ainda sob a tutela do pacto coronelista consolidado desde o governo de Campos Sales. Mas, a partir do início dos anos de 1920, quando a Primeira República começou a mostrar sinais de crise, o esforço do empresário e jornalista tornou-se cada vez mais difícil e foi interrompido por sua morte prematura. O ímpeto oposicionista na imprensa foi retomado três anos depois pelo *Diário Carioca* de José Eduardo de Macedo Soares. A combinação original tentada por Irineu Marinho em *A Noite,* qual seja, empreendedorismo, independência do governo, aproximação da cultura popular e crítica política foi tão virtuosa quanto difícil.

Fazendo conversarem entre si a vida de Irineu Marinho, suas atividades de jornalista e empresário e a cidade do Rio de Janeiro, tal como prometido no título, Maria Alice Rezende de Carvalho nos presenteia com um livro arguto, imaginativo, bem escrito. O que mais se pode pedir a um autor ou autora?

PONTO DE PARTIDA

OROTHY PARKER, LENDÁRIA POETA, CRONISTA E jornalista norte-americana dos anos 1920, dizia que odiava escrever, mas adorava ter escrito. Para autores, o fim da história costuma ser o reencontro com o prazer da escrita. Com leitores se dá o inverso: é o começo da história que sugere prazeres futuros. Por isso, não se oferece a quem lê o árduo caminho da pesquisa, mas uma ideia generosa sobre o argumento completo. Antecipo, então, algumas conclusões deste livro na expectativa de que o leitor ou a leitora acidental se anime a seguir com ele.

A conclusão mais abrangente é que Irineu Marinho, seu jornal *A Noite* e o Rio de Janeiro nas primeiras décadas do século XX constituem, juntos, uma boa chave para decifrar a moderna experiência cultural na capital da República. São, a rigor, as figuras do repórter, da imprensa profissional e popular, e de um território socialmente mesclado que permitem entrever os andaimes de um mercado de notícias e entretenimento em construção, que não separou radicalmente elite e povo, alta e baixa culturas, produção cultural de massa e prestígio intelectual. Lúcio de Mendonça, fundador, entre outros, da Academia Brasileira de Letras, teve um de seus contos roteirizado por Medeiros e Albuquerque, também membro da ABL, para a realização de *Ambição castigada* – película produzida pela Veritas Film, empresa de Irineu Marinho. E de forma análoga, mas em sentido inverso, os Oito Batutas, grupo musical constituído por negros culturalmente achegados à "pequena África" carioca, como Donga e Pixinguinha, foram apadrinhados por Irineu Marinho e patrocinados pelo magnata Arnaldo Guinle, em viagem que os levou a Paris e à condição de símbolos da cultura nacional em 1922.

Tal conclusão não significa desconhecer a truculência com que eram tratados pobres e negros na capital federal, o preconceito de que eram vítimas, a recusa de segmentos da elite sociopolítica em admiti-los no espaço urbano e, por isso, a tensão permanente, a sucessão de revoltas, os tiros, as prisões e mortes com que se "resolviam" conflitos sociais.

PÁGINA AO LADO:
Retrato de Irineu Marinho, década de 1920. Foto: Bastos Dias.
MEMÓRIA GLOBO

Mas, apesar ou além disso, a cidade tramou, de baixo para cima, uma verdadeira malha de autores teatrais, artistas, músicos e jornalistas – gente que se empenhou em fazer nome e dinheiro, valendo-se da animação que costuma caracterizar uma cidade portuária, principalmente se ela acumula a função de centro político e administrativo do país.

Foi também surpreendente a constatação de uma cultura jornalística bastante desenvolta que, já nos primeiros anos do século XX, começou a alterar as características dos antigos periódicos, com seus "artigos de fundo", sua aridez gráfica, sua equipe de literatos emprestada àquele ofício. O fato de as máquinas exigidas para a modernização da imprensa no Brasil serem provenientes dos Estados Unidos e da Europa pode ter favorecido a circulação de profissionais e de certos procedimentos, padrões estéticos, recursos comunicativos que, fruto das reformas democratizantes da imprensa de lá, tenderam a ser adaptados às nossas condições e aos costumes daqui.

A Noite, portanto, não foi caso singular da "nova imprensa brasileira", e Irineu Marinho não terá sido o primeiro jornalista e empresário do ramo a perceber as mudanças que nos chegavam. Porém, é visível sua presença no movimento de renovação da produção de notícias no Rio de Janeiro e, talvez, por algum tempo, sua liderança, pois como afirmou um crítico de *O Paiz*, *A Noite* introduziu um tipo inédito de linguagem jornalística, misto de informação e ficção, que prendia o leitor. Folha independente, sem subvenção do Estado, as estratégias de comunicação para ampliação de suas vendas faziam com que *A Noite* caminhasse no fio tênue que separa jornal popular e jornal democrático, cujas fronteiras, naquela época, eram bem pouco definidas.

Irineu Marinho teve trajetória afortunada como empresário, mas politicamente atribulada. Foi perseguido por Hermes da Fonseca, preso por Epitácio Pessoa e partiu para o autoexílio sob a presidência de Artur Bernardes. Defensor de um projeto de nação mais inclusivo, acompanhou os estratos médios urbanos em seus anseios por uma república antioligárquica. Fiadores políticos desse programa foram os civilistas, os tenentistas e os comunistas de 1922 – grupos que conheceram superposições, composições e, em alguns casos, rematada fusão, como a que acometeu parcela dos tenentes da Coluna Prestes e os comunistas organizados no PCB. Irineu Marinho esteve muito próximo dos civilistas e dos tenentistas; pelos comunistas não alimentou preconceito. Após retornar ao Brasil, em 1925, precisando de rotativas para fundar o jornal que se chamará *O Globo*, alugou a Marinoni que pertencera ao Exército britânico e viera parar no Rio de Janeiro por iniciativa de Leônidas de Rezende e Maurício de Lacerda, donos do jornal *A Nação*. Haviam comprado a máquina, mas ela permaneceu retida na alfândega por meses, enquanto ambos tentavam escapar dos órgãos de repressão do governo Artur Bernardes. Amigos comuns terão levado o simpatizante comunista Leônidas de Rezende a se encontrar com Irineu Marinho em uma barbearia, onde selaram o contrato de aluguel. A rotativa ainda sobreviveria por cerca de três décadas nas oficinas de *O Globo*, tendo ali, por algum tempo, rodado o jornal *A Nação*, que Leônidas de Rezende cedeu ao PCB durante os anos de 1926 e 1927.

Há um alentado debate acadêmico sobre a imprensa carioca no começo do século XX. Muitos aspectos foram pesquisados e duas conclusões, pelo menos, são bastante recorrentes naqueles estudos: a que se refere à subordinação dos empresários da imprensa ao Estado e a que destaca o aparecimento de sessões de cartas e de "queixas do povo" nos grandes jornais, tanto para atrair novos leitores quanto para domesticar opiniões e práticas dos segmentos mais pobres da população.

Luiz Edmundo, famoso memorialista, autor de *O Rio de Janeiro de meu tempo*, contribuiu para que se fixasse a ideia da subordinação dos "nababos da imprensa" ao Estado. Seu alvo principal eram os empresários portugueses do ramo. Para ele, aqueles empresários nada conheciam de jornalismo, mas percebiam a força da imprensa e, por isso, se punham a dominar as oficinas de impressão, os imóveis em que elas se instalavam, as cartas de fiança e os créditos para a compra de tinta e papel. Enfim, Luiz Edmundo, ao rememorar as características da imprensa no Rio de Janeiro, afirmou que, desde os primeiros anos da República, o "domínio da praça" e a vassalagem ao governo haviam sido fertilizadores mútuos. Tal juízo devia ser bastante frequente e disseminado no ambiente da capital federal. Tanto que Irineu Marinho, filho de português e amigo de portugueses, tratou de publicar a crítica de Lima Barreto às relações corrompidas entre políticos e jornalistas – o folhetim *Numa e a ninfa*. A expectativa de Irineu talvez fosse a de que, ao se identificar publicamente com aquela obra, tornasse evidente sua autonomia como jornalista e empresário. Publicou-a primeiro em capítulos, durante 52 sucessivas edições de seu jornal, e, em seguida, como livro da Empresa de Romances Populares, braço editorial de *A Noite*. De qualquer modo, o aspecto importante a destacar é que Luiz Edmundo e Lima Barreto terão inspirado uma linhagem de estudos que chegou aos nossos dias e que tende a tomar a imprensa carioca como homogeneamente dependente da esfera política, deixando de divisar processos discretos – mas nem por isso irrelevantes – de autonomização das práticas e dos atores naquele âmbito.

Quanto ao diagnóstico da incorporação de temas populares pela imprensa carioca, não parece haver grande controvérsia entre os historiadores. Porém, que essa abertura tenha favorecido a domesticação das classes pobres é passo analítico mais difícil de acolher. Não se pode dizer que não houvesse tentativas nesse sentido; mas sua eficácia no ambiente do Rio de Janeiro exigiu um tempo mais longo e ações mais dolorosas. A análise, aliás, da relação do jornal *A Noite* com seu público indica a força e a vitalidade com que instituições populares – ruas, terreiros, rodas de quintais, "tias", como Ciata, mas também grêmios artesanais, organizações operárias e associações de todo tipo – respondiam às transformações da cidade. Muitas vezes tais respostas assumiram a forma de motins; mas o interesse maior talvez resida nos momentos em que isso *não* ocorreu, isto é, quando a circulação de mediadores – músicos e repórteres, em geral – conformou um ambiente de equilíbrio tenso, porém duradouro, entre os diferentes segmentos sociais. Foram esses mediadores que, cortando transversalmente diferentes públicos, favoreceram a expansão territorial do samba, do carnaval, das

"comidas de bodega", que evidenciam o desafio em que consistiu a afirmação de uma concepção estrita de urbanidade burguesa. Portanto, o nexo que se estabeleceu entre a grande imprensa e segmentos populares no começo do século XX foi, no Rio de Janeiro, uma via de mão dupla – e o sucesso do jornal *A Noite* talvez se deva à compreensão que possuía desse trânsito.

A última conclusão é, na verdade, uma indagação acerca do esquecimento que recaiu sobre Irineu Marinho, personagem com tão forte presença nas cenas jornalística, cultural e empresarial do Rio de Janeiro até os anos 1920. E a sugestão aqui contida é a de que empresários como ele, com perfil "norte-americano", isto é, de pouca adesão ao Estado, que se tornaram ricos e prestigiados a partir de uma posição inicial próxima aos setores médio-inferiores, e que, após sua ascensão, se mantiveram em uma zona social e política não recoberta pelo universo moral e material das oligarquias, entraram em declínio em meados dos anos 1920. A crise internacional de 1929 foi apenas o cume de um processo iniciado bem antes e que deslocou em todo o mundo a figura dos "capitães de indústria" oitocentistas. Também no Brasil, sob o novo giro do capitalismo, o Estado será central ao desenvolvimento das forças produtivas nacionais e serão outros os mitos, outros os heróis empreendedores.

No caso de Irineu Marinho, além disso, seu triunfo final – a criação do jornal *O Globo*, apenas quatro meses após perder *A Noite* – será também uma das causas de seu esquecimento, pois o sucesso da nova empresa a projetará para frente, para o futuro, apagando involuntariamente seus rastros, sua pré-história.

Este livro encerra dois anos de pesquisa nos diferentes acervos em que se encontram as coleções de jornais relacionados à trajetória de Irineu Marinho, sua correspondência ativa e passiva, registros de sua vida civil, inclusive os iconográficos, e de sua atividade como homem público e empresário. Agradeço aos que o leram quando em preparação e, principalmente, à incansável e talentosa Christiane de Assis Pacheco, à Ana Paula Goulart Ribeiro, à Tatiana Di Sabbato e à Débora Paiva, todas pesquisadoras do Memória Globo. Dirigidas por Sílvia Fiuza, são, como ela, coautoras deste livro, que dedico a meus pais.

1
UMA HISTÓRIA PLAUSÍVEL

STA É UMA ANÁLISE DO JORNALISMO PRATICADO NO início do século XX, que se baseia na trajetória de Irineu Marinho e do seu jornal *A Noite*. Não é uma biografia, embora contenha informações sobre a sua vida, tampouco uma história da imprensa daquela época, ainda que também aborde esse tema. Trata-se de um olhar sobre o jornalista e sua atividade. Irineu Marinho será aqui apresentado pelo que fez e não exatamente por quem foi, imaginou ser ou lhe coube socialmente representar.

PÁGINA AO LADO:
Caricatura de Irineu Marinho. Seth, 1917.
BIBLIOTECA NACIONAL

Há boas razões para a adoção desta forma de narrativa. Em primeiro lugar, descrever as ações de Irineu Marinho é o jeito mais simples de entrar em contato com o seu universo. Homem atento às oportunidades, agia, sendo menos frequente o debruçar demorado sobre projetos. Além disso, tomá-lo por suas obras evita o anacronismo que consistiria em tentar capturar um personagem de fins do século XIX a partir de sua imaginação sobre si. Afinal, a chamada *guinada subjetiva* é fenômeno muito recente, como nos alerta Beatriz Sarlo, conhecida crítica da cultura. Em seu livro *Tempo passado, cultura da memória e guinada subjetiva*, a autora afirma que o íntimo vem adquirindo lugar cultural inédito nas últimas décadas, tão importante que já alterou os modos de narração do passado. Basta ver a avalanche de histórias testemunhais a que temos sido expostos, construídas com base em diários e outros registros pessoais que falam mais do narrador do que do evento testemunhado. Em resumo, para Beatriz Sarlo, a história é, hoje, uma noção subjetivada do tempo. Mas nem sempre foi assim.

No final do século XIX e nas primeiras décadas do século passado, período em que viveu Irineu Marinho, a história era percebida como narração de um tempo situado *fora* de nós, objetivo, comum a toda a humanidade. E os personagens compatíveis com essa narrativa não se definiam prioritariamente por suas experiências interiores, mas por sua imersão em convenções que lhes ditavam os movimentos, os caminhos a serem seguidos. A adequação social era, pois, o metro pelo qual tais personagens eram avaliados.

E, nesse caso, atribuir uma interioridade soberana a Irineu Marinho, uma subjetividade no sentido que hoje conferimos ao termo, seria extraí-lo do contexto em que viveu.

Adequação social, porém, não significa falta de imaginação ou acomodação à ordem. Ao contrário: quando o mundo se agita, os mais rentes a ele são, em geral, os que mais rapidamente percebem a direção dos ventos e têm a chance de imprimir novos rumos às suas ações. É precisamente aí que a inovação se insinua. Portanto, é o encontro entre uma figuração do mundo e uma interioridade adequada a ela o que produz um indivíduo potencialmente inovador, apto a mudar seu tempo, pois ele será capaz de agir, de exteriorizar seus impulsos, de forma comunicável.

Segundo Norbert Elias, um dos mais influentes filósofos sociais de nossa época, desencontros entre essas dimensões da experiência humana, a interior e a exterior, se traduzem em incomunicabilidade. Mozart é o exemplo que Elias fornece: sua excepcionalidade e independência o terão isolado e amargurado até a morte, pois ele foi "incompreendido" quando ainda não se fixara no mundo o modelo do gênio, do artista autônomo, dono de sua própria existência e, no limite, indiferente ao reconhecimento público. Em suma, Mozart foi incompreendido em um tempo em que só cabiam aclamações. E esse descompasso acabaria por matá-lo de desgosto e solidão.

A história que se irá contar é distinta. Irineu Marinho foi um personagem do seu tempo e por isso viveu em meio a obrigações e empenhos que, se bem compreendidos, poderiam destacá-lo dentre seus contemporâneos, mas jamais torná-lo seu exclusivo portador biográfico. Muitos homens e mulheres atenderam às mesmas constrições e terão caminhado com maior ou menor sucesso ao lado de Irineu Marinho. Seus movimentos simultâneos produziram resultados nem sempre percebidos ou bem aquilatados – e a moderna experiência jornalística brasileira foi sendo instaurada nessa corrida, sem planejamento e, originalmente, sem direção.

Portanto, diante dos papéis, bilhetes e outros documentos de Irineu Marinho, se deve resistir à ideia de que há, ali, uma interioridade a ser decifrada. Afinal, tais registros não sustentam esse tipo de expectativa; não são textos vazados pela noção de si e pelo desejo de afirmá-la. São, antes, relatos de ações já realizadas ou prestes a serem empreendidas em conjunto com seus companheiros; textos que reafirmam alianças e definem objetivos ou adversários comuns. Irineu se via e àqueles a quem se ligava como partes de um "sistema", conforme explica a Antônio Leal da Costa, em carta enviada da cidade do Porto, no dia 16 de novembro de 1924:

> *Não imaginas como me incomodou a morte do Nicola* [Caravella]. *Não sei se és exatamente como eu, que julgo os meus amigos partes componentes de um sistema que só pode funcionar bem com a totalidade dos seus membros. Cada um desses que desaparece causa um abalo profundo no meu modo de ver o mundo, que tenho a impressão, por uma porção de tempo, de que alguma coisa essencial me falta à vida.*

De fato, as cartas de Irineu Marinho que não se dirigem à família habitam o campo semântico da amizade, qualificada, porém, por certa indistinção entre o plano privado e o público, pouco frequente em nossos dias. A amizade assim concebida articula alguns significados-chave, como o de irmandade, que podem ser içados da literatura que nos chega dos antigos. Nela, a forma perfeita de amizade repousa na virtude entre iguais. Sua incidência costuma salientar valores solidários e comunitários, isto é, valores associados à unidade de esforços em prol da realização de um mesmo objetivo. Essa comunhão, enfim, que solda afeto, interesse e compromisso, é o que se depreende dos documentos pessoais de Irineu Marinho. E resguardar essa perspectiva é garantir que tais registros sejam inquiridos a partir de questões próprias ao seu universo – a urgência, a lealdade, o senso de corporação e um traço reformista que caracterizaram a economia moral de fins do século XIX e primeiras décadas do XX.

Assim, conhecer um personagem a partir de suas ações significa construir um encontro plausível entre qualidades históricas e pessoais compatíveis. No caso de Irineu Marinho, conjugaram-se um mundo urbano em ebulição, povoado por interesses econômicos bem mais diversificados do que aqueles que haviam movido o Império, e um jovem animoso, sem qualquer âncora fincada no passado – linhagem, fortuna ou tradição. O jogo que se abre com esse encontro não será determinado sequer pelo seu principal jogador. Por isso, suas virtudes, habilidades ou mesmo consciência acerca de seu tempo, se a teve, não podem ser tomadas como causas do seu êxito. São, no máximo, ferramentas ativadas no decorrer do jogo. Seria, portanto, grave equívoco tentar explicar a obra de Irineu Marinho por suas qualidades inatas. Como no jogo de xadrez, é preciso se acercar do tabuleiro, obter dele uma visão completa a fim de compreender o resultado.

Irineu Marinho se moveu em um contexto de transição, sendo, ele mesmo, figura dessa passagem. Mantinha valores compatíveis com o século XIX – que se expressam, por exemplo, no convencionalismo da sua correspondência –, investindo, simultaneamente, em um mundo novo, de máquinas e artefatos que não guardam *aura*, característicos da nascente sociedade de massa. A própria imprensa popular a que aderiu é exemplo disso – uma imprensa, como ele dizia, voltada para o Zé-Povo. Mas a melhor ilustração do seu engajamento no futuro é, talvez, a criação, em 1917, da Veritas Film, produtora cinematográfica responsável pela elaboração de "películas espetaculares sobre crimes e outros sintomas da vida carioca".

Tão distante da sobriedade de suas cartas, a aposta de Irineu Marinho na produção cinematográfica somente faz sentido quando observado o conjunto de injunções. Obviamente, o fato de não ter amarras no Império lhe conferiu um campo de atuação mais amplo do que àqueles que tinham na reprodução do passado sua condição de sobrevivência. Quando, então, as fortunas imobilizadas nas fazendas começaram a se liquefazer e a atingir, sob a forma de crédito e ações, os setores médios da população residente na capital federal, o campo social para a inovação será inevitavelmente ampliado. Mesmo políticas econômicas restritivas não conterão as iniciativas desse contingente

de adventícios. E tais iniciativas se tornarão, progressivamente, mais comuns do que as dos velhos investidores, dedicados à defesa de posições conquistadas. A participação de Irineu Marinho como sócio-proprietário da Veritas Film ilustra esse tipo de acometimento – muito questionado, aliás, por seu próprio sócio, Joaquim Marques da Silva, que insistia em administrar seu capital em moldes mais conservadores. A tensão presente entre os dois é ilustrativa daquele contexto.

No início do ano de 1917, já sócio-proprietário do jornal *A Noite*, Irineu Marinho divergiu de Marques da Silva quanto aos rumos a serem dados aos negócios que tinham em comum. Marques da Silva insistia em que assumissem o prejuízo de trinta contos de réis, resultado de um investimento equivocado na produtora do fotógrafo português Antônio Leal – a deficitária Leal-Film –, e deixassem o ramo da produção cinematográfica. Irineu, contudo, objetou que estavam no início de um empreendimento potencialmente lucrativo e que "tinha absoluta confiança na prosperidade futura da sociedade", arrastando Marques da Silva a criar com ele, sem mais a participação de Antônio Leal, a Veritas Film. Um ano depois, em carta de maio de 1918, o que se lê é um lamurienta Marques da Silva propondo a liquidação da firma Marques, Marinho e Cia., proprietária do jornal *A Noite*, sob a alegação de que era impossível, em meio à crise econômica mundial, manterem as vultosas retiradas de capital do vespertino para cobrir prejuízos da produtora. Os termos do rompimento são fixados da seguinte forma: Irineu Marinho se torna proprietário exclusivo de *A Noite* e a Veritas Film é extinta.

Uma produtora cinematográfica!

Essa experiência, tão cara e tão breve, cifra algumas características dos anos 1910. A primeira delas é de natureza mercantil. Ao contrário do que supunha Marques da Silva, a incursão no cinema não era uma excentricidade de Irineu Marinho. A Veritas Film foi concebida como um negócio do ascendente ramo do entretenimento e passará à história do cinema brasileiro como produtora do celebrado *A quadrilha do Esqueleto*, seu filme de estreia e um dos primeiros *thrillers* policiais do Brasil. Não se tratava, pois, de produção amadorística. Apresentado, nas páginas do jornal *A Noite*, como "magnífica produção com que estreia a fábrica brasileira Veritas – cada cena, cada quadro, cada pormenor desta sensacional fita policial é o resultado de uma observação muito demorada e inteligente do *bas fond* do Rio de Janeiro", o filme contém uma cena de fuga nos cabos do bondinho do Pão de Açúcar que o notabilizou, tecnicamente,

Anúncio dos filmes Ambição castigada e Um senhor de posição, produzidos pela companhia cinematográfica Veritas Film em 1917.
BIBLIOTECA NACIONAL

PÁGINA AO LADO:
O Cinematógrafo Rio Branco.
MUSEU DA IMAGEM E DO SOM – RJ

Uma História Plausível

Anúncio do thriller A quadrilha do Esqueleto, *da Veritas Film, em 1917.*
BIBLIOTECA NACIONAL

entre críticos e historiadores do cinema. A película foi exibida em outubro de 1917 nos cinemas Avenida (avenida Central, atual Rio Branco) e Ideal (rua da Carioca), em nove sessões diárias, cumprindo, em seguida, impressionante itinerário em cinemas de bairros.

Além de bom negócio no ramo dos espetáculos, Irineu Marinho comprovou que a produtora cinematográfica seria capaz de ampliar a venda avulsa de *A Noite*, na medida em que os filmes, alardeados e comentados nas páginas do vespertino, atraíam um número crescente de novos leitores. A fórmula traduzia, à perfeição, o que William Hearst, magnata norte-americano das comunicações, consagrara como o novo jornalismo: a associação entre notícia e entretenimento. Na síntese estampada em *A Noite*: "Prazer de ler – Satisfação de ver".

Porém, o aspecto mais importante dessa relação entre a Veritas Film e *A Noite* foi o fato de elas exemplificarem as duas faces do processo de construção da sensibilidade moderna. No início do século XX, a "imprensa popular" e o "cinema de mistério" foram formas conjugadas de condicionar sensorialmente o leitor-espectador, extraindo-o do conforto físico e mental a que estava habituado nas pequenas cidades para adaptá-lo à vida nas metrópoles. As duas mídias seriam, pois, complementares na difusão de uma nova *estética de excitação* que vai de par com as mudanças associadas à modernização técnica do Ocidente. Transformações radicais nas plantas urbanas e na arquitetura, velocidade, iluminação elétrica, barulho de máquinas, estímulos até então pouco conhecidos pela maior parte da população, impunham um aprendizado. Na nova economia perceptiva do indivíduo moderno, as reportagens sobre crimes, acidentes de bonde, atropelamentos e outros fatos da grande cidade encontrarão tradução imagética em filmes produzidos sob a batuta de donos de jornais.

Essa contaminação mútua, esse *continuum* imprensa-cinema, que torna mais complexa a relação entre notícia e entretenimento, realidade e ficção, verdade e mentira, foi, como se sabe, a mais bem-sucedida experiência cultural de massa nos Estados

Uma História Plausível

Unidos no começo do século XX. E, no que se refere à aclimatação brasileira dessa experiência, Irineu Marinho integrou contingente não pequeno de desbravadores – revistas ilustradas, charges, caricaturas e o teatro de *sketch* seriam reelaborados pela nascente indústria cinematográfica brasileira, que atraiu ainda músicos e autores consagrados, como Coelho Neto, críticos, fotógrafos, como o italiano Giuseppe Labanca, e atores de teatro, a que não faltou Procópio Ferreira. Foi, aliás, no filme *A quadrilha do Esqueleto* que Procópio iniciou sua carreira cinematográfica. Interpretou um repórter cuja caracterização – longa barba sombreada por um chapéu de palha – terá sido inspirada no jornalista Castellar de Carvalho, amigo de Irineu Marinho.

Portanto, não foi por um capricho que Irineu Marinho seguiu naquela direção. Moveu-o, principalmente, a circunstância de se achar inscrito em uma ascendente rede de "empreendedores culturais" com características sociais e metas semelhantes às suas. Quaisquer que fossem suas atividades, miraram sempre o grande público e tiveram na imprensa seu centro irradiador. Irineu fez parte dessa rede capaz de alinhar jornais, revistas, o teatro burlesco, o cinema seriado e, mais à frente, os programas radiofônicos e a nascente indústria do disco, dando passagem a interesses inéditos e à aproximação entre "cultura" e "negócios". A imaginação social

Anúncio publicado em A Noite.
BIBLIOTECA NACIONAL

Uma História Plausível

O empresário teatral Celestino da Silva, financiador inicial de A Noite. *Desenho: Francisco Pastor.*
BIBLIOTECA NACIONAL

que vigorara sob o Império ia sendo deslocada em seu principal reduto – a antiga corte, atual capital federal. E o moderno que se descortinará, a partir daí, terá a marca popular que lhes imprimiram os novos empresários do ramo.

Três, então, são os feitos de Irineu Marinho de que trata este livro. O primeiro, a precocidade com que desenhou seu lugar no mundo. Aos quinze anos de idade, órfão de mãe, bom estudante, porém proveniente de família remediada, sem capital cultural aparente, o jovem divisou em uma atividade como o jornalismo, que sequer havia se profissionalizado plenamente, a possibilidade de superar seus impasses. Chama a atenção, nesse caso, o fato de que sua arremetida nessa direção contradizia o caminho majoritariamente seguido por jovens em situação social similar, que tinham nos postos do funcionalismo sua destinação natural. Residentes na capital federal, tais jovens chegavam às repartições públicas mediante intrincadas redes de parentesco ou amizade, conformando um tipo de classe média acomodatícia ao sistema da ordem, embora, vez por outra, seu ressentimento explodisse em quebra-quebras de rua. Eram seres arredios a qualquer tipo de inovação e refratários ao mercado – esse território considerado antípoda ao seu.

Irineu Marinho percorrerá trilha distinta, confiada a jovens também pobres, porém sem atração pelos lugares tradicionalmente destinados a eles. Não sendo destituído de boas relações, pois tivera seu padrinho de batismo escolhido entre membros bem colocados da colônia portuguesa na então província do Rio de Janeiro, não fez uso desse bônus ao chegar a hora de se profissionalizar. Ainda estudante, foi abrindo seu caminho como editor de jornais estudantis em Niterói e quebrando o círculo reprodutivo da sua localização social. A partir daí, a atração pela capital da República, a que terá acesso precocemente, trabalhando como revisor em diversos jornais, o levará a encontrar o lugar onde era possível ver e ouvir o *moderno* em funcionamento – as oficinas dos jornais. Nunca mais se desprenderá daquele lugar, formando-se ao ritmo da construção do jornalismo brasileiro.

O segundo feito de Irineu Marinho foi se unir a atores sociais que caminhavam em uma única trilha, isto é, eram todos personagens da cena cultural, de cujas alianças cruzadas se beneficiaram conjuntamente. Para que se tenha uma percepção mais aguda da organização daquele "sistema", é suficiente apontar que, quando Irineu Marinho decidiu criar *A Noite*, em 1911, o capital foi levantado junto a jornalistas e gente de teatro, principalmente o empresário português Celestino da Silva, dono do teatro Apolo, que lhe forneceu cerca de um terço do capital que lastreou o empreendimento. Da mesma forma, em 1916, quando Irineu Marinho pretendeu alavancar os lucros do jornal e recorreu à produção de filmes, quem primeiro o apoiou foi Antônio Leal, dono da Leal-Film e do cinema Palace. Era possível, pois, imaginar o jornal como um negócio, e não como instrumento subisidiário da política. A ideia de "autonomia da imprensa", aliás, era corrente entre Irineu e seus companheiros, cuja visão horizontalizada de suas alianças terá influído na percepção que tinham da cidade e na definição dos destinatários naturais do seu empreendimento.

Uma História Plausível

A aposta de Irineu Marinho para evitar dívidas políticas e econômicas foi arriscada: vender jornais em profusão para um público que incluía homens e mulheres de letramento precário. Massa informe, aos poucos, porém, toda aquela gente ia sendo alcançada pelo debate público-político das primeiras décadas republicanas, vindo a se constituir uma espécie de aguilhão plebeu da luta antioligárquica. Combater a corrupção eleitoral, a exclusão política dos novos segmentos sociais urbanos serão bandeiras que selarão o encontro desse público com Rui Barbosa, em 1910, e, uma década mais tarde, com o movimento tenentista, arrastando a imprensa popular nessa mesma direção.

Portanto, o segundo feito de Irineu Marinho foi construir um "negócio", um empreendimento privado que, independentemente de suas intenções, terá participado da ampliação social do pacto republicano. Se isso é verdade, significa reconhecer que o mundo popular no Rio de Janeiro teve sua afirmação entre os anos 1910 e 1920, fornecendo uma angulação inédita ao debate que então se travava sobre modernização política e modernismo cultural no país.

Finalmente, o terceiro feito consistiu na fundação de *A Noite*, em 1911, com o que Irineu Marinho saltou da condição de membro da corporação de jornalistas para se tornar empresário do setor, aos 35 anos de idade, em meio à crise política do governo Hermes da Fonseca. A intenção de criar um novo jornal nasceu de conversas travadas na redação da *Gazeta de Notícias*, em que Irineu dizia querer dirigir seu trabalho ao Zé-Povo e fazê-lo sem subsídios governamentais. Seguiu-se breve período de reuniões, de captação de recursos e de preparação do novo periódico, durante o qual sua amizade com o jornalista Manoel de Oliveira Rocha, o Rochinha, diretor-presidente da *Gazeta de Notícias*, se mostrou decisiva.

Irineu Marinho instalou as oficinas de seu jornal na rua do Carmo, onde funcionara *A União*, de propriedade do conde Sebastião Pinho. A redação, por sua vez, ocupará um sobrado situado no largo da Carioca, em cima da Leiteria e Sorveteria Rio Branco. Dali Irineu Marinho comandará uma das máquinas de transformação da imprensa brasileira. Esta é a cena que se irá desenrolar.

Largo da Carioca, nos anos 1920. Ao centro, no segundo prédio da esquerda para a direita, vê-se o letreiro de A Noite. *Foto: Augusto Malta.*
ACERVO FOTOGRÁFICO DA LIGHT

Diz João Marinho Coelho de Barros que, ao[?]
naturalisado cidadão Brasileiro, e tendo de re[...]
[...] ao poder competente carta de naturalisaçã[o]
[...]endo este Juiso o competente para julgar a[s]
[...]lisaçois dos estrangeiros que se pretendem na[...]
lisar segundo o aviso do 1º de Agosto de [...]
o Suppe. requer a VSª que mandando a[...]
esta e documentos juntos que provão ter [...]
todos os requisitos necessarios para ser nat[...]
cidadão Brasileiro se digne mandar [...]
os autos conclusos afim de ser a habilit[ação]
Suppe. julgada por VSª como for de [...]
dando que lhe seja entregue para faze[r]
lhe convier. E. deferir[...]

Como requer.
Ruac[?] 8 de S[...]
1 85 a[...]

João Mari[nho]

2
PAISAGENS ANCESTRAIS

VIDA DE IRINEU MARINHO SE DEVEU A UMA TRASLADAÇÃO. Em meados do século XIX, João Marinho Coelho de Barros, a exemplo de tantos outros jovens do norte de Portugal, embarcou na cidade do Porto com destino ao Brasil. Sua primeira aparição no novo continente terá sido na cidade de Resende, província do Rio de Janeiro, cujos moradores declararam a autoridades do Império que o jovem ali chegara em 1842, aos quatorze anos de idade. Vinha recomendado a seu tio, irmão de sua mãe, Antônio Pinto Coelho de Barros, já estabelecido em Resende, que lhe concedeu abrigo e, alguns anos mais tarde, a mão de sua filha, Edwiges, em casamento. João e Edwiges serão os pais de Irineu Marinho.

João nasceu no município de Celorico de Basto, distrito de Braga, região de pequenos proprietários rurais. Sua família se estabelecera no Minho havia muitas gerações, não tendo sido a pobreza extremada ou o trabalho extenuante o que terá trazido João ao Brasil. Também não se tem registro de uma ruptura familiar encenada pelo jovem, dado que, uma vez no Brasil, preservará os sobrenomes de seus antepassados pelos dois lados – Marinho e Coelho de Barros. É provável, portanto, que seu deslocamento tenha sido aconselhado por outras injunções. E um dia, menino ainda, com poucos recursos materiais e a instrução que sua idade permitia, rumou para a cidade do Porto onde tomou o paquete *Aníbal* em direção ao Brasil.

O que o terá trazido?

Uma resposta fácil a essa indagação é a que reconhece a atração que o Brasil exerceu sobre jovens portugueses ao longo do século XIX. Relatos de portugueses retornados – apelidados de "brasileiros" –, mexiam com a imaginação dos que haviam permanecido em Portugal. Histórias de rápido enriquecimento eram frequentes e, verdadeiras ou não, terão acelerado a decisão de quem já aninhava o desejo de partir. Segundo o historiador português Oliveira Martins, entre 1807 e 1814, Portugal perdeu cerca de

PÁGINA AO LADO:
Processo de naturalização de João Marinho Coelho de Barros, pai de Irineu.
ARQUIVO NACIONAL

Título de residência de estrangeiro de João Marinho Coelho de Barros.
MEMÓRIA GLOBO

500 mil habitantes – quer de fome, quer na guerra contra os franceses, quer em viagens para o Brasil. E nas décadas seguintes, o volume de aportados no Rio de Janeiro permanecerá elevado, o que se atesta pela rápida expansão da cidade.

Durante as três primeiras décadas do Oitocentos, a população do Rio de Janeiro mais que duplicou, saltando de 45 mil para 113 mil habitantes. Toda essa gente animava o comércio e a máquina político-administrativa da nova sede do Império luso, além de se beneficiar da instituição de vassalagem e patrocínio real, que, declinante em Portugal, será rearticulada no Brasil. Em suma, Coroa e súditos terão experimentado aqui um processo de fortalecimento mútuo; e, após 1822, a situação se manterá inalterada. Assim, os que podiam embarcar seus filhos ou algum membro de sua família, ou os que gozavam de autonomia para traçar seus próprios planos, terão sonhado com a travessia do Atlântico. Alguns realizaram essa façanha, entre eles João Marinho.

Outra história, porém, é a que conta o demógrafo português Jorge Fernandes Alves, que considera a migração no norte de Portugal um fenômeno estrutural, impossível de ser explicado por decisões individuais de jovens predispostos à aventura. Para o autor, desde o século XVII, era frequente entre rapazes daquela região a mobilidade geográfica, sendo a cidade do Porto seu principal destino. A baixa idade de partida das aldeias, como ocorreu com João Marinho, evidencia um movimento migratório ditado por estratégias familiares de desafogo econômico. Afinal, no minifúndio, o único excedente a ser rentabilizado é o trabalho de alguns de seus membros, que são, por isso, instados a deixar o lar. Daí a prática tradicional de recomendação de filhos aos cuidados de parentes ou antigos vizinhos que já haviam cumprido igual trajetória e dispunham de condições para empregá-los, poli-los, promovê-los e eventualmente casá-los com suas filhas ou irmãs.

Baseado em suas pesquisas, Alves afirma que o destino migratório do minhoto era de tal modo impositivo que quando sua migração não era bem-sucedida, a família infligia novas tentativas ao jovem, enquanto lhe fossem possíveis os gastos com essa manobra. Daí os compromissos, os sistemas de recompensa a pais e irmãos deixados na terra, mas também as tensões derivadas da expectativa de remessas de dinheiro que não se cumpriam, as mágoas de todos os envolvidos, os grandes ressentimentos revelados em cartas testamentárias. Como destino compulsório, a cidade do Porto exercia um papel centrípeto, arrastando indiscriminadamente os jovens do norte português.

A viagem, porém, da cidade do Porto ao Rio de Janeiro obedecia a outros critérios. De fato, a emigração para o Brasil atraiu gente de todas as condições sociais, mas, até a década de 1840, quando têm início programas oficiais de atração de colonos, a seleção dos viajantes terá sido ditada pelo custo da viagem. Os jovens desse grupo, por-

Paisagens Ancestrais

tanto, não estavam à procura de qualquer trabalho, mas de uma ocupação mais valorizada socialmente, inencontrável em sua região de origem. Para esses, a cidade do Porto exercia também um papel centrífugo, já que não lhes oferecendo condições satisfatórias de existência, mais cedo ou mais tarde acabava por expeli-los. É provável que, no caso de João Marinho, tenham concorrido as duas injunções: de um lado, cumpriu-se o destino de várias gerações provenientes dos minifúndios do Minho, arrastando o menino de Celorico de Basto na engrenagem migratória; e como sua família dispusesse de algum recurso, o sonho com o Brasil pôde ser acalentado, levando João a cruzar o Atlântico em busca de seu tio.

De Celorico de Basto à cidade do Porto e de lá ao Rio de Janeiro – tal foi o percurso de João Marinho antes de chegar à casa de Antônio Pinto Coelho de Barros, distante um dia de viagem do local em que aportara. Não se conhecem os motivos que terão levado Antônio a se fixar na cidade de Resende, província do Rio de Janeiro. Próxima da Corte, mas sem a agitação do centro político e administrativo do Império, a cidade talvez lhe comunicasse certo dinamismo e, ao mesmo tempo, a simplicidade das vilas portuguesas. Desde o século XVIII, com a abertura do Caminho Novo para as minas de ouro, Resende se tornara um destacado ponto de encontro das rotas comerciais de duas ricas províncias – Minas Gerais e São Paulo. E, em 1822, proclamada a independência, sua população estivera tão certa das potencialidades do lugar que terá reivindicado a criação da província de Resende, formada por municípios fluminenses, mineiros e paulistas. A reivindicação, como se sabe, não foi atendida, mas, a partir de 1850, toda aquela região se tornará economicamente a mais importante do Império, com a expansão da cultura do café.

Resende, portanto, era uma cidade promissora do ponto de vista econômico. Mas não somente isso. Era também a base territorial dos saquaremas, agrupamento político conservador que derrotou os liberais nas guerras do período regencial (1831-1840) e se afirmou como lastro da centralização monárquica brasileira. Embora os membros daquele "partido" não tivessem a mesma origem e possuíssem fortunas acumuladas em diferentes ramos – inclusive no tráfico de escravos –, formaram um grupo político coeso, ligado por laços de amizade e por intrincada rede de matrimônios contraídos a partir do final da década de 1820. Desse grupo participavam políticos de grande projeção, como o visconde de Itaboraí e seu cunhado, visconde de Uruguai, o marquês de Paraná e o duque de Caxias, que viriam a conformar o núcleo da "aristocracia fluminense", nobilitada por serviços prestados à Coroa. De modo que Resende

Vila de Celorico de Basto, Distrito de Braga, Portugal, de onde João Marinho Coelho de Barros partiu para o Brasil, em 1842.
CELORICODIGITAL

Nomeação de João Marinho Coelho de Barros para o cargo de ajudante da Agência do Correio de Resende. O documento, de 1858, foi assinado pelo marquês de Olinda, liderança do grupo saquarema.
MEMÓRIA GLOBO

pertencia a uma província na qual *política* e *relações familiares* se enlaçavam de forma consistente, difundindo os efeitos desse enlace por círculos sociais cada vez mais largos. As chances, portanto, de ser tocado por essa malha de benefícios eram muitas e, para um imigrante português com alguma instrução, Resende poderia representar, com sorte e bons contatos, um caminho menos árduo de fixação no Brasil.

Antônio Pinto Coelho de Barros, tio de João Marinho, se estabeleceu em Resende antes dos vinte anos de idade e por volta do seu trigésimo aniversário já exercera a vereança e o cargo de juiz municipal. Tornara-se proprietário de um belo sobrado na rua do Rosário, no centro da cidade, e terá granjeado algum prestígio entre os locais. Pode-se, então, supor que, sob o controle político dos saquaremas e acionando as relações pessoais que lograra estabelecer, lhe tenham sido facilitados os caminhos para colocação do seu sobrinho e futuro genro – João Marinho.

O processo de aclimatação de João Marinho ao Brasil acompanhou o ritmo do progresso regional. Casou-se com sua prima Edwiges Souza Barros, em fevereiro de 1853, nascendo-lhe a primeira filha – Claudia Coelho de Barros – em junho daquele ano. Dois anos depois, em 1855, nasceu o segundo filho, sem que haja registro, até então, de qualquer ocupação que tenha exercido de forma duradoura. Consta, porém, da ata da Câmara Municipal de Resende, do dia 11 de janeiro de 1858, que ali comparecera João Marinho Coelho de Barros para expor ao então presidente da província, comendador Fabiano Pereira Barreto, a carta pela qual S. M. o Imperador houve por bem naturalizá-lo. João Marinho tornou-se cidadão brasileiro aos 29 anos de idade, quatro anos após se casar, passando a poder exercer cargos públicos – o que, de fato, ocorrerá

Paisagens Ancestrais

pouco tempo após a sua naturalização, quando foi nomeado ajudante dos correios da cidade de Resende.

Entender o prestígio de Antônio e a rápida inscrição social de João exige o conhecimento das instituições a que aderiram e sua relevância no sistema de poder local. Seus passos sugerem uma estratégia de inserção na rede comandada pelos saquaremas. João Marinho não apenas integrou a Guarda Nacional como também participou, por anos seguidos, da administração da Santa Casa de Misericórdia, na qualidade de mordomo. Mordomo é o nome que se dá ao administrador não assalariado dos bens de uma irmandade, que, no caso, se traduziam em hospitais, asilos, orfanatos e outras agências assistenciais. Tal encargo não exprimia exatamente o altruísmo de seu titular, pois, desde o período colonial, as Misericórdias são conhecidas por sua ingerência nas disputas pelo poder local. Sua instalação em um núcleo urbano e a seleção de seus dirigentes locais conferia distinção social às famílias eleitas, franqueando-lhes algumas prerrogativas. Pode-se dizer, portanto, que as irmandades da Misericórdia forjavam um padrão verticalizado de organização social, política e patrimonial das elites regionais, abrindo espaço para a integração e ascensão de seus favorecidos.

A ascensão de João Marinho será notável. Revela-se pelas distinções que logrou obter e pelos cargos que ocupou – ele, um jovem, na melhor das hipóteses, autodidata. Em 1860, tornou-se delegado do consulado português em Resende; em 1862, procurador agente no Foro Civil e Comercial; em 1865, escrivão do Público, Judicial e Notas; e, em 1868, foi considerado apto a exercer qualquer cargo de justiça no Império. Sua vida, como se vê, inclinara-se pelo exercício de funções cartoriais, após curtíssima passagem pelo comércio de tecidos e louças, que terá durado apenas dois anos. Entre 1868 e 1870, tornou-se escrevente juramentado da freguesia de Campo Alegre, no município de Resende, mas no ano seguinte, 1871, já não há mais pistas de sua permanência na região. Reaparecerá no Rio de Janeiro, em 1874, conforme atesta sua inscrição como membro da Maçonaria, exercendo a função de 2º Grande Experto da Grande Loja do Rito Escocês, filiada ao Grande Oriente Unido do Brasil.

João Marinho Coelho de Barros participou da administração da Santa Casa de Misericórdia, em Resende.
BIBLIOTECA NACIONAL

O que terá concorrido para essa mudança?

O terreno, aqui, é movediço, comportando apenas suposições. Porém, a se considerar plausível a inscrição de João Marinho na rede de lealdades orquestrada pelos saquaremas, algumas hipóteses se tornam mais consistentes. Uma delas, a da progressiva incerteza, a partir de 1870, quanto ao amparo econômico e político que se poderia esperar da oligarquia fluminense, e, decorrente disso, o reposicionamento da família Marinho na geografia política do Império. Afinal, após a Guerra do Paraguai, tem início o declínio do Vale do Paraíba, produzindo inevitáveis abalos na rede de proteção que a oligarquia fluminense estendia a seus afilhados e apoiadores. Se a hipótese está correta e se, de fato, o deslocamento político do grupo saquarema repercutiu imediatamente na distribuição de postos e cargos, a vida de João Marinho terá perdido muitas de suas escoras, justificando-se o abandono da região.

Assim, em 1874, João e sua mulher Edwiges já se encontravam na capital do Império com seus filhos: Claudia, de 21 anos de idade; Antônio, de aproximadamente dezenove anos; Eulália Almerinda, que, por aquela época, celebrara seu nono aniversário; e Alarico. Há poucas informações sobre a vida dos Marinho nesse período, mas é provável que João tenha rumado para o Rio de Janeiro atendendo a convite do empresário português Narciso Luiz Machado Guimarães, natural, como ele, do distrito de Braga, para trabalhar no comércio. A situação financeira da família era, então, precária, havendo fortes indícios de que terão alugado alguns dos quartos da casa em que residiam para ampliar sua renda. Tal procedimento era comum naquele tempo, em virtude da escassez de moradias no Rio de Janeiro. A esse fato se referirá, quase um século mais tarde, Roberto Marinho, neto de João, para quem os avós teriam tido uma "casa de cômodos".

O fato é que a família permanecerá pouco tempo na capital do Império, pois, dois anos mais tarde, em 1876, João atestou residência no município de Niterói. Manteve-se, porém, trabalhando como guarda-livros da confecção de roupas de Narciso Guimarães, instalada na rua do Hospício, hoje Buenos Aires, no Rio de Janeiro. Conterrâneo e patrão, Narciso Guimarães também se tornará compadre, pois foi convidado a batizar o novo filho de seu contador, Irineu, nascido no dia 19 de junho de 1876, quando a família residia à rua da Imperatriz, atual 15 de Novembro, no centro da cidade de Niterói.

Não era uma vida muito fácil a que levavam. De acordo com o jornalista Ramiro Souza Cruz, que trabalhou com Irineu Marinho no jornal *A Noite*, os reveses econômicos de João eram atenuados pelo trabalho de Edwiges, que organizara uma pensão e fornecia refeições para equilibrar o orçamento doméstico. Nos cinco anos seguintes ao nascimento de Irineu, os Marinho conhecerão quatro diferentes moradas. A primeira, a que o viu nascer, na rua da Imperatriz. De lá seguirão para outra casa – a de número 12 – da mesma rua. Mudarão em seguida para a rua Visconde de Itaboraí, antiga rua da Rainha, n. 59, onde permanecerão por dois anos. Em 1882, passarão a

Paisagens Ancestrais

Em 1876, João e Edwiges residiam no município de Niterói. Foto: Barreto.
BIBLIOTECA NACIONAL

ocupar o número 28 da mesma rua, ali permanecendo até o ano seguinte. Não se tem notícia do que ocorreu posteriormente, mas, segundo o jornalista Edmar Morel, a família terá residido ainda à rua da Conceição, n. 103, também no centro de Niterói. Tanta instabilidade e trabalhos terão sido danosos à saúde de Edwiges, que faleceu em 1887, quando Irineu Marinho tinha onze anos.

Celorico de Basto, Porto, Resende, Rio de Janeiro e Niterói – cinco cidades no percurso cumprido por João Marinho ao longo de 48 anos. Excetuando-se Celorico de Basto, seu ponto de partida, e as cidades pelas quais apenas transitou, observa-se nas cidades em que residiu por mais tempo – Resende e Niterói – um padrão urbano similar, ditado, entre outras coisas, pela importância regional que ambas detinham. Resende, já se disse, era parte do sistema econômico e político que vicejou no Vale do Paraíba, vindo a se tornar suporte essencial do Império. Niterói, por sua vez, conhecerá impulso a partir de 1834, com a promulgação do Ato Adicional à Constituição brasileira, mediante o qual a cidade do Rio de Janeiro se tornou município neutro e obrigou a escolha de uma nova capital para a província de mesmo nome. Niterói foi alçada à condição de capital fluminense, passando a dividir com Resende a atenção que os saquaremas devotavam à região. Por isso, cerca de quatro décadas mais tarde, chegada a hora de João Marinho se desprender do declinante Vale do Paraíba, seu destino já estava esboçado.

Paisagens Ancestrais

Capital da província e relativamente próxima do centro do Rio de Janeiro, onde trabalhava, haveria mesmo, da parte de João, familiaridade com o tipo de experiência urbana que Niterói representava. Nem grande nem pequena, nem pobre nem rica, nem totalmente provinciana, nem rendida ao cosmopolitismo da Corte, Niterói era uma cidade média em muitas acepções, tendo sido esse, talvez, o critério que selou definitivamente o destino da família.

Daquele padrão de cidade, até mesmo o traçado urbano era conhecido: os núcleos populacionais mais densos se dispunham ao redor das igrejas, reservando-se a área central da urbe ao uso residencial de alta e média renda. A vida em sociedade era, ali, amena, afastada que estava das disputas por prestígio que amargavam a interação social na Corte. Do ponto de vista intelectual, enquanto o Rio de Janeiro vivia o apogeu e esgotamento da chamada boemia, Niterói era povoada por agremiações literárias, que, a rigor, apontavam para outro tipo de experiência cultural, menos ruidosa e mais capilar, pois alcançava mesmo os jovens estreantes em jornaizinhos escolares. Sociedade organizada, Niterói se notabilizará pela presença de clubes cívicos, que, a partir da década de 1870, serão movidos pela propaganda abolicionista e republicana de Benjamin Constant e Miguel Lemos, líderes positivistas nascidos na cidade.

Enfim, Niterói terá sido para João Marinho a súmula de sua trajetória. Materializava um conjunto de disposições urbanas até certo ponto amáveis, amparadas em redes de solidariedade e benevolência orquestradas por políticos, vizinhos ou compadres. Sob essa proteção, as dificuldades econômicas eram enfrentadas sem rebaixamento de status e sem prejuízo do acesso às duas instituições úteis à reprodução das posições alcançadas – as boas escolas para seus filhos e os endereços residenciais em ruas e bairros do centro urbano.

Tão integrado àquele universo, João Marinho não terá sido capaz de perceber os novos ventos que sacudiam as cidades. A propaganda abolicionista e republicana era apenas um sintoma do que estava por vir. O mundo mudara e as grandes correntes de pensamento que, por aquela época, recortavam o Ocidente se afinavam com a emergência da indústria, da sociedade de classes, das lutas sociais que prenunciavam o advento das primeiras cidades massivas da história. A urbe, enfim, não será mais o campo da reciprocidade, como a vivenciara João Marinho. Será o lugar do crescente individualismo, da instabilidade de posições, das fantasias de sucesso, das loterias e jogos de azar, da miséria estacionada em chafarizes públicos e da emergência de novos ricos, sem apreço pela sociedade hierárquica que o amparara até então.

Essa nova configuração urbana somente será percebida, em todas as suas dimensões e efeitos, pela geração de Irineu Marinho. E sua tradução imporá uma linguagem própria ao jornalismo do século XX.

PÁGINA AO LADO:

Centro de Niterói, onde Irineu Marinho morou na infância.

BIBLIOTECA NACIONAL

Irineu Marinho – Imprensa e Cidade

3
NOVA IMPRENSA

EM 1891, AOS QUINZE ANOS DE IDADE, IRINEU MARINHO ingressou no mundo da imprensa como suplente de revisor. Era, de fato, um mundo – muito mais do que um ofício. Na cidade do Rio de Janeiro recém-tornada capital da República, jornalistas, cronistas, repórteres, revisores, chargistas, anunciantes, gráficos, vendedores e todos os demais elos da cadeia de produção e circulação de notícias compunham, por aquela época, o primeiro esboço de um campo jornalístico no Brasil.

Havia, é claro, uma imprensa no contexto imperial. Mas ela era parte de uma esfera cultural pouquíssimo diferenciada, que, sob a monarquia administrativa de Pedro II, se confundia com as demais instituições do jogo político. Assim, aos historiadores, pintores, músicos e cientistas organizados sob a batuta do imperador somavam-se literatos e políticos com presença regular nas redações dos jornais, que, mesmo quando sinceramente convencidos de sua independência, ou críticos ferozes do rei, compunham aquele espaço institucional nebuloso, de pouca distinção entre política e cultura.

A imprensa que Irineu Marinho conhecerá e de que fará parte será diversa. Quando iniciou sua profissionalização, estava em curso uma verdadeira revolução no modo de conceber e produzir jornais, que, iniciada na América do Norte e nos países mais influentes da Europa ocidental, principalmente a Grã-Bretanha, aportaria no Brasil nos últimos anos do século XIX.

A literatura internacional dedicada à história da imprensa costuma sublinhar fatores demográficos e sociais para justificar tal mudança. A urbanização acelerada, o crescimento e a pauperização da população residente em cidades, a concentração de homens pobres e pouco escolarizados em transportes coletivos morosos, o interesse dessa população por notícias sensacionalistas seriam, enfim, fatores que justificariam a emergência de um tipo novo de jornal – mais barato, redigido de forma simples e recheado de informações sobre crimes e esportes. Mas é possível considerar que, ao lado dessas

PÁGINA AO LADO:
Jovens na oficina de um jornal, trabalhando como revisores.
MUSEU DA IMAGEM E DO SOM – RJ

Nova Imprensa

Edição do New York Journal*, de William Hearst. 17 de fevereiro de 1898.*

grandes transformações sociais, típicas da modernização urbano-industrial, outros fatores, inerentes à própria imprensa, terão contribuído para a sua mutação.

Em primeiro lugar, os jornais deixaram de ser um meio de projeção política de antigas fortunas, tornando-se um "negócio" capaz de atrair novos investidores. Se, na Europa, esse deslocamento da aristocracia se verificou em quase todos os setores – exceto naqueles em que enlaces matrimoniais com "novos ricos" lhe garantiram alguma sobrevida –, na América do Norte os jornais já nasceram desimpedidos para levarem à frente sua vocação empresarial, tornando-se mais rapidamente abertos à experimentação e atentos às chances de lucro.

Em segundo lugar, como negócio, os jornais precisaram se tornar competitivos, o que significou incorporar avanços tecnológicos, mas, sobretudo, investir no recrutamento de uma gente audaz, dinâmica, disposta a aprender e a crescer com a empresa. Personagens dessa fase heroica do jornalismo, como, por exemplo, William Hearst, do *New York Journal*, que terá inspirado o filme *Cidadão Kane*, de Orson Welles, se tornaram lendários, consolidando um padrão de desempenho no ambiente jornalístico. Estavam dadas, a partir daí, as condições para a profissionalização de sucessivas levas de jovens ambiciosos e escolarizados, mas nem sempre em condições de abraçar uma carreira universitária, que passaram a ver no jornalismo uma chance de obter dinheiro, prestígio e reconhecimento social. Por fim, a própria dinâmica da profissionalização, ao recrutar moços cada vez mais parecidos com seu público-alvo, se encarregou de consolidar esse tipo de jornal e de torná-lo símbolo dos novos tempos democráticos.

1896 foi o ano de criação do *Daily Mail*, primeiro jornal com essas características a circular na Grã-Bretanha, conformando um modelo que não mais se retrairia. Era um jornal barato, voltado para o grande público de funcionários subalternos, pequenos comerciantes, balconistas, operários qualificados, enfim, a nova massa de leitores, forjada pela lei do ensino elementar de 1870. Custava meio tostão e na primeira página trazia impresso "O jornal diário do homem ocupado". Seus artigos eram curtos, as reportagens sobre política e economia reduzidas a rápidas informações. Continha ainda um colunismo social recheado de escândalos, uma rica sessão de esportes e, *last but not least*, os indefectíveis palpites de loterias e outros jogos de azar tão apreciados por sua clientela.

Com características um tanto distintas, a imprensa francesa também conhecerá mudanças na sua concepção. Na França, um dos principais representantes do jornalismo popular será o *Le Matin*, lançado em 1884 e muito apreciado por Irineu Marinho. *Le Matin* foi criado por um grupo de financistas norte-americanos – Chamberlain &

Nova Imprensa

Co. –, que convidou um experiente jornalista francês a assumir a direção do empreendimento. O jornalista aceitou a proposta, comprou, mais tarde, o jornal e o dirigiu até 1894, quando o vendeu a um banqueiro. Graficamente, era bastante moderno e alguns dos seus elementos decorativos serão reproduzidos em *A Noite*.

Le Matin chegou a empregar cerca de uma centena de jornalistas nos anos que antecederam a Primeira Grande Guerra, sendo um dos quatro maiores jornais franceses daquele período. Pendeu, até a década de 1900, para um republicanismo moderado, caminhando, depois disso, para um nacionalismo chauvinista entre a Primeira e a Segunda Grande Guerra. Sobre o jornalismo popular francês, pode-se dizer que, embora sua forma se assemelhasse à dos novos jornais ingleses, sua retórica ideológica o distinguia. Talvez por isso, João do Rio – pseudônimo do jornalista Paulo Barreto –, quando em viagem de reconhecimento da moderna experiência jornalística europeia, tenha escrito uma longa carta a Irineu Marinho, na qual se lê que "o jornalismo inglês e o americano são os únicos que nos podem dar lições".

O jornalista e escritor Paulo Barreto, mais conhecido como João do Rio.
ARQUIVO NACIONAL

Nos Estados Unidos, os jornais populares eram o padrão e não, como na Europa, a variante. Contavam-se às centenas. E de tal forma se ligam à trajetória política e cultural daquela sociedade que Alexis de Tocqueville, viajante francês que lá esteve em 1835, apontou a imprensa e o sistema de Justiça como as duas instituições centrais à preservação da liberdade em terras norte-americanas. Mesmo lá, porém, o final do século XIX assistiu à introdução de algumas transformações no ambiente jornalístico. Seu sentido geral não foi como no continente europeu, o da ruptura com a tradição, mas, ao contrário, o do aprofundamento de certas características do jornalismo popular já praticado ali.

Assim, em 1895, quando William Hearst adquiriu e reformou o falido *New York Journal*, tinha em mente proporcionar à massa de leitores norte-americanos, pouco instruídos e insatisfeitos com suas rotinas, algo mais do que a realidade medíocre a que estavam acostumados. Ofereceu-lhes o "sonho", isto é, a realidade transformada em objeto midiático e um sistema de valores para pautar suas aspirações. Não era o primeiro a trilhar esse caminho, pois outros empresários do ramo, como Joseph Pulitzer, proprietário do *New York World*, já vinham experimentando coisa parecida. Pulitzer, aliás, se tornará conhecido por desenvolver técnicas de comunicação inovadoras e por praticar um periodismo de combate à corrupção política, autoproclamando-se porta-voz da democracia americana. A despeito de suas diferenças e das distintas intensidades com que se valeram de métodos hoje considerados "sensacionalistas", Hearst e Pulitzer tinham em comum a intenção de atingir o grande público – as classes trabalhadoras e os imigrantes – e tudo fizeram para cativá-lo.

Nova Imprensa

O fato é que a imprensa norte-americana na passagem do século XIX ao XX se dividiu, *grosso modo*, entre o ideal de mobilização, compartilhado pelos jornais de Hearst e Pulitzer, de coloração democrática, e o ideal de objetividade, abraçado pelo *New York Times* e seus leitores republicanos. E até que a *objetividade* se tornasse ideologia vitoriosa nos meios jornalísticos, folhas como o *New York Journal* ou o *New York World* viveram da publicação de denúncias e da organização de campanhas em prol do chamado sonho americano. Por isso, nos EUA, a expressão *jornal popular* não caracterizava apenas o perfil social do público-alvo, mas também seu perfil ético-político, abocanhando um círculo bem maior de leitores do que os jornais populares europeus, dedicados especificamente à baixa classe média. Em suma, o adjetivo *popular*, quando referido à imprensa norte-americana, designava jornais capazes de revolver a América profunda, mobilizar a opinião do homem comum e capturá-lo pela emoção.

No Brasil, as transformações na imprensa foram mais discretas e combinaram, em dimensões modestíssimas, a natureza social do novo jornalismo britânico e a orientação intelectual da imprensa popular norte-americana. De fato, os jornais brasileiros do período precisaram constituir uma legião de leitores em sociedade que mal começara a transferir o peso gravitacional das fazendas para as cidades. Havia, pois, uma dificuldade estrutural para a implantação, aqui, de algo similar ao jornalismo de tipo britânico. Porém, no que se refere ao modelo norte-americano, a primeira manifestação do que se chamou *opinião pública* no Brasil já se dera nas capitais provinciais durante a campanha abolicionista – movimento do qual jornais e jornalistas participaram ativamente. Logo depois viria a campanha republicana, com a multiplicação exponencial do número de periódicos, alguns deles de vida brevíssima, mas capazes de fornecer combustível à mobilização social nas cidades. Nelson Werneck Sodré, autor de *História da imprensa no Brasil*, estima a existência de cerca de oitenta jornais republicanos na década de 1880, 54 deles na região Centro-Sul. Portanto, se não havia numerosa camada de leitores, havia, sim, um público em formação, entalhado pelas campanhas abolicionista e republicana.

Em julho de 1889, após o atentado sofrido pelo imperador quando saía do teatro Santana, no largo do Rocio, as providências tomadas pelo chefe de polícia da Corte para impedir confrontos entre monarquistas e republicanos se mostraram inúteis. Nas ruas, o clamor pela república seguia irrefreável, movido a caricaturas de Ângelo Agostini, comícios do jornalista Lopes Trovão, conferências de Artur Azevedo, manchetes incendiárias estampadas diariamente nos matutinos. A imprensa foi um poderoso ator político naquele contexto, corroborando o diagnóstico do jornalista republicano Medeiros e Albuquerque: "Jornalismo é ação".

Portanto, o processo de constituição do moderno jornalismo no Brasil se deu em um contexto de sobressaltos e de redefinições político-institucionais, de grandes campanhas, de denúncias plantadas por facções políticas rivais, de rixas, calúnias e escândalos. Foi "popular", no sentido norte-americano do termo, alimentando um primeiro e ainda incipiente empuxo cívico, ao tempo em que consolidava sua face mercantil.

PÁGINA AO LADO:
Em 1913, cerca de trezentos pequenos jornaleiros ajudavam na distribuição de A Noite *na cidade do Rio de Janeiro. Foto: Marc Ferrez.*
INSTITUTO MOREIRA SALLES

Nova Imprensa

Nova Imprensa

*Redação do jornal
A Cidade, em 1913.
Na divisória de
madeira, diversos
títulos de jornais
da época, dentre
eles* A Noite.
MUSEU DA IMAGEM
E DO SOM – RJ

Nova Imprensa

Sede do jornal O Paiz, na avenida Central (atual avenida Rio Branco), em 1906.
MUSEU DA IMAGEM E DO SOM – RJ

Para a expansão continuada daquela nova frente de negócios faltou, porém, um mercado pujante, a multidão de leitores que acompanhou a modernização da imprensa na Europa e nos EUA. O Brasil do período pós-abolição não realizou nenhuma das reformas aventadas pelos abolicionistas: não liberou a terra do domínio exclusivo dos grandes senhores e não proporcionou instrução adequada aos homens livres e pobres, que, sem terra e letramento, acorreram à capital federal em busca de alguma vida possível. Ali, contudo, a sociedade se resumia a um pequeno segmento de ricos instruídos e outro, bem maior, de pobres analfabetos ou próximos disso. Faltou o estrato intermediário, aquele numeroso contingente de homens e mulheres que, nas sociedades modernas, é responsável pela expansão da rede de transações materiais e simbólicas entre os estabelecidos e os recém-chegados. Nossa experiência urbana, portanto, terá sido desfalcada do tipo de leitor que impulsionou a democratização da imprensa em outras partes do mundo.

A escassez do público brasileiro é atestável pelas tiragens dos jornais. No início do século XX, as cinco folhas mais importantes da capital federal – *Jornal do Brasil*, *Jornal do Commercio*, *Gazeta de Notícias*, *Correio da Manhã* e *O Paiz* – conformavam, juntas, uma tiragem de 100 a 150 mil exemplares, enquanto o jornal inglês *Daily Mail*, sozinho, atingia a marca de 600 mil exemplares. No caso do *New York Journal*, os números são ainda mais espetaculares, pois durante a cobertura jornalística da Guerra Hispano-Americana de 1898, o jornal teve tiragens superiores a 1 milhão de exemplares!

As diferenças de escala são evidentes. Mas é possível atestar mudanças significativas no ambiente profissional em que estreará Irineu Marinho, sobretudo quando comparado ao do período imediatamente

Nova Imprensa

precedente. A primeira delas terá sido a progressiva transformação dos jornais em empresas, com um quadro de redatores e de colaboradores cada vez mais profissionalizado. Exemplo dessa tendência é o *Jornal do Brasil*, criado logo após a proclamação da República e que viria a integrar, juntamente com o *Jornal do Commercio* e a *Gazeta de Notícias*, o grupo dos grandes periódicos. Esses jornais, segundo Marc Leclercq, correspondente francês no Brasil, começavam a apostar na venda de espaço para anunciantes, buscando com essa estratégia compensar a discreta venda avulsa. Tal mudança significaria, em um prazo não muito largo, a superação do jornalismo "amador" e a substituição de colaboradores voluntários por uma geração de redatores assalariados – jovens que viam no jornalismo uma carreira.

Com a profissionalização dos jornais, mudava também o seu padrão editorial: a defesa de princípios perdia o lugar proeminente que detivera no século XIX, sendo substituída por denúncias e, mais ainda, por reportagens que pretendiam falar diretamente ao coração do leitor. Daí o apreço dos novos jornais por crimes, fatos extraordinários, curiosidades científicas, fenômenos paranormais e prodígios circenses. A essa modalidade de escrita jornalística se deu o nome de *fait-divers*, sendo ela a característica comum à imprensa no período.

O *fait-divers*, como recriação fabulosa de fatos cotidianos, frequentou jornais de todas as partes

Edição da Gazeta de Notícias *de 26 de abril de 1906. Segundo alguns relatos, Irineu Marinho teria sido o repórter responsável pelo "furo" no célebre caso do crime passional cometido contra a viúva Bezanilla e João Ferreira de Moraes.*
BIBLIOTECA NACIONAL

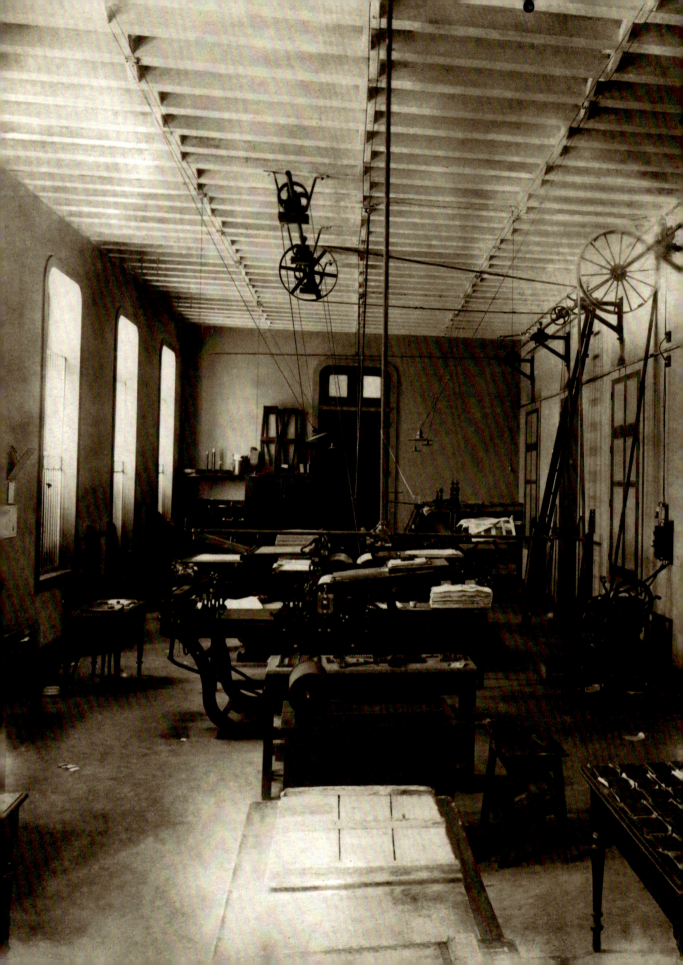

Nova Imprensa

do mundo, embora com intensidades e tonalidades diversas. No Brasil, terá impacto não apenas sobre o empreendimento jornalístico, mas também sobre o literário, invertendo os termos de uma antiga relação que costumava fazer do literato um potencial jornalista e que, naquela quadra, passava a tornar o jornalista um potencial escritor. Foi na *Folha Nova*, por exemplo, que Aluísio Azevedo publicou, sob a forma de folhetim, o que viria a ser o seu conhecido romance *Casa de pensão*, recriação literária de memorável crime ocorrido à rua da Quitanda, poucos anos antes, e fartamente noticiado ao longo de muitos meses.

Todas essas mudanças contribuíram para o desenvolvimento de um personagem singular – o repórter –, cujas características, ressaltadas por críticos e cronistas, serviriam à fixação da imagem de uma nova imprensa, profissional, moderna. O repórter deveria ser atento, ágil, pronto a identificar um virtual drama urbano e transformá-lo em manchete. Deveria também moderar os rituais da boemia, as demoradas rodas nos cafés e a bebida alcoólica, que, afinal, se opunham ao etos profissional em formação. Durante o dia, passara a consumir refeições ligeiras ao balcão, de costas para a rua, com o que diminuía o tempo de descanso e disfarçava a modéstia do consumo. Seu salário,

Rotativa Walter Scott.
MUSEU DA IMAGEM E DO SOM – RJ

PÁGINA AO LADO:
Oficina tipográfica em 1908.
MUSEU DA IMAGEM E DO SOM – RJ

49

Nova Imprensa

O Café Paris, no largo da Carioca. Nas palavras de Luiz Edmundo, era: "...o amável botequim que precedeu ao surto de remodelação da cidade, meio casa de família, meio grêmio, meio escritório, sempre cheio, ponto agradável de reunião e de palestra, onde recebíamos recados, cartas, cartões, telegramas, embrulhos, os amigos, os conhecidos e até credores!".
ARQUIVO DA CIDADE – RJ

afinal, não avançava além dos 150 mil réis, cujo poder de compra pode ser avaliado a partir das informações do cronista Luiz Edmundo, relativas ao ano de 1901: a xícara média de café com pão torrado, no Rio de Janeiro, custava quinhentos réis, podendo-se obter, por esse mesmo preço, o famoso mingau de maisena, servido com canela.

Com a proliferação de repórteres, cresceram em número e importância os chamados "cafés em pé" – na verdade, balcões onde a infusão era infinitamente mais valorizada do que nos ambientes em que "café" se tornara apenas a senha para a reunião de boêmios em torno de uma mesa. Isso significa que a profissionalização de jovens jornalistas alterou, progressivamente, a relação do estrato de intelectuais com o espaço urbano, pois, com a propagação dos balcões, a opinião, formada originalmente nos cafés convencionais – o que os ingleses chamavam de "universidades de vintém" –, consagrará outros ambientes de conversação no centro da cidade, como as redações de jornais, os fundos das livrarias, as casas editoriais, os clubes de empresários ou profissionais, como o Clube de Engenharia. Pode-se dizer, portanto, que a multiplicação dos "cafés em pé" foi um dos sintomas do processo de profissionalização de segmentos intelectuais, bem como do declínio da "geografia do prestígio" relacionada às ruas onde se concentravam os locais tradicionais de encontro da boemia.

Irineu Marinho chegava à imprensa naquele momento. E, para ele, aos quinze anos de idade, pertencer à imprensa significava agir como um repórter, e não como um letrado. Desde então, a frequência aos "cafés em pé" – e tudo o que derivava disso: o ritmo, a postura corporal, a substituição da conversa por comentários, a pilhéria – se colará de tal forma à imagem pública de Irineu Marinho, que, ao falarem dele, seus amigos recorrerão aos mesmos adjetivos de que se valeu, primeiro, Félix Pacheco:

"Irineu Marinho, esguio e afanoso repórter [...], sempre apressado, mal se detendo à beira de uma roda para sorver, de corrida, um café entre duas observações mordazes".

Agilidade, nova linguagem e profissionalização atestam a renovação da imprensa carioca, embora coisa nenhuma nessa transição tenha sido feita rapidamente. Por algum tempo conviverão os boêmios e os novos quadros do jornalismo profissionalizado; os longos artigos de opinião e as reportagens. Lentos foram também o crescimento do público e a substituição das tecnologias de composição e impressão até então adotadas. Contudo, se a renovação tecnológica não foi imediata, as máquinas, paradoxalmente, se tornarão tema corriqueiro de conversas e debates. Na capital da República, a extravagante tópica da "potência das rotativas" se aninhou entre jornalistas, empresários, literatos e gente ainda mais distante do mundo da imprensa. Por aquela época, a imaginação técnica se robustecia, fazendo das oficinas dos jornais – na ausência de plantas fabris em número significativo – o metro pelo qual se media a moderna civilização urbano-industrial do Brasil.

Para a ampliação de suas respectivas tiragens, os jornais do Rio de Janeiro dependeram, como em toda a parte, do atendimento a três principais requisitos: a adoção de impressoras rotativas, a inovação dos métodos de composição e a adoção de um tipo de papel capaz de suportar a pressão das rotativas em alta velocidade. Nos EUA, a impressão com rotativas se deu apenas nos últimos anos do século XIX, quando uma empresa da Filadélfia passou a fabricar máquinas que, em uma hora, podiam imprimir 24 mil exemplares de um jornal com 32 páginas! No Brasil, alguns jornais serão capazes de incorporar tal inovação, como a *Gazeta de Notícias*, mas a grande maioria ficará à margem desse processo.

Algo semelhante se passará no âmbito da composição. O jornal *The Times*, por aquela época, adotará uma máquina operada por teclado, abrindo espaço para a criação da linotipo, cuja proeza consistia em compor linhas completas de tipos, tão rapidamente quanto um tipógrafo pudesse tamborilar em suas teclas. As máquinas linotipos começaram a aparecer no Rio de Janeiro ainda nos anos de 1890, mas não foram todos os jornais que se beneficiaram imediatamente dessa inovação. Ao contrário, a renovação tecnológica que atingiu a imprensa foi responsável, em um primeiro momento, pela retração significativa do número de jornais e revistas em circulação.

Somente a partir de 1905, com a chegada de novos investidores no ramo, essa tendência se inverterá. Aquele será, então, o ponto de partida da nova imprensa na capital da República.

4

TRAVESSIAS

RINEU MARINHO FOI ALUNO APLICADO DO LICEU POPULAR Niteroiense, conhecido como Colégio William Cunditt, localizado na rua Visconde de Itaboraí, n. 97, no centro da cidade de Niterói. Lima Barreto, que também estudou ali, queixava-se, em cartas enviadas ao pai, do regime de internato, do seu afastamento da família, da falta que sentia de casa. Não se sabe se Irineu Marinho esteve matriculado sob o mesmo regime. Anúncios publicados no jornal *O Fluminense* informam sobre as modalidades de matrícula e seus respectivos preços: "internos, 40$ mensais; semi-internos, 20$ mensais; externos do curso primário, 8$ mensais; e externos do curso secundário, 10$ mensais". Há relatos daquela época que definem Irineu Marinho como um rapazinho educado, de temperamento macio, embora seu semblante, como os das demais crianças que compõem a fotografia de sua turma escolar, traduza apenas a gravidade posada, a rigidez que então se exigia dos meninos, tornando-os antecipações dos adultos que serão.

Irineu concluiu seus estudos no Liceu de Humanidades, atual Nilo Peçanha, onde teve destacada atuação associativa. Fundou o Grêmio Literário Homenagem a Silvio Romero, conforme nota do jornal estudantil *A Pena*, de agosto de 1892, que menciona ainda o fato de o novo grêmio ter criado o jornal *O Ensaio* e organizado uma comissão de jovens para "cumprimentar o dr. Silvio Romero, presidente honorário da agremiação".

Silvio Romero, por aquela época, já era intelectual renomado: poeta, político, folclorista, crítico literário e professor de filosofia do Colégio Pedro II. Em 1891, ano em que Irineu Marinho estreou como suplente de revisor no *Diário de Notícias*, Silvio Romero iniciou a publicação de uma série de artigos sobre educação no mesmo jornal, provavelmente a convite de Rui Barbosa, um de seus diretores. Assim, tendo-se avistado nas dependências do *Diário de Notícias*, não é improvável que Irineu sonhasse com uma aproximação, homenageando-o um ano mais tarde, quando da fundação de seu grêmio. De qualquer modo, a atividade jornalística de Silvio Romero deve ter am-

PÁGINA AO LADO:
Niterói vista da barca que levava Irineu ao Rio de Janeiro. Foto: Augusto Malta.
ARQUIVO G. ERMAKOFF

Travessias

Irineu Marinho na fotografia da sua turma de escola e na página à direita, em destaque.
MEMÓRIA GLOBO

pliado a admiração que Irineu e seus colegas lhe devotavam, pois estavam totalmente convencidos da importância da imprensa para o esclarecimento da sociedade.

Tal crença não era exclusiva àqueles moços, pois na paisagem intelectual de Niterói mesmo os jornais estudantis eram um valor. Tabloides com quatro páginas, em geral quinzenais, eram publicações ingênuas, com um anedotário privativo de cada grupo e a reiterada prática de dedicar seus textos. Pelas dificuldades envolvidas na edição e impressão de tais periódicos, pode-se imaginar a alargada dose de cumplicidade entre seus artífices. E, como em outras iniciativas juvenis desse tipo, a relevância do que produziam era infinitamente menor do que a sociabilidade que punham em marcha.

O fato é que *O Ensaio*, *A Pena* e outras publicações semelhantes, embora veiculadas pela estudantada local, eram constitutivas do sistema cultural em formação na capital fluminense. *A Pena*, por exemplo, editada por Octavio Kelly – que veio a ser ministro do Supremo Tribunal Federal – era impressa na tipografia de *O Fluminense*, principal folha de Niterói, que, ao que parece, alimentava franco comércio com aqueles jovens, ao permitir que temas, textos e polêmicas saltassem do jornalismo praticado por eles para as suas páginas.

54

Irineu Marinho, a propósito, protagonizou uma dessas travessias. Pouco tempo após ter criado o jornal *O Ensaio*, sua polêmica com Luiz de Azevedo, editor de *A União*, tabloide de grêmio rival, teve curso nas páginas de *O Fluminense*, estimulada por seus diretores. A querela teve início em setembro de 1892, quando Irineu rechaçou, energicamente, a crítica de Luiz de Azevedo a alguns clássicos da literatura. Escreveu:

> [...] *Naturalmente o sr. L. de A. ouviu dizer algures que* [Paul] *Janet escrevera:* "Le therme de livre penseur est généralement entendu dans un sens assez équivoque. Il semble convenu qu'il est synonyme de sceptique et incrédule" (Les Problèmes du XIX Siècle). *E pensou consigo: se é mais livre pensador o cético do que o católico, eu sou mais livre pensador do que os que gabam esses literatos, porque eu os chamo de decadentes, de estúpidos; além disso, preciso sair do comum para me tornar notável. E toca a escrever para* A União. *Mas enganou-se. Chamando de ignorantes esses escritores, provou que é um tolo.*

Luiz de Azevedo, em resposta intitulada "Um peteleco", disse que certo filósofo se distraía lançando pedrinhas na água e que ele, sem a pretensão de passar por filósofo, se distrairia "jogando pedrinhas nesses micróbios de nosso jornalismo" –, o que terá deixado Irineu Marinho exultante, pois, aos dezesseis anos de idade, fora reconhecido como "jornalista".

O Fluminense, por sua vez, se encarregou de atiçar a "querela literária", publicando o poema satírico assinado por Gregório, pseudônimo, provavelmente, do poeta Alfredo Azamor:

> *Vão se bater muito breve*
> *O Marinho e o Azevedo.*
> *Aquele quer a espada*
> *Este não, porque tem medo.*
> [...] *O Marinho, pobre moço,*
> *Deve ter muita cautela*
> *Fazendo logo testamento,*
> *Senão o "Ensaio" vai à vela*   [...]

Um mês e muitos insultos depois, Luiz de Azevedo se despede. "Sr. I. Marinho, vou-lhe dar uns conselhos salutares: primeiro, saia do Liceu de Humanidades; segundo, não escreva mais para o público; terceiro, vá plantar batatas [...]".

E Irineu conclui: "Abandono o sr. L. de A. a quem possa entendê-lo".

Sede de O Fluminense, em 1892. O jornal abria espaço para jovens aprendizes do ofício.
BIBLIOTECA NACIONAL

PÁGINA AO LADO:
Jornal O Ensaio, publicado pelo Grêmio Literário Homenagem a Silvio Romero. Irineu Marinho era o redator-chefe e assina a crônica "Vingança terrível", dedicada a Florindo Junior, dono da tipografia. Número 4, de 1º de outubro de 1892.
BIBLIOTECA NACIONAL

O episódio – em si, pouco importante – revela a transição iniciada por Irineu Marinho nos primeiros anos da década de 1890. Saltara de *O Ensaio*, jornalzinho estudantil, para as páginas de *O Fluminense*, epicentro da imprensa de Niterói, e buscava inserção profissional no Rio de Janeiro, onde já vinha prestando alguns serviços de revisão para o *Diário de Notícias*. Todos os dias, portanto, realizava uma travessia física e simbólica entre as margens da Guanabara. A baía separava, à época, o "jornalista niteroiense" Irineu Marinho do estudante Irineu, suplente de revisor; a amável capital do estado do Rio de Janeiro, da fervente capital federal; os grêmios literários e clubes cívicos de Niterói, dos cafés da Ouvidor; o jornal *O Fluminense*, em cuja redação se nutriam aprendizes das letras, do *Diário de Notícias*, detentor de um dos maiores plantéis de intelectuais do país; e, sobretudo, o ambiente abafado que caracterizava o familismo português, do horizonte aberto em que desenhará seu futuro. Tais eram as travessias cumpridas pelo jovem Irineu Marinho, como descreverá, muito mais tarde, seu filho Roberto, atento à pobreza que rondou seus antepassados:

Suplentes de revisão eram os que apareciam à porta do jornal e, de lá do fundo da redação, recebiam o aceno do chefe dos revisores, indicando haver ou não trabalho para eles naquele dia. [...] Uma vida miserável [...]. Muitas vezes [Irineu] voltava para casa sem ter conseguido trabalho e sem dinheiro no bolso. Chegava exausto

ANNO I   Nictheroy, 1º de Outubro de 1892   N. 4

O ENSAIO

ORGÃO DO GREMIO LITTERARIO HOMENAGEM A' SYLVIO ROMERO

SECRETARIO   REDACTOR-CHEFE   GERENTE
F. R. de Oliveira   *Irineu Marinho*   *Theodoro Jardim*

EXPEDIENTE
AOS NOSSOS COLLEGAS

Desejando o Gremio Litterario Homenagem á Sylvio Romero organisar em breve uma bibliotheca, pedimos aos estimados e illustres collegas, á quem dirigirmos exemplares do nosso orgão, que nos dispensem a honra, certamente immerecida, da permuta de seus jornaes, para fazerem parte d'essa bibliotheca.

Esperamos ser attendidos.

Toda e qualquer correspondencia deve ser dirigida para a rua do Visconde do Uruguay n. 154, Typ. do Florindo.

Vingança terrivel

AO FLORINDO JUNIOR

O commendador abrio o seu palacete aos parentes e amigos, para commemorar o seu anniversario natalicio.

No salão dera-se principio ás dansas, as quaes estavam muito animadas. Conversava no vão de uma janella um grupo de rapazes, que contemplavam o deslumbrante effeito produzido pela profuzão de flores e de jovens.

D'ahi os commentarios satyricos, as risadinhas e o prazer de ouvir as respostas das jovens, que quasi sem se virar diziam-lhes uns « engraçados » galantes e seductores. Terminada uma deleitosa walsa, os pares passeiavam em ellipse no salão, conversando cada qual cem animosidade que a frescura da mocidade inspira.

Adelina, menina de 14 annos, acompanhava tambem o seu cavalheiro e ao passar pelo humoristico grupo recebeu á queima roupa o epitheto de « jararaca » e logo seu exquisito rosto se tingiu de uma côr purpurina que n'um rosto formoso produziria um effeito maravilhoso.

Como todas as mulheres, sentiu-se offendida em sua pretenção, mas em vez de deixar escapar queixumes de seus labios descorados, concentrou-se profundamente, jurando á si mesma que vingar-se hia na primeira occasião.

Dias depois retirava-se o inconveniente gracejador, rapaz esbelto, chamado Oscar, para o interior. Depois de 7 annos de saffrimentos e aborrecido da vida da roça, voltou Oscar para o Rio, onde se apresentou de supetão, custando a ser reconhecido por seus companheiros de outr'ora, tal era a transfiguração que soffreu o seu rosto com a variola.

Dois dias depois de sua chegada, passeava elle muito distrahidamente pelo Passeio Publico, quando fitou uma donzella que tinha bastantes encantos para o tornar captivo e foi o que succedeu, pois passados dois mezes seus amigos assistiam seu casamento.

No oitavo ou nono dia de sua lua de mel sua esposa perguntou-lhe subitamente:

— Lembras-te d'aquelle baile em casa do commendador no dia....?

— Lembro-me, sim.

— Lembras-te de uma menina que tu chamaste de « jararaca »?

— Lembro-me, respondeu Oscar depois de uma pequena pausa; mas porque perguntas...?

— Porque era eu. Jurei vingar-me e excusado é dizer que já estou satisfeita.

IRINEU MARINHO

Anniversario

Completou no dia 23 ultimo mais um anno de preciosa existencia o Sr. Oscar Veiga, irmão do nosso amigo Juvenal Veiga.

Comprimentamol-o.

e faminto. No armário do quarto tinha sempre um vidro de xarope contra a tosse, que ele tomava não como remédio, mas para enganar o estômago.

Também para o Brasil aqueles anos serão de decisivas e não menos árduas travessias. Como se sabe, imediatamente após a proclamação da República começaram a surgir desentendimentos entre as forças políticas unidas no 15 de novembro. Aliados em prol da deposição de d. Pedro II, militares e cafeicultores paulistas já não se entendiam. Sob o signo positivista "Ordem e Progresso", os atos iniciais do novo regime serão feitos "em nome do Exército, da Marinha e do Povo". Promulgada, porém, a Constituição (1891), o republicanismo histórico de São Paulo cobrará sua parcela de poder. Sentindo-se pressionado e incapaz de governar com o Congresso em funcionamento, o marechal Deodoro da Fonseca renunciou.

Quando Irineu Marinho iniciou sua aproximação com o *Diário de Notícias*, em 1891, a redação do jornal ainda guardava o calor da batalha antimonárquica; e Rui Barbosa, um de seus diretores, experimentava a glória de ter redigido a nova Constituição brasileira. De fato, o *Diário de Notícias* terá sido dos mais combativos órgãos contra o regime monárquico, reunindo redatores da envergadura de um Lopes Trovão, um Aristides Lobo, um Medeiros e Albuquerque e, maior do que todos, Rui Barbosa. É provável que a experiência de Irineu, muito moço, em um órgão com aquele perfil tenha tido efeitos duradouros na sua trajetória.

Sobre isso, Irineu jamais se pronunciou. Porém, as memórias de Lúcio de Mendonça – jornalista e um dos fundadores da Academia Brasileira de Letras –, que também exerceu, quando jovem, a atividade de revisor, são esclarecedoras do papel desempenhado por jornalistas veteranos na formação de jovens profissionais. Lúcio começou na imprensa nos anos de 1870, duas décadas antes de Irineu Marinho, e sublinha que, então, como mais tarde, as redações acabavam promovendo a proximidade entre "calouros" e ocupantes do proscênio jornalístico.

> [...] *Pelo correr de 1872, a sala de redação de* A República, *na rua do Ouvidor, onde hoje está a confeitaria Cailteau, era ponto de encontro dos homens de letras do tempo; além dos de casa, que eram Quintino Bocaiúva, Salvador de Mendonça, Ferreira de Menezes, Luís Barbosa da Silva, lá iam frequentemente Joaquim Serra, Francisco Otaviano, Machado de Assis, Joaquim Nabuco, Caetano Filgueiras e, uma vez ou outra, José de Alencar, que escrevia para a folha o romance de costumes* Til. [...] *Senão entre os frequentadores, entre as relações de boa camaradagem de* A República *estava a redação do* Mosquito, *ali assim pelas alturas da rua dos Ourives, se não me falha a memória.* [...] *Havia, então, em certas noites, um grande ponche, com palestra ao redor, para o qual se convidava, com a fantástica denominação "Exposição de feras". O calouro de imprensa, que eu era* [...], *fazendo a cozinha de* A República, *achava uma requintada delícia intelectual aquele convívio.*

Oficinas do jornal
O Fluminense,
de Niterói.
Foto: Barreto.
BIBLIOTECA NACIONAL

Naqueles anos, embora a formação de um profissional de imprensa não impusesse um percurso específico, a prática frequente de incorporação de novos quadros começava a fixar um padrão de treinamento reconhecível. Muito jovem, um rapazinho inteligente, escolarizado, porém, com poucas certificações sociais, obtinha um posto em um jornal qualquer. A partir daí, será integrado a um círculo de profissionais experientes, passando a conhecer as máquinas, a ouvir as conversas sobre os custos de produção, o preço do papel, as estratégias de venda, a construção de manchetes e tudo o mais que compunha aquele universo. O jornal era, portanto, uma instituição absorvente, que exigia entrega juvenil, muito trabalho e algum talento – sem o que, o aprendiz não seria encorajado a prosseguir na carreira. Enfim, o filtro do recrutamento dos calouros era a intuição dos "velhos" quanto ao caráter, à vocação, à disposição de cada um deles; de tal modo que as fortes lealdades que decorriam desse processo misturavam afeto genuíno e estratégias de inscrição – eram as "panelas", tantas vezes mencionadas por jornalistas.

Meses após iniciada sua busca cotidiana por trabalho no *Diário de Notícias*, Irineu Marinho começara a se inquietar. Percebera que, ali, os salários eram os mais baixos da praça e pagos com bastante atraso. Além de suas privações, pesava-lhe também o horário de fechamento do jornal, tarde da noite, obrigando-o a tomar a barca de meia-noite e meia, a última a deixar o cais Pharoux em direção a Niterói. Com ele viajavam,

PÁGINA ANTERIOR:
Estação da Cantareira, 1920. Foto: Augusto Malta.
INSTITUTO MOREIRA SALLES

principalmente, os entregadores dos matutinos, que, de Niterói, seguiam, por trem, até o interior do Estado. Sonolentos e famintos, aqueles trabalhadores eram um dramático espelho do jovem Irineu.

Em uma daquelas viagens, Irineu Marinho terá encontrado o amigo Leal da Costa, a quem narrou suas dificuldades, sendo encorajado a pleitear o cargo de revisor na *Gazeta de Notícias*. Em 1893, Irineu se tornará funcionário da *Gazeta* – jornal que exibia algumas das características associadas à nova imprensa internacional: barato, apartidário e aberto a inovações gráficas. Foi, sem dúvida, excelente escola para Irineu Marinho, que, de acordo com relatos não comprovados, além de revisor, terá publicado algumas reportagens sobre a Revolta da Armada, no ano de sua contratação.

1893. A temperatura política do país subira muito. Após a renúncia de Deodoro da Fonseca, o vice-presidente, Floriano Peixoto, deveria convocar novas eleições, pois Deodoro permanecera na presidência por tempo inferior a dois anos. As eleições não foram convocadas e Floriano passou a perseguir os que se opunham à sua permanência à frente do Executivo. Insurgiram-se contra isso importantes oficiais, entre os quais o almirante Custódio de Melo, que, em setembro daquele ano, comandará o ataque da Armada aos fortes da baía de Guanabara, defendidos pelo Exército. Os relatos desse episódio são dramáticos: correria, destruição, corpos tombando nas cidades localizadas às margens da baía, pânico, desamparo. Menino ainda, internado no Liceu Popular Niteroiense, Lima Barreto escreverá um velado pedido de socorro ao pai: "As granadas rebentam de todos os lados de Niterói; até chegou a arrebentar uma no morro que fica nos fundos do colégio".

Sem chance de vitória, os revoltosos se dirigiram para o sul do país, tentando uma articulação com os federalistas gaúchos, que, contudo, não ocorrerá, pois o movimento já havia sido desbaratado por Júlio de Castilhos. O presidente Floriano Peixoto, que contava com amplo apoio do Exército e mesmo de republicanos paulistas, gastou vultosa quantia comprando navios no exterior e derrotou os revoltosos em março de 1894.

Após meses de luta fratricida e um saldo de 10 mil mortos, encerrava-se a Revolta da Armada. Caberia ao primeiro presidente civil, Prudente de Morais (1894-1898), a pacificação do país. Com ele, porém, a nação não conhecerá paz. A dizimação do arraial de Canudos (1897), no norte da Bahia, após três malsucedidas expedições militares, adicionará 25 mil mortos à conta da consolidação republicana. Será apenas com Campos Sales (1898-1902) que a travessia brasileira em direção à república se completará. E, para isso, o presidente concebeu a chamada "política dos governadores", forma peculiar de federalismo mediante a qual o Executivo federal reconhecia as oligarquias dominantes em cada estado e fazia do Legislativo uma expressão da distribuição estadual do poder. A fórmula garantiu um comportamento bastante dócil por parte do Congresso Nacional, estancando o conflito entre os poderes e sanando uma das principais fontes da instabilidade político-institucional da República.

Em 1894, um ano após ter sido contratado pela *Gazeta de Notícias*, Irineu Marinho aceitará proposta do jornalista Manoel de Oliveira Rocha, conhecido como Rochinha, para trabalhar no jornal *A Notícia*. Rochinha havia iniciado sua carreira na imprensa paulista, primeiro como tipógrafo e depois como repórter nos jornais *A Tribuna*, em Santos, e *O Estado de S. Paulo*. Quando conheceu Irineu, já era renomado jornalista da *Gazeta de Notícias* e, provavelmente, um de seus principais acionistas, tendo passado por quase todos os cargos na empresa. Rochinha sabia tudo o que havia para saber acerca da prática jornalística e, em 1894, fundou o vespertino *A Notícia*, convidando vários profissionais da *Gazeta* para trabalhar também no novo jornal. Entre os convidados de Rochinha se encontravam Irineu Marinho, revisor, e Castellar de Carvalho, repórter policial e escriturário faltoso do Tribunal de Contas, que se tornará um dos grandes amigos de Irineu.

O jornalista Manoel de Oliveira Rocha, o Rochinha, mestre e amigo de Irineu Marinho.
BIBLIOTECA NACIONAL

Os jornais *Gazeta de Notícias* e *A Notícia* passaram, então, a dividir a mesma equipe de profissionais, com diretores atuando nas duas frentes, e vários colaboradores fazendo o mesmo, como Figueiredo Pimentel, Olavo Bilac e João do Rio. Alguns historiadores da imprensa brasileira afirmam tratar-se de uma só empresa. Mas as atas de suas respectivas assembleias indicam serem duas organizações distintas, constituídas quer como sociedade anônima, no caso da *Gazeta de Notícias*, quer, como *A Notícia*, alternando períodos como sociedade anônima ou sociedade em comanditas, isto é, aquela em que os sócios, além de investirem capital, contribuem com seu próprio trabalho, respondem pela administração da empresa e se responsabilizam integralmente pelas obrigações contraídas pela sociedade.

A Notícia foi um vespertino inovador. Contrariando a feição tradicional das folhas da tarde, que se caracterizavam pela publicação de notas parlamentares ou matérias de gaveta, Rochinha implantará no jornalismo vespertino a notícia fresca. Foi o jornal brasileiro que primeiro utilizou o serviço telegráfico, cuja estreia se deu na cobertura da Guerra Hispano-Americana, em 1898. Os telegramas chegados do Caribe e estampados na primeira página de *A Notícia* foram dados como impostura. Mas o *Jornal do Commercio*, que gozava de grande credibilidade pública, transcreveu os telegramas com rasgados elogios à equipe de Rochinha, sendo isso o bastante para que o jornal não parasse mais de crescer, chegando sua renda a ultrapassar os lucros de qualquer outro grande jornal do período!

Irineu, porém, queria ser um repórter. E foi isso o que o jornal *A Tribuna* lhe ofereceu, em 1898. *A Tribuna* era um jornal de oposição à política republicana, que abrigou a crítica sistemática do monarquista Eduardo Prado ao então presidente Deodoro

Edifício da redação da Gazeta de Notícias, *jornal de Rochinha, em 1904.*
MUSEU DA IMAGEM E DO SOM – RJ

da Fonseca, sendo, por isso, empastelado, em fins do ano de 1890. Naquela oportunidade, a imprensa fluminense, com a diversidade de orientações políticas que continha, redigiu um único documento em que exigia providências por parte das autoridades republicanas e reiterava seu compromisso com a liberdade de exame e de discussão. No atentado ao jornal fora barbaramente ferido seu revisor, João Ferreira Romariz, que viria a morrer, dias depois, vitimado – como se disse à época – pela "intolerância republicana". Tal episódio inspirou o conto *A sombra de Romariz*, de Lima Barreto.

Por volta de 1897, ao final do mandato de Prudente de Morais, o jornal *A Tribuna* será novamente empastelado por forças governistas, pois disparará críticas ferozes ao massacre de Canudos e, por extensão, ao chefe do Executivo federal. O atentado ao presidente Prudente de Morais, em que foi ferido mortalmente o ministro da Guerra, marechal Carlos Bittencourt, denota o acirramento do ânimo público e o clima de agitação na capital federal.

Trabalhando no jornal *A Tribuna* a partir de 1898, Irineu tinha a chance de realizar, pela primeira vez, quase uma década após iniciar suas expedições ao *Diário de Notícias*, sua vocação de repórter. Mas *A Tribuna* não era, definitivamente, sua casa: tinha um perfil recessivo, e sua crítica à República se fazia de uma perspectiva restauradora, monárquica. Irineu teve, ali, a certeza de que poderia desempenhar muito bem a função com a qual sonhava desde menino, porém não permanecerá no jornal. Em 1903, na véspera do Natal, casou-se com Francisca Pisani – era tempo de construir uma vida estável, o que significava consolidar conquistas profissionais já ensaiadas na *Gazeta de Notícias*. Voltou para lá, de onde saiu apenas ao fundar *A Noite*.

O Brasil também completara sua travessia – era uma república, afinal. Campos Sales inaugurara um estilo administrativo de governo, tornado pouco permeável a interesses e pressões tanto dos estados quanto dos militares. Domesticara, de certa forma, a institucionalidade política; mas, nas ruas, a multidão se mostrava descontente com as condições de vida. Em 1902, ao deixar o palácio do Catete, Campos Sales foi saudado com ensurdecedora manifestação de repúdio ao seu governo. Milhares de pessoas demonstraram grande desprezo por aquele presidente "com alma de senhor de escravos", como a ele se referirá Medeiros e Albuquerque. É de José Maria dos Santos, historiador e jornalista, com passagem pela *Gazeta de Notícias*, a descrição do seu retorno a São Paulo:

> *Quando o seu bota-fora surgiu na praça fronteiriça à estação, levantou-se da massa popular, que se comprimia por trás dos cordões de polícia, uma assuada verdadeiramente indescritível. Por cima das linhas de soldados, vinha-lhe em meio àquela fragorosa corrente de injúrias toda uma saraivada de projéteis [...] desde ovos e legumes adquiridos nas quitandas da vizinhança, até frutos verdes arrancados às jaqueiras do Campo de Santana. Quando o trem se pôs em movimento, a terrível manifestação, ao longo da linha, continuou. A gente dos subúrbios havia descido de suas residências às barreiras do caminho de ferro. Durante dez quilômetros até os extremos de Cascadura, o ex-presidente ouviu, sob o estrépito do comboio em marcha, ulular furioso pela noite adentro o desespero do povo carioca.*

5

CAPITAL FEDERAL

RIO DE JANEIRO CIVILIZA-SE. COM ESTA FRASE, AINDA hoje citada, Figueiredo Pimentel, um dos mais destacados cronistas da *Gazeta de Notícias*, sintetiza o conjunto de transformações por que passou a capital da República nos primeiros anos do século XX – principalmente durante o governo Rodrigues Alves (1902-1906). Pimentel assinava uma coluna diária na *Gazeta*, intitulada Binóculo, e se notabilizou por descrever e promover o comportamento elegante da elite residente na principal cidade brasileira. Foi o incentivador da batalha das flores, do *five o'clock tea*, dos corsos na avenida Central, do *footing* na Ouvidor. Entre lições sobre o uso correto da cartola ou sobre a melhor forma de adequar a moda francesa às senhoras nativas, entreviu uma parte da sociedade, cujo otimismo em relação à modernização do país permitia chamar de *belle époque* os tempos bicudos por que passava o Brasil.

Em *O Rio de Janeiro de meu tempo*, Luiz Edmundo, escrevendo décadas mais tarde sobre o cronista Figueiredo Pimentel, aponta o quanto o jornalismo daquela quadra ajudara a fixar uma imagem até certo ponto "ficcionalizada" das potencialidades da nação. E o faz ironizando o fato de que o próprio Pimentel, tido como "profeta do *chic*" e autor da "bíblia da vida mundana", não era exatamente um frequentador das classes altas e nem sequer um homem elegante. Era um jornalista tão pobre quanto os demais, que se vestia com ternos adquiridos em acanhadíssima alfaiataria do Méier, subúrbio do Rio de Janeiro. Reconhecendo a habilidade de Pimentel para elaborar ficções como a do "Brasil civilizado" ou a da sua própria elegância, Luiz Edmundo conclui: "Somente uma penetrante inteligência poderia ter dado, satisfatoriamente, conta do recado".

O ângulo de Luiz Edmundo é menos a análise daquela nova escrita jornalística – que, como se disse, problematiza a relação "verdade e mentira", "realidade e ficção" –, e mais a tentativa de demonstrar o papel pedagógico dos jornais na disseminação de

PÁGINA AO LADO:
Rua do Ouvidor em 1890: um dos principais eixos da vida elegante na capital federal.
Foto: Marc Ferrez.
INSTITUTO MOREIRA SALLES

Capital Federal

O "bota-abaixo" do prefeito Pereira Passos: a antiga cidade colonial é derrubada em nome da modernização urbanística e sanitária. Foto: Augusto Malta.
MUSEU DA IMAGEM E DO SOM – RJ

condutas e valores modernos. Portanto, para ele, a reiteração de expressões como *belle époque,* por exemplo, tão recorrente em Pimentel, indicava o esforço de uma parcela da imprensa em acertar o relógio brasileiro pelo ritmo europeu.

De fato, com a estabilização institucional da República e a progressiva superação do mal-estar em relação aos portugueses, intensificou-se, entre nós, a valorização da Europa, algo que alguns autores trataram como "reeuropeização do Brasil". Mas a Europa visada era distinta da que conhecêramos com nossos colonizadores, pois a ela se prendiam, agora, os adjetivos "urbana", "industrial" e "burguesa", inexistentes no vocabulário dos Bragança. Na verdade, nossos olhos e nossas aspirações se voltavam para a França – elegante e mundana. Promoviam-se novos gostos, novas referências e regras, a que a reforma urbanística do Rio de Janeiro emprestaria um componente material, uma plataforma territorial sobre a qual se desenrolaria tal projeto de civilização.

A idealização de uma Paris tropical no começo do século XX terá denunciado o anacronismo da velha estrutura urbana do Rio de Janeiro. A ocupação do centro por um verdadeiro exército de saias, saltos, chapéus, polainas e bengalas não encontrará conforto na planta da cidade, nas suas ruelas curvas e ladeirosas, nas suas áreas pantanosas e, sobretudo, na população entregue às calçadas – gente pobre e doente, vivendo em desconforto e promiscuidade, à espera da morte ou de um motim. Por isso, em 1904, durante o governo Rodrigues Alves, dois fatos interligados – a inauguração da avenida

Capital Federal

Irineu Marinho em sua mesa de trabalho, quando era secretário do jornal Gazeta de Notícias, *em 1908.*
MEMÓRIA GLOBO

PÁGINA SEGUINTE:
O footing *na recém-inaugurada avenida Central (atual Rio Branco). Foto: Augusto Malta.*
MUSEU DA IMAGEM E DO SOM – RJ

Central e a promulgação da lei da vacina obrigatória – representaram o triunfo do urbanismo francês sobre a velha cidade portuguesa.

Tendo voltado à *Gazeta de Notícias* em 1904, Irineu Marinho conhecerá meteórica ascensão profissional: de revisor passou, primeiro, a chefe de revisão, galgando em seguida as posições de repórter, secretário de redação – aos trinta anos – e, por fim, diretor financeiro. Mas como era do feitio daquele tipo de empresa, é provável que exercesse todas essas funções simultaneamente, quando assim exigiam as condições do jornal.

Irineu só terá adquirido a prática da reportagem, de fato, na *Gazeta de Notícias*, que, contudo, não publicava trabalhos assinados e tampouco o expediente, constando do cabeçalho apenas o tipo de impressão – "Máquinas rotativas Marinoni" – e o endereço da redação: "Rua do Ouvidor, 102". Com isso, o talento daquele jovem profissional terá passado despercebido pelos leitores. Seu prestígio entre pares, porém, era crescente. Viriato Correa, em suas memórias, conta que Irineu Marinho era admirado e estimado por sua dedicação ao trabalho.

> *Era um homem [...] que acima de tudo colocava os deveres do trabalhador. Entrava na redação, sentava-se à sua mesa [...] e só depois de concluído o trabalho se dispunha a gozar a palestra. Não tinha pinta de caturra; se zunia uma pilhéria realmente benfeita, ele dava a sua risada curta e voltava à discrição de homem sóbrio.*

Capital Federal

Irineu Marinho, à esquerda, com os companheiros da Gazeta de Notícias Roberto Gomes e Figueiredo Pimentel, responsável pela célebre coluna Binóculo.
MEMÓRIA GLOBO

[...] Uma tarde, à hora viva da confecção do jornal, com todos nós nas mesas de trabalho, o Rochinha comunicou que havia transferido o Marinho da reportagem para a redação. Na Gazeta *as regras de bom-tom estavam sempre de pé. A comunicação do diretor do jornal foi recebida com uma salva de palmas.*

Tempos depois, quando faleceu Luís de Castro, secretário de redação, e Rochinha decidiu escolher um dos jornalistas para substituí-lo, instituiu uma espécie de teste entre os redatores, que consistia em conferir a cada qual uma semana como secretário, para avaliar seus respectivos desempenhos. A semana de João do Rio foi descrita pelo próprio como "um desastre"; e seus colegas abdicaram da experiência proposta por Rochinha, pondo-se de acordo quanto ao fato de que o escolhido deveria ser Irineu Marinho. Viriato Correa reproduz o diálogo que se terá travado naquele momento:

"É, então, uma aclamação", disse Rochinha, depois de informado.
"Eu me felicito e felicito a vocês."
Irineu Marinho ia entrando, sem saber de nada.
Rochinha sorridente disse-lhe com um abraço:
"A secretaria é sua. O sr. é o aclamado!".
Às oito da noite, no restaurante Paris, no largo da Carioca, a redação inteira festejava o aclamado com um jantar alegre.

Será como repórter, redator e, em seguida, secretário de redação da *Gazeta de Notícias* que Irineu se exporá verdadeiramente ao Rio de Janeiro – cidade com aproximadamente 1,4 milhão de habitantes, cerca de vinte jornais diários e uns tantos pasquins. Os bairros em que residiam as famílias ricas eram, principalmente, Santa Teresa, Cosme Velho e São Cristóvão, mas, aos sábados, toda aquela gente se transferia para o quadrilátero compreendido pelas ruas do Ouvidor, Gonçalves Dias, 7 de Setembro e avenida Central, atual Rio Branco. Vida mundana e cena intelectual se fundiam em alguns salões, como o de Laurinda Santos Lobo, localizado em Santa Teresa e visitado, certa vez, por Anatole France e Caruso, porém ignorado por Irineu.

Elites novas, que se adiantavam ao lento deslocamento das que procediam do Império, e hábitos sociais importados exigiam uma iniciação ao moderno, insinuada, fortemente, nas páginas da *Gazeta de Notícias*. Crescia no jornal o peso das matérias sobre a temporada lírica; sobre a utilização, naquelas ocasiões, do bonde de luxo – apelidado

"bonde ceroula", por ter seus bancos forrados de linho branco –; sobre as proezas de Santos Dumont, "um brasileiro em Paris"; sobre a arquitetura dos novos prédios erigidos na avenida Central; sobre o futebol, esse "esporte trazido por ingleses".

Irineu Marinho seguia, é claro, a linha editorial da *Gazeta de Notícias*, mas intuía que outros aspectos da vida da cidade poderiam ter interesse para os leitores, ampliando, inclusive, a quantidade de exemplares vendidos. É Edmar Morel quem avança tal hipótese ao sugerir que, diante de uma ocorrência, Irineu Marinho elegia ângulos pouco explorados pelos demais jornalistas. Como repórter, Irineu pretendia apresentar o "moderno" pelo que continha de anômalo, surpreendendo o leitor. Mas essa era também a forma que encontrara para exercer habilidades que considerava especificamente jornalísticas – imaginação, intuição, agilidade –, procurando tornar efetivo o papel que atribuía à imprensa: transformar assuntos cotidianos, até mesmo banais, em fatos dignos de registro.

Quando, então, se tornou secretário de redação da *Gazeta*, em 1906, Irineu remodelou o cargo, atribuindo a ele funções que iam do controle da tipografia à "concepção mental" da folha, passando pela redação de artigos especiais e, eventualmente, pela famosa "corrida", isto é, o telefonema dado a todos os departamentos de polícia para saber se havia alguma ocorrência registrável. Naquelas ocasiões, se entendia com o guarda plantonista, pois quase sempre o comissário e o delegado não mais se encontravam lá. Irineu, desse modo, ouvia e assimilava a narrativa de um personagem socialmente muito próximo daqueles a quem, por atribuição funcional, deveria vigiar e eventualmente conter. Pobre policial miúdo: sua atividade, por aqueles anos, parecia não findar. A polícia era, afinal, o braço que a República imediatamente acionava ao menor sinal de participação pública protagonizada por trabalhadores e demais segmentos pobres da sociedade. A vaia estrepitosa com que a população do Rio de Janeiro se despedira de Campos Sales fora apenas o prenúncio dos anos de agitação que se punham no horizonte.

Após a posse de Rodrigues Alves, a crise entre as ruas e o Catete se aprofundou. Decidido a ajustar a cidade às novas exigências do mercado internacional, Rodrigues Alves concedeu poderes quase ditatoriais ao prefeito Pereira Passos e ao médico Oswaldo Cruz, a fim de que, rapidamente, mudassem a realidade urbanística e sanitária da capital da República. Ao prefeito caberia o "bota-abaixo", isto é, a demolição da velha e insalubre cidade; enquanto a Oswaldo Cruz, nomeado diretor-geral do Serviço de Saúde Pública, foi dada a missão de exterminar os vetores transmissores da febre amarela, da peste bubônica e da varíola.

Os trabalhos começaram imediatamente e, enquanto Pereira Passos rasgava a parte mais habitada da cidade, demolindo casas e expulsando seus moradores, Oswaldo Cruz limpava, desinfetava ou interditava o que restara dela. Além disso, becos e acampamentos, hortas e capinzais, pocilgas, estrebarias e curtumes, cães vadios e mendigos foram varridos do centro urbano como medidas contra a proliferação de mosquitos,

Capital Federal

Capital Federal

*Inauguração do Café do Rio, em 1911.
Foto: Augusto Malta.*
MUSEU DA IMAGEM E DO SOM – RJ

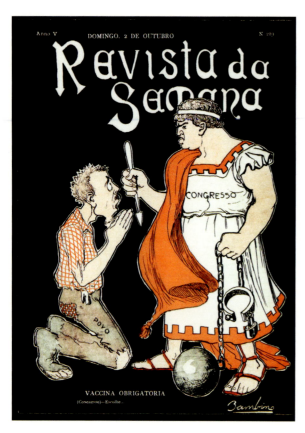

Crítica à vacina obrigatória. Desenho: Bambino.
BIBLIOTECA NACIONAL

ratos e pulgas, propagadores da peste bubônica e da febre amarela.

A população residente na região se inquietava, mas o pior ainda estava por vir. E veio com a aprovação da lei que tornava obrigatória a vacinação contra a varíola. Tal lei previa também que o governo regulamentasse o *modus operandi* da vacinação e, para isso, foi solicitado a Oswaldo Cruz que redigisse um documento preliminar, a ser discutido por uma comissão de médicos, políticos e juristas. Contudo, o documento vazou, sendo publicado pelo jornal *A Notícia*, no dia 10 de novembro de 1904. Nele ficava claro o rigor com que se pretendia obrigar a população à vacinação, prevendo-se severas punições para os que resistissem à lei.

Como narra José Murilo de Carvalho no livro *Os bestializados: o Rio de Janeiro e a República que não foi*, a população reagiu violentamente. Desabrigada pelas obras de remodelação da cidade, ameaçada por policiais e vacinadores, era, além disso, vítima dos mais diversos boatos sobre os perigos da vacina e sobre o método de aplicação – supostamente exigente da nudez de homens e mulheres. Tinha como aliados o *Correio da Manhã*, dirigido por Edmundo Bittencourt, e os positivistas ortodoxos, que criticavam o "despotismo sanitário" do governo. E foi com esse arranjo, que incluía segmentos diversos da população – entre ricos e pobres –, parte da imprensa e políticos da oposição, que teve início a maior rebelião já encenada contra uma lei da República.

Conhecido como Revolta da Vacina, o movimento teve início no dia 10 de novembro e, três dias depois, o centro do Rio de Janeiro já se transformara em um campo de batalha. Barricadas se espalharam, rapidamente, por toda a cidade e se contavam às dezenas os bondes incendiados, os postes tombados, os grupos armados a desafiar a polícia e as forças por ela convocadas para conter o motim. No dia 14 de novembro de 1904, a *Gazeta de Notícias*, ao melhor estilo "Irineu Marinho", publicou: "Tiros, gritaria, engarrafamento de trânsito, comércio fechado, transporte público assaltado e queimado, lampiões quebrados às pedradas, destruição de fachadas dos edifícios públicos e privados, árvores derrubadas: o povo do Rio de Janeiro se revolta contra o projeto de vacinação obrigatório proposto pelo sanitarista Oswaldo Cruz".

Naquele mesmo dia, trezentos cadetes da Escola Militar da Praia Vermelha marcharam em direção ao Catete, enfrentando no caminho as forças do governo. E dois

Capital Federal

dias mais tarde, o presidente Rodrigues Alves decretou estado de sítio, prendendo mais de setecentas pessoas na ilha das Cobras e enviando outras tantas para o Acre.

Foi, provavelmente, como efeito dessa conjuntura – pela circunstância, talvez, de ter que narrá-la – que Irineu terá acrescentado à sua ótica profissional o ângulo popular, cuja incidência no centro da velha cidade começava a esvaecer sob os escombros do "bota-abaixo" e a emergência do "*chic*". Reconhecia que estava em curso poderosa operação de recalque e ocultamento de parcela da sociedade, constituída por homens e mulheres em situação indefinida entre trabalhadores pobres, desempregados e mendicantes. Mas à medida que seus quartos em pensões baratas e seu sistema informal de mútua proteção iam desaparecendo sob a ação das picaretas, se tornava claro que, ao contrário da avaliação do viajante francês Louis Couty, formulada em 1881 e tantas vezes glosada – "*le Brésil n'a pas de peuple*" –, o povo existia, emergira e se mostrava disposto a permanecer na superfície.

A constatação é de José Murilo de Carvalho, que também se apressa em afirmar que não era, por certo, o povo aquiescente do sistema representativo clássico – mesmo porque 80% da população do Rio de Janeiro não tinha acesso à participação política pelo mecanismo eleitoral. Era, antes, um conjunto desarticulado de atores, inclusive organizações operárias, que excedia o limite estrito da chamada "república dos fazendeiros". As charges da época deram àqueles atores o apelido de Zé-Povo, passando a divisá-lo, constantemente, nas ruas, nas fábricas, nas soleiras das casas dos bem-nascidos.

Avenida Central: com 1800 metros de extensão e 33 de largura, se tornou símbolo do projeto de remodelação da capital federal. Foto: Augusto Malta.
ARQUIVO DA CIDADE – RJ

Belle époque e Zé-Povo – as duas faces do mesmo fenômeno de modernização do Rio de Janeiro. É certo que a primeira se fixará na memória da cidade, disso cuidando os principais jornais do período, inclusive a *Gazeta de Notícias*. Da outra face, porém, se pretendia esquecer, o que só não ocorrerá pelo tratamento que lhe terão dado alguns chargistas e repórteres sensíveis ao drama social e ao que ele poderia render junto ao público leitor. Afinal, narrativas sobre pobreza, ressentimentos e humilhações públicas, mas também sobre rebeliões, quebra-quebras e apedrejamentos de autoridades se tornavam, tal como na imprensa norte-americana, o acicate da comoção social. Esse será o foco de Irineu Marinho, conformando, pouco a pouco, uma fronteira sutil entre ele e a *Gazeta de Notícias*.

Não que a *Gazeta de Notícias* não se colocasse a tarefa de comover e conquistar um público maior e mais diversificado. Mas o Zé-Povo ali não tinha lugar editorial garantido: tanto poderia ser tratado por um João do Rio, até certo ponto simpático ao mundo popular, quanto desmerecido por Olavo Bilac, cuja ira em relação à feiura e à inoportunidade dos pobres competia por espaço nas páginas do mesmo jornal. Logo, para Irineu Marinho, o mundo que o interessava não tinha tratamento estável no jornal em que trabalhava. E à medida que esse diagnóstico amadurecia, e ficava claro o tipo de abordagem que ele gostaria de fixar no cenário jornalístico de seu tempo, a ideia de um novo periódico se robustecia. É novamente Viriato Correa quem descreve:

Capital Federal

Pontos de venda de jornais no largo da Carioca e no largo do Machado. Rio de Janeiro, 1914.
BIBLIOTECA NACIONAL

> *Tinha ele* [Irineu Marinho], *naquele tempo, a cabeça tomada por um sonho empolgante – lançar à publicidade um grande jornal. Seria um matutino de vibração, diferente dos outros matutinos, com noticiário impressionante, mais vivo que o noticiário comum dos jornais, com abundância de informações de todos os cantinhos da cidade, um matutino imparcialíssimo, vibrante, nervoso, de colorido próprio, que interessasse não só às grandes classes como à mais ínfima criatura do povo.*

Desde então, essa abordagem terá norteado o trabalho de Irineu Marinho, como atesta a carta que enviou a Antônio Leal da Costa, duas décadas mais tarde, quando já era o prestigiado proprietário do jornal *A Noite*: "E se ocorresse qualquer reportagem das que fazíamos antigamente e das quais o Zé-Povo tanto gosta? Alguma coisa de rua, que interessasse a toda a gente e que não ofendesse a ninguém? Eu bato ainda nessa velha tecla porque é a única que não nega fogo". [Paris, 25/9/1924]

O período final de permanência de Irineu Marinho na *Gazeta de Notícias* ainda assistiria a outras rebeliões populares: durante a presidência de Afonso Pena teve curso a revolta dos moradores do morro da Favela, expulsos de suas casas em ação-relâmpago das autoridades sanitárias; e, eleito o presidente Hermes da Fonseca, a Revolta da Chibata. Sobre esta última, aliás, há uma particularidade que envolve a trajetória de Irineu Marinho. É que a revolta dos marinheiros ocorreu entre os dias 22 e 26 de novembro

Capital Federal

No segundo prédio, a sede do jornal A Noite, *no largo da Carioca.*
MUSEU DA IMAGEM E DO SOM – RJ

PÁGINA AO LADO:
A reportagem que chamou de "almirante negro" o líder da Revolta da Chibata rendeu ao jornal A Noite *sua primeira repreensão do chefe de polícia.*
BIBLIOTECA NACIONAL

de 1910, quando Irineu ainda era funcionário da *Gazeta de Notícias*. Mas os desdobramentos do levante, sobretudo os relacionados às punições infringidas aos envolvidos, foram acompanhados por Irineu da sala de redação de seu novo jornal. Na verdade, *A Noite* foi criada em julho de 1911, mês em que, tendo sido revista a concessão da anistia aos revoltosos, João Cândido retornava à prisão na ilha das Cobras. E na edição do dia 31, o jornal de Irineu Marinho publicou uma grande reportagem fotográfica, chamando-o de "almirante negro". Isso lhe terá valido a primeira repreensão do chefe de polícia da capital federal, ao décimo terceiro dia de existência do jornal *A Noite*.

Modernidade, rebelião. Se foi a modernização da capital federal que deu o tom da *Gazeta de Notícias*, *A Noite* privilegiará o registro do conflito, dos desajustes do moderno tal como eram sentidos pelo Zé-Povo.

Anno I — Rio de Janeiro, 31 de Julho de 1911 — N. 12

A NOITE

Redacção, Largo da Carioca 14, sobrado -- Officinas, rua Julio Cesar (Carmo), 31
TELEPHONES: REDACÇÃO, 523; OFFICINAS, 852

ASSIGNATURAS
Por anno........................ 22$000
Por semestre.................... 12$000
Numero avulso 100 rs.

HOJE

Notas uteis.—O dia de hoje foi verdadeiramente encantador. Muito sol e muita gente pelas ruas. A maxima da temperatura foi de 29.6 e a minima de 17.5. Cambio de hoje, 16 1/8. Café, vendas a 10$600.

HOJE

Theatros.—A estação ainda não terminou mas dá essa apparencia. O Municipal só abre amanhã para o pianista Paderewski. No Recreio, hoje, representa-se a deliciosa opereta—*Sangue Vienneu* s.

EFFEITO DESASTROSO DO "CHOLERA"

A Italia suspende a emigração para a Argentina

A "Noite" conversa com o Sr. ministro italiano

As medidas postas em pratica pelas auctoridades sanitarias da Argentina, com o fim de prevenir uma invasão do *cholera-morbus*, por exigentes, desgostaram o governo italiano.

As reclamações italianas não foram attendidas pela Argentina. Os ataques da imprensa italiana que representavam a opinião do governo á conducta da Argentina demonstravam que, se as reclamações italianas não fossem attendidas, a Italia usaria de represalias, e, de facto, hoje o telegrapho nos annunciou que «o governo italiano, para salvaguardar a dignidade nacional, resolveu suspender a emigração para a Republica Argentina.»

Procuramos hoje mesmo, no Hotel dos Extrangeiros, o Sr. barão Romano Avezzano, ministro plenipotenciario da Italia junto do nosso, para lhe pedir informações mais detalhadas sobre a questão.

— Desejavamos saber, Sr. ministro, a opinião que fórma sobre o decreto que suspende a emigração italiana para a Republica Argentina...

— Nenhuma... Não posso ter opinião sobre acto algum do meu governo.

—Que consequencias terá a execução desse decreto?

— Não posso responder-lhe com a necessaria precisão, pois nunca estive na Republica Argentina, desconhecendo, portanto, as condições dos emigrantes italianos naquelle paiz.

— V. Ex. esperava a decretação dessa medida por parte do governo italiano em face do procedimento da Republica Argentina?

— Sim.. O meu governo precisava salvaguardar a dignidade da Italia. Nenhum outro paiz tem o serviço de emigração tão bem organisado como o nosso.

E S. Ex. nos explica:

— O interesse maximo que temos, nós os italianos, em favorecer a emigração, bastava para que a Argentina confiasse no nosso serviço satinario.

— Mas a Argentina devia se precaver contra uma proxima invasão do *cholera*....

— Perfeitamente. As suas exigencias, porém, ferem a nossa dignidade, e eu vou lhe explicar porque.

O Sr. barão Romano Avezzano descreveu-nos então, em fluente francez, a organisação do serviço sanitario da Italia, dependente do serviço de emigração.

— Os emigrantes, antes de embarcarem, são sujeitos a uma quarentena de cinco dias. Durante esse tempo, diariamente, são visitados por medicos, que são funccionarios do governo e que nenhum interesse têm ligado ás companhias de navegação. Suas bagagens, todas as suas roupas são cuidadosamente desinfectadas; seus excrementos são meticulosamente examinados ao microscopico.

Depois da quarentena de cinco dias, durante os quaes o *cholera-morbus*, se existir incubado, forçosamente se manifestará, e se nenhum caso se verificar, os emigrantes são embarcados nos navios que os transportarão ao paiz a que se destinam. Ainda no embarque, o governo toma precauções minuciosas. Do lazareto para o navio os immigrantes são acompanhados por um destacamento militar, que impede que elles se communiquem com os que ficam.

E o Sr. ministro da Italia toca, então, no ponto mais importante, naquelle em que incidiram as exigencias argentinas, susceptibilisando a dignidade italiana.

—A bordo dos navios que transportam immigrantes, o governo italiano fez embarcar medicos da Marinha Real a quem encarrega a fiscalisação do estado sanitario de bordo. Esses medicos são funccionarios do governo, nenhuma ligação mantêm com as empresas de navegação. O governo fal-os depositarios da sua confiança. Se algum caso de *cholera* se der a bordo, serão elles os primeiros a denuncial-o afim de salvaguardar os interesses da Italia.

Ora, o governo da Republica Argentina, fazendo embarcar aqui, no Rio de Janeiro, medicos de seu serviço sanitario, exerce sobre esses medicos, officiaes da Marinha Real Italiana, uma fiscalisação que os humilha. O governo italiano não podia tolerar isso. Reclamou primeiramente, deu explicações—não foi attendido. A Republica Argentina persistia no seu proposito de submetter a quarentena, indistinctamente, todos os navios italianos, que os *commissarios regios* declaravam limpos.

E depois de uma pequena pausa, o Sr. barão Romano Avezzano, continua:

—Aliás, o *cholera-morbus*, graças ás providencias do meu governo, não tomou proporções assustadoras. O anno passado, essa epidemia grassou na Italia com muito maior intensidade e dentro de um pequeno espaço de tempo, ella foi dominada.

—E quando o governo italiano derogará esse decreto?

—Quando o governo da Republica Argentina suspender a quarentena imposta aos navios italianos, certamente...

A Argentina pode, portanto, voltando atrás honrosamente, encaminhar para lá os immigrantes italianos.

A emigração italiana assume para a Argentina capital importancia. Em 1909 entraram na Argentina 77.436 italianos, ao passo que hespanhoes, de que descendem directamente os argentinos, entraram 69.980. As outras nacionalidades são assim representadas: 3.536 francezes; 3.181 austriacos e 2.745 allemães.

Nos considerandos do decreto do governo italiano, salienta o empenho que mantem sempre para garantir as condições sanitarias dos emigrantes e diz que a Argentina devia ter confiança na organisação do serviço sanitario italiano, renunciando a embarcar os seus inspectores medicos a bordo dos transatlanticos que estavam debaixo da vigilancia official de um medico da Marinha, que exercia essas funcções na qualidade de commissario régio, e não submetteria todos os vapores, sem distincção, a rigorosas quarentenas nos portos de chegada.

Os nossos telegrammas

BUENOS AIRES, 31.—A noticia de ter sido prohibida a emigração italiana para a Argentina, por um decreto do governo da Italia, causou aqui grande impressão. Nunca se suppoz que o governo italiano tomasse essa resolução, por causa das medidas sanitarias postas em pratica pela Argentina contra a invasão da epidemia do *cholera-morbus*, que está grassando em alguns portos italianos.

O presidente da Republica, Sr. Saenz Pena, hontem mesmo de noite teve conhecimento desse acto do governo italiano. O presidente Saenz Pena achava-se no Theatro Colon, assistindo ao espectaculo da companhia lyrica, quando um jornalista lhe foi levar a noticia, que acabava de chegar de Roma. Terminado o espectaculo, ás 12,30 da noite, o Sr. Saenz Pena dirigiu-se para a Casa Rosada (palacio do governo), tendo alli uma demorada conferencia com o ministro das Relações Exteriores, Sr. Ernesto Bosch, a respeito do assumpto.

Ficou resolvido, hontem de noite, que o governo argentino manterá de pé as medidas sanitarias contra o *cholera*. Até ás 2 horas da madrugada a chancellaria não havia recebido nenhumas informações, a respeito do assumpto, do ministro argentino em Roma, Sr. Epifanio Portella.

Agora de manhã deve se reunir o ministerio com a presença do presidente Saenz Pena para accordar nas instrucções que têm de ser dadas ao ministro argentino em Roma.

— Os jornaes referem-se largamente ao caso.

La Nacion, num editorial, diz não ter justificação a attitude do governo italiano prohibindo a emigração para a Argentina. Não existem os pretendidos aggravos á honra da Italia, conforme declara a nota officiosa da Agencia Stefano, de Roma, justificando o acto do governo italiano.

La Prensa em duas locaes differentes commenta o assumpto: numa nota, em que ataca rudemente o governo italiano, e num editorial, com tendencias conciliadoras, diz confiar ao tempo a tarefa de eliminar as divergencias suscitadas entre os dous governos, que têm interesse em manter as melhores relações.

La Argentina attribue valor material secundario á prohibição da emigração, mas accrescenta acreditar que o governo do Brasil trabalha em Roma para conseguir um esfriamento de relações entre a Italia e a Argentina, pois tem interesse em conduzir para os Estados brasileiros a corrente emigratoria italiana.

O Giornal d'Italia commenta num ligeiro editorial o assumpto, applaudindo o governo italiano. Publica tambem uma entrevista que um dos seus redactores teve com um passageiro do paquete *Savoia*, o qual ridicularisou as medidas sanitarias argentinas e a attitude dos inspectores sanitarios argentinos e elogiou a attitude dos medicos dos portos brasileiros.

MONTEVIDÉO, 31. — *El Bien*, num editorial, commenta o acto do governo italiano prohibindo a emigração para a Republica Argentina. Diz esse jornal que a convenção sanitaria existente entre Uruguay, Brasil e Argentina está assente em bases seguras e que em nada prejudica á Italia; as desintelligencias agora suscitadas entre a Argentina e a Italia são provavelmente devidas á falta de informações por parte do governo italiano das medidas sanitarias que estão sendo aqui postas em pratica contra a invasão do *cholera-morbus*.

A PRAGA DOS KIOSQUES

O kiosque ao lado do edificio do Conselho Municipal, quasi na esquina da Avenida Central

As razões do *veto* opposto pelo Sr. prefeito ao projecto Leite Ribeiro, que auctorisava a Prefeitura a fazer remover para fóra do Districto Federal os kiosques que enfeiam e sujam a cidade, trazem no seu bojo o decreto de morte, irrevogavel e fatal, dos trambolhos indecentes.

Nem por um segundo duvidámos de que seriam essas as disposições do Sr. general Bento Ribeiro, cujas tradicções garantem a inaccessibilidade a solicitações e suggestões que lhe possam ter sido feitas. Os exploradores dos ignobeis kiosques, constituidos em poderosa companhia, têm-se resguardado com o escudo da sua influencia junto ao poder publico.

Mas o negocio é asqueroso de mais para que continue a nos envergonhar e felizmente temos agora de accordo os dous poderes municipaes. Para que o Conselho, entretanto, não se esqueça nunca do seu dever, reproduzimos hoje o kiosque que ornamenta a parte externa do seu proprio edificio.

A questão marroquina

Nesta questão de Marrocos, o unico paiz que lucrou foi a Inglaterra, que, com sua habil politica, apoiada nos possantes canhões dos seus couraçados, conseguiu afastar a influencia allemã de Marrocos, em detrimento da França, que se obrigará a ceder ao governo de Guilherme II compensações territoriaes no Congo francez. A Hespanha continuará a ter incidentes com a França, a proposito de Marrocos, e, sem o apoio da Allemanha, verá suas tropas desalojadas do territorio *governado* por Mulay-Hafid pelas forças francezas.

Marrocos, mais cedo ou mais tarde, ficará inteiramente nas mãos dos francezes e dos inglezes. Nessa época, então, a *entente cordeale* existente entre os dous paizes ribeirinhos da Mancha começará a periclitar.

O incidente de Agadir vai ser agora resolvido entre a França e a Allemanha e terá a solução indicada pela Inglaterra. Os jornaes allemães assignalaram a satisfação manifestada pelo imperador Guilherme, após a conferencia que tivera com os ministros, quando antes se notara o seu ar sombrio e preoccupado. A *Frankfurter Zeitung* affirma que o imperador approvou com enthusiasmo a acção até agora desenvolvida pelo governo na questão. Os jornaes pan-germanistas, porém, continuam a atacar violentamente a Inglaterra por haver obrigado a Allemanha a renunciar ás suas pretenções territoriaes em Marrocos, e dão curso a boatos alarmantes sobre as negociações. A *Frankfurter Zeitung*, por exemplo, diz que não espera uma conclusão rapida das negociações franco-allemãs, nem acredita que a Allemanha esteja disposta a fazer o possivel para resolver a questão pacificamente.

E' o pé em que presentemente se encontram as negociações.

O MOMENTO

Audaciosos

Ha quem se admire da escalada ás posições e á politica por uma turbamulta em que são raros os cerebros de talento. Não estamos mais na monarchia, em que se escolhia. A republica tem os defeitos inherentes ao systema que representa.

Que vem a ser democracia? Nivelamento das posições deante das ambicões. O inaccessivel torna-se possivel. Aquelle carniceiro que se sentou bebado no throno de um rei de França é um symbolo muito mais claro que a tomada da Bastilha...

Nós soffremos um pouco do mal. Os carniceiros querem mandar, os malandros querem ser chefes, os ladrões avançam sempre enquanto não estão na cadeia, e os incompetentes riem altiva e estupidamente da competencia retrahida.

Dante seria cousa nenhuma deante do Trotte de Britto e Bacon baixaria as armas ao enfrentar com o Nicanor.

As qualidades fundamentaes da época já foram traçadas em dous livros de Faguet: «o culto da incompetencia e o horror das responsabilidades», que, aliás é uma consequencia da incompetencia.

Ha, porém, uma qualidade que Faguet esqueceu: a audacia. Audacia, mais audacia, sempre audacia! exclamava, creio eu, Mirabeau. E o velho Horacio, sempre profundo no inicio do engrossamento politico que foi o reino de Augusto escrevia: *Audaces fortuna juvat*...

A incompetencia é audaciosa—porque não duvida de si mesma. Por isso ainda havemos de ver boas. Qualquer cavalheiro achase apoto para os cargos mais sérios. Pela maneira por que vão as cousas, de derespeito, irresponsabilidade e audacia, ainda o Affonso Coelho disputará a presidencia de qualquer banco...

Zoe.

Um patriota apressado

Não é este o governo que elle sonhava

O Sr. Viriato Linhares, funccionario da Commissão do Porto desta capital, dirigiu um requerimento ao Sr. ministro da Viação, allegando os seus serviços na campanha presidencial e pedindo que seja augmentado o seu ordenado actual, que é de 180$000.

Diz o Sr. Linhares que, nos tempos da propaganda eleitoral, acordava cedo, dormia tarde, era o primeiro a vir para a Avenida, para os «vivas» e «morras» e quasi apanhou, além de cousas mais perigosas, uma molestia do coração, e que por isto tinha tambem direito a partilhar dos louros da victoria.

O Sr. Dr. J. J. Seabra despachou hontem este requerimento mandando que o Sr. Octavio Linhares «aguarde opportunidade.»

Os pharmaceuticos da Armada

Carecem de uma nova organisação

Como esteja na Camara dos Deputados, encalhado, depois de ter sido approvado em duas discussões um projecto de reorganisação do corpo de pharmaceuticos da Armada, procurámos ouvir alguns dos interessados nessa questão.

— Não são então sufficientes os pharmaceuticos do quadro actual?

— Absolutamente não. E a prova disso é que o ministro acaba de contractar oito para o laboratorio, hospital e escolas.

— E quantos são os actuaes, do quadro?

— Doze apenas. O mesmo numero, do tempo em que se creou a Marinha. Hoje temos uma esquadra cheia de couraçados, de cruzadores, de «destroyers», de «scouts» e torpedeiras. A Marinha tem escolas de aprendizes em quasi todos os Estados, vai ter a escola de grumetes, e todos esses navios e estabelecimentos, como é natural, não podem dispensar medicos e pharmaceuticos.

— Mas, como podem satisfazer presentemente essa necessidade com tão poucos pharmaceuticos?

—Na maioria dos navios os pharmaceuticos são substituidos ou pelos proprios medicos, o que é um pouco extravagante, ou pelos enfermeiros, de cuja competencia não se póde exigir muito.

— Os medicos, evidentemente, não devem exercer as funcções de pharmaceutico...

— Não devem e nem podem, em muitos casos. Imagine numa travessia, num meio que existam mais de 200 homens e a bordo, o que é commum, o apparecimento de vinte ou trinta casos. São vinte ou trinta receitas diariamente, o que não é pouco serviço. E se houver um caso que exija o medico á cabeceira do enfermo, os outros doentes do navio não se medicarão.

— E tem havido exemplos?

— Não ha muitos dias na viagem do «Benjamin Constant» a Santos houve a bordo uma verdadeira epidemia de bronchites, o que fazia com que se aviassem mais de trinta receitas, gastando-se mais de dous kilos de xaropes por dia.

— O augmento do quadro dos pharmaceuticos é uma providencia que cada vez mais se impõe.

— Foi assim que pensou o governo passado...

— Foi assim, mas agora está tudo parado. Imagine que o ministro da Marinha do ultimo governo montou o laboratorio, trazendo grandes economias nas despezas com os medicamentos. Muitos remedios que eram fornecidos por particulares, a preços elevadissimos, passaram a ser manipulados no proprio laboratorio. Mas isso foi antigamente, agora os medicamentos estão sendo novamente fornecidos, porque não ha pharmaceuticos.

Como vê, o projecto, que está na Camara, precisa ter andamento, é uma necessidade para a classe, para a Marinha e até para os cofres da União.

Peço que diga isso no seu jornal. Fará um grande beneficio a quem muito delle precisa.

O sr. João Soares de Souza, cujo nome appareceu como envolvido no crime da rua Espirito Santo, nada mais fez, segundo estamos informados, do que prestar alguns esclarecimentos á policia, esclarecimentos que, aliás, pouco adeantavam á elucidação do facto. Trata-se de pessoa de cuja conducta nos dizem muito bem, e que só por [illegible] pudesse julgar como implicado em caso de tanta gravidade.

A ODYSSÉA DE JOÃO CANDIDO

MENDIGO, LOUCO OU FUZILADO?

João Candido, ainda marinheiro, foi transferido hoje do hospital do Exercito para o Arsenal de Marinha

O «ex-almirante» João Candido sahindo do Hospital Central do Exercito

João Candido tem conseguido crear em torno do seu nome uma curiosa atmosphera de ubiquidade e duvidas sobre a sua existencia.

—Sabes? João Candido appareceu em Macahé, pedindo esmolas. Foi preso.

—Qual... Historias... João Candido já foi fuzilado.

No conselho de guerra a que respondeu o commandante Marques da Rocha exigiu-se o depoimento do celebre *almirante* da rebellião dos couraçados e os juizes resolveram não o ouvir allegando que João Candido estava louco.

O lendario marinheiro atravessando a cidade cercado pela curiosidade publica

João Candido mendigo, fuzilado, louco.

Nada disso occorreu ao famoso chefe. João Candido esteve durante muito tempo nas masmorras da ilha das Cobras, para responder a conselho de guerra; adoeceu, foi recolhido ao Hospicio de Alienados para observações, e verificado alli o seu equilibrio mental voltou novamente para a ilha das Cobras.

Adoecendo novamente e querendo talvez descansar do martyrio das solitarias, voltou o marinheiro João Candido ao hospital central do Exercito, donde teve alta hoje para ser novamente recolhido á ilha das Cobras.

A's 9 1/2 da manhã de hoje, chegou ao hospital do Exercito uma escolta de cinco praças do 1º de infantaria do Exercito commandada por um cabo, que era o portador de um officio.

A escolta apresentou-se ao medico de dia e dahi a pouco recebia, da enfermaria dos presos, com ordem de incommunicabilidade, o chefe da revolta de novembro.

João Candido tinha a physionomia abatida pelas vigilias, pallido, com a barba por fazer e o olhar sereno e alevantado.

Trajava uniforme de brim de marinheiro, ostentando no braço esquerdo as insignias de sua classe, que era a 1ª.

Poz-se á frente da escolta e partiu.

Tomou o trem na estação de S. Francisco Xavier e durante a viagem poucas palavras trocou com os seus conductores, fumando muito, e ás vezes pedia cigarros.

—E' para variar. Os meus não prestam. Foram comprados no hospital.

Emquanto rolava o trem, João Candido olhava pela janella. Não raro voltava o rosto e acompanhava com a vista, até que desapparecesse, alguma pequena casinha ou sitio.

Evidentemente João Candido recordava-se [illegible] humedecidos.

Retirando o rosto da janella, João Candido tinha um lenço na mão e pedia ao cabo mais um cigarro.

Chegando á Central, desembarcou e marchou a pé até ao Arsenal.

Durante o trajecto alguem o conhecera:

—E' João Candido.

E a escolta começou a ter a seu lado um curioso, e dahi a pouco era enorme a massa popular que acompanhava o celebre marinheiro.

A' porta do Arsenal o povo deteve-se e João Candido penetrou pelo portão central, sempre acompanhado da escolta que o apresentou ao capitão-tenente Americo Reis, official que está de dia hoje naquella praça de guerra.

O official não trocou palavra com o marinheiro, apenas transmittiu ordens ao cabo.

E João Candido lá se foi, talvez ainda em meio da sua odysséa, em caminho da secretaria das inspecções de saude, onde ficou esperando a junta medica que o tem de examinar.

João Candido, depois do exame medico será recolhido preso para, como já dissemos, responder a conselho de guerra, accusado de se ter envolvido, depois da amnistia, na revolta dos fuzileiros.

No hospital central, procurámos conversar com o [illegible], sendo impossivel, devido á hora ([illegible] da manhã), hora em que devia estar [illegible] do a visita de dia, segundo ahi fomos [illegible] dos.

Pouco [illegible] 20 da manhã, chegou ao hospital central o Dr. Ferreira do Amaral, director desse estabelecimento, que nos recebeu affabilissimamente.

Confessada a nossa missão ao Dr. Ferreira do Amaral, S. Ex. declarou-nos que não seria possivel absolutamente uma *interview* com João Candido, em virtude das ordens terminantes que S. Ex. tinha, nesse sentido.

—Mas se nos fosse possivel ao menos vel-o?

— Se é apenas vel-o, não me opponho absolutamente. Mas ha de me promitter que não inquirirá absolutamente João Candido, porque, como acabo de affirmar, as ordens que tenho nesse sentido são terminantes.

Tornámos a fazer a nossa promessa e o Dr. Ferreira do Amaral mandou vir á nossa presença João Candido, cuja transferencia do hospital central antes acabava de ser assignada por S. S.

Pouco depois, João Candido, escoltado por oito praças de infantaria, estava em nossa

Irineu Marinho – Imprensa e Cidade

6

CÚMPLICES

HISTÓRIA DA FUNDAÇÃO DE *A NOITE*, EM 1911, É A história de uma cumplicidade vivida por jornalistas da *Gazeta de Notícias*. E, nesse sentido, retrata aspectos da experiência gremista de Irineu Marinho, em que o projeto comum, as alianças, as dificuldades superadas em conjunto são o combustível dos grupos – tanto o juvenil quanto, agora, o grupo profissional. Afinal, a ideia dessa nova folha não partiu de empresários ou políticos interessados em afinar a comunicação com seus respectivos públicos-alvo; brotou das afinidades que se desenvolveram em uma dada redação de jornal, após muitas horas de trabalho conjunto, muita conversa e, talvez, alguns cafés. Sem subvenções governamentais, o "espírito autônomo" do empreendimento ficaria garantido, desde que houvesse anunciantes e que a atividade de seus membros mantivesse a venda unitária em patamar elevado e estável. O plano era arriscado, demandando muita dedicação e espírito de grupo.

Ao primeiro sinal de Irineu Marinho, terão aderido ao projeto Joaquim Marques da Silva, que se tornará sócio principal de Irineu até 1918, o repórter Castellar de Carvalho, que Irineu conhecera no jornal *A Notícia*, e os jornalistas Vitorino de Oliveira, Artur Marques, Alcides Silva, Raphael Borja Reis, Eustáquio Alves, João Alfredo Pereira Rego, João Antônio Brandão, que será responsável pela coluna Ecos e Novidades, Astarbé Rocha, Ferreira dos Santos e Augusto Rodrigues Ferreira, o ARF, que encabeçará a coluna Os Negócios. Quase todos eram jornalistas da *Gazeta de Notícias* e de *A Notícia*, jornais de Rochinha, a que se somaram Maurício de Medeiros, irmão de Medeiros e Albuquerque, e Oseas Mota, além do jovem Mário Magalhães, que interrompeu seus estudos no Colégio Pedro II para se incorporar ao grupo. Participariam também, como colaboradores, o cronista João do Rio, na coluna Momentos, de breve duração, Coelho Neto, Dilermando Cruz, Raul Pederneiras, Rocha Pombo Filho, Viriato Correa, Astolpho Resende e o desenhista Belmiro de Almeida. A aliança firmada naqueles dias é

PÁGINA AO LADO:
Irineu Marinho e d. Chica em São Lourenço, Minas Gerais, 1921.
MEMÓRIA GLOBO

Cúmplices

relatada por Maurício de Medeiros: "Contribuí, como os demais companheiros da *Gazeta*, para a fundação de *A Noite*, cujo capital inicial de cem contos foi totalmente subscrito por todos nós, só Deus sabe a que duras penas. Irineu Marinho tinha ideias próprias sobre a ética da imprensa e queria ter o seu próprio jornal para aplicá-las, sem as contenções de uma direção superior".

A essa história de cumplicidade some-se o nome de Francisca Pisani, d. Chica, que garantiu algumas das condições necessárias para que aquela aposta profissional de Irineu Marinho se tornasse exitosa. Sua incorporação ao grupo é, portanto, justa, embora sua cumplicidade com "Marinho" — como ela se referia ao marido — seja melhor definida como uma parceria intelectual e amorosa, ao modo de outros tantos casais, em que a vida em comum é parte relevante da obra legada.

D. Chica, esposa e companheira de "Marinho".
MEMÓRIA GLOBO

Francisca Pisani era, como Irineu Marinho, filha de imigrantes. Seu pai, no entanto, chegara ao Brasil bem mais tarde do que seu sogro, na vaga migratória do final do século XIX, quando para cá se dirigiam principalmente camponeses pobres do sul da Itália. Era também italiana a mãe de Francisca, d. Christina, nascida, provavelmente, em Nápoles. Não há indicação de que tenham viajado no mesmo navio, embora a mais apreciada versão familiar dessa história seja aquela em que Francisco e Christina tiveram um encontro romântico no paquete que os trazia à América. Roberto Marinho, porém, considerava mais provável que seus avós tivessem encontrado um ao outro já aportados no Rio de Janeiro.

D. Christina se tornou mãe de Francisca aos dezesseis anos de idade, tendo seu companheiro falecido pouco antes de a filha nascer. Francisco, portanto, não conheceu sua filha e pouco viveu no país onde veio parar, fugindo do destino que lhe reservara sua família — o de se tornar padre. Christina se casará três vezes e dará treze meio-irmãos a Franscisca Pisani, dos quais a família Marinho se prenderá afetivamente a poucos, principalmente a Leontina e Elvira, a caçula.

No dia 24 de dezembro de 1903, se uniram em casamento Irineu, órfão de mãe, contando 27 anos de idade, e Francisca, aos dezessete, órfã de pai, tornada, então, d. Chica. Moravam, até aquele momento, na ilha do Governador, sendo a vizinhança, talvez, o aspecto propiciador do encontro. Uma vez casados, foram residir no bairro de São Francisco, em Niterói; mas, no ano seguinte, grávida do primeiro filho, d. Chica passará grandes temporadas na casa de sua mãe, localizada no bairro do Estácio, no Rio de Janeiro. Irineu e d. Chica terão, ao longo da vida, seis filhos: Roberto, Heloísa, Ricardo, Hilda, Helena e Rogério.

Os descendentes de d. Chica costumam descrevê-la como típica "mama" italiana: centralizadora, de temperamento forte, porém amável, que falava alto e os repreendia

num italiano misturado ao dialeto napolitano. O fato é que d. Chica teve vida afanosa ao longo de seus 22 anos de casamento. Inicialmente, trabalhou muito para manter o bom aspecto de seu marido, quando lhe faltavam camisas em número suficiente. A família, ainda hoje, se refere com orgulho à energia de d. Chica, lavando e passando a mesma peça de roupa em horários impensáveis, como costumam ser os da rotina de um casal pobre.

Em 1904, grávida do primeiro filho, viu estourar a Revolta da Vacina, fruto das políticas de transformação urbana implementadas na capital federal. A rebelião já seria um transtorno se d. Chica não estivesse grávida. Em seu último mês de gravidez, porém, a locomoção dificultada pela violência que estourava nas ruas fez dela a própria imagem da preocupação. Dupla preocupação, diga-se de passagem: com a criança que já vinha a

Filhos de Irineu e d. Chica na residência da rua Haddock Lobo, em 1917. Da esquerda para a direita: Hilda, Heloísa, Helena, Roberto e Ricardo.
MEMÓRIA GLOBO

Temporada de cura em São Lourenço, Minas Gerais. Irineu, Hilda, Rogério, d. Chica e a babá.
MEMÓRIA GLOBO

galope e com o marido repórter, empenhado em testemunhar e relatar as principais ocorrências daqueles dias malsãos. Roberto, o primogênito do casal, nasceu no dia 3 de dezembro, na casinha de sua avó, no Estácio.

Em 1911, aos 25 anos de idade, d. Chica, já mãe de três filhos – Roberto (1904), Heloísa (1907) e Ricardo (1909) – veria Irineu Marinho se aventurar na fundação do jornal *A Noite*, sem que tivesse recursos suficientes para o cometimento. Sua principal insegurança, contudo, não era de natureza econômica, mas dizia respeito às incertezas vividas pelo país e às repercussões da instabilidade política no cotidiano dos jornalistas. De fato, naquela quadra, a República vivia sob ameaça de uma guerra civil generalizada – bastaria, para isso, que convergissem o descontentamento das oligarquias preteridas por Hermes da Fonseca e a insurreição latente na capital federal. Isso não ocorreu, como se sabe. Mas, entre 1910 e 1914, as apreensões de d. Chica só fizeram crescer, tendo em vista as notícias sobre a revolta dos marinheiros, os massacres do Contestado, o bombardeio da cidade de Salvador, a movimentação militar de romeiros e jagunços no Ceará, em defesa de padre Cícero, culminando na decretação do estado de sítio pelo presidente Hermes da Fonseca. Este fato terá consequências desastrosas para a imprensa em geral e para o recém-criado jornal *A Noite*.

Some-se a tudo isso a precariedade da saúde de Irineu Marinho, que, de tempos em tempos, passava por algum tipo de agravamento, exigindo que d. Chica se dividisse entre os cuidados com os filhos pequenos e as providências necessárias ao bem-estar do marido. Frágil fisicamente, Irineu Marinho era sócio-proprietário de um jornal oposicionista – o que não costuma ser boa combinação. De fato, ao longo da sua vida, Irineu conhecerá situações politicamente turbulentas e em uma delas foi mantido preso por quatro meses, o que lhe conferiu doses suplementares de sofrimento físico. É da ilha das Cobras, local em que permaneceu encarcerado durante o ano de 1922, a carta enviada a d. Chica.

Quanto ao meu estado, continua bem, graças à minha energia moral [...]. Podes descansar a esse respeito. [...] E aqui fico, por enquanto, à espera de que chegue a valise, o único meio de comunicação que tenho contigo, com a cidade e com o mundo. Paciência; tudo há de passar e talvez não custe muito. Acabo de receber não a valise, mas um embrulho, que ainda não abri, com o teu bilhete.

Felizmente as coisas correm bem. É conveniente que me mandes sempre a valise pela qual irá a roupa suja. Não te esqueças de mandar-me, amanhã, ceroulas ou cuecas, que só tenho a que estou vestindo. As outras foram servidas e não foram substituídas. Creio que tudo reentrará nos eixos dentro do prazo a que aludes.
Até amanhã.
Um grande abraço do teu,
Marinho.

Após a fundação de *A Noite*, o casal terá mais três filhos, duas meninas nascidas durante a Primeira Grande Guerra – Hilda (1914) e Helena (1916) – e o caçula, Rogério, que virá ao mundo em 1919. Dentre as maiores tristezas de sua vida, d. Chica destacava a perda de sua mãe, por quem suspirou com a mão no peito enquanto viveu, de sua filha Heleninha, falecida quando tinha apenas um ano e três meses de idade, vítima de pneumonia, e de "Marinho", que morreu em 1925, cerca de um mês após fundar o jornal *O Globo*, em cujo expediente passou-se a ler: "Propriedade da viúva Irineu Marinho e filhos".

Quando Irineu Marinho faleceu, d. Chica tinha 39 anos de idade e incentivou seu primogênito, Roberto, a assumir a direção do jornal – o que não deixava de ser um gesto de ousadia, dado que o jovem era um reconhecido *bon vivant*, fonte de preocupação para Irineu. Roberto, porém, preferiu que o secretário de redação, Eurycles de Mattos, assumisse o cargo, tornando-se, ele mesmo, o novo secretário – posição que manterá até a morte de Mattos, em 1931. Consta que d. Chica não apenas apoiou a decisão como se manteve sempre ao lado do filho, aconselhando-o quanto à condução do jornal:

Roberto,
Fui advertida por várias pessoas [...] de que O Globo, *embora não atacando diretamente os tenentes, vem fazendo uma campanha irritante, insistente, só tendo reprovações para tudo, sem haver justiça para as boas ações. Não te deves esquecer que justamente a pessoa encarregada desses artigos no* Globo *é um despeitado, suspeito e venenoso; é preciso, portanto, que você se resolva a ser muitíssimo prudente, examinando tudo quanto sair das mãos dessa pessoa e observando as advertências de outras que procuram te orientar nesse momento delicadíssimo.*
Lembre-se da enorme responsabilidade que está sobre você e de todos os riscos que se pode passar, material e moralmente. Reconheço que tens feito um jornal brilhante e que foste além da minha expectativa; mas isso não impediu que os teus 27 anos e a tua vibração te levassem a um ato violento, correndo você até perigo de vida. Estou certa de que você atenderá ao meu apelo, calculando a minha aflição de mãe extremosa e que só te deseja uma carreira brilhante.
Com um beijo da tua mãe,
Chica.
[Rio de Janeiro, 1932]

Cúmplices

Rogério e Hilda Marinho, com o motorista da família, em 1923.
MEMÓRIA GLOBO

A trajetória de d. Chica e Irineu revela a eficácia do pacto que selaram. O casal transita, em duas décadas, de uma situação familiar próxima à dos setores médio-inferiores da sociedade para uma posição destacada no ambiente social da capital da República. Não foi um caminho fácil, e os trabalhos domésticos de d. Chica são evidência disso. Mas o meteórico sucesso que alcançaram impõe a percepção das oportunidades contextuais que se abriram e foram exploradas por eles.

Em primeiro lugar, a circunstância de viverem em uma sociedade em trânsito, pouco instruída, porém aberta a novidades. O fato de o Rio de Janeiro possuir um porto com volume considerável de viajantes e de transações comerciais – o terceiro porto do continente, atrás apenas de Nova York e Buenos Aires – contribuiu para aquela configuração social. Em cidades assim, notícias curtas de jornais são um produto cultural de máxima importância, pois são rapidamente assimiláveis, passíveis de transmissão oral, capazes de animar interações e promover acordos entre grupos sem muita prática de negociação.

Nesse sentido, os chamados "artigos de fundo" do jornalismo oitocentista – que continuavam existindo no início do século XX – vinham sendo superados por um formato noticioso como o que *A Noite* ajudou a consolidar. Novamente, aqui, o tema dos *faits divers* se impõe à discussão, já que tal narrativa se presta muito bem à transmissão oral e dispensa referências contextuais, isto é, pode ser entendida nela mesma. Assim, entre estrangeiros e nacionais semiletrados, a conversa envolvendo os *faits divers* seria um modo de difusão de notícias – primeiro o crime ou o sobrenatural, mas, logo, o comércio, a oferta de trabalho, as sociedades por ações, as fusões, as falências e todos os atos descontínuos de uma "guerra civil" que se desenrolava no país, com grande estridência na

capital federal: rebeliões, revoltas, greves, assassinatos políticos, intrigas, sublevações militares, sedições, estados de sítio, prisões, banimentos, bombardeios, quebra-quebras...

Entender esse entorse mental comum à plebe do Rio de Janeiro, que saltara, sem mediações, do território da escravidão para a terceira mais importante cidade das Américas, significa compreender sua predisposição às soluções mágicas, ao imediatismo, à aposta nos jogos de azar. Foi essa, em suma, a grande descoberta de *A Noite*, seu principal acerto e sua principal fonte de lucro.

Em segundo lugar, se as circunstâncias foram bem compreendidas por Irineu Marinho, é preciso reconhecer que suas ações acabaram abrindo possibilidades que lhe foram ainda mais favoráveis. Assim, por exemplo, sua insistência em se tornar um repórter, a valorização que emprestou àquele personagem, será, primeiro, uma forma inovadora, ainda que subordinada, de se inscrever no universo jornalístico. Mas, ao fazê-lo, ele e os demais jovens que acorreram àquele posto acabarão acelerando a adequação da imprensa às novas características da sociedade e garantindo para si a liderança na renovação do jornalismo. Os literatos que, até então, davam o tom das redações tinham nos jornais uma fonte auxiliar de ganho, mas sua identidade e as formas de consagração a que estavam submetidos não derivavam da rede de produção e circulação de notícias. Para Irineu e o novo contingente de repórteres, ao contrário, estava claro que não havia alternativa de ganho ou possibilidade de consagração que não viesse do consumo de notícias na capital federal.

Entre 1903 e 1904, o esforço de institucionalização profissional se tornará evidente com a criação do Círculo dos Repórteres – entidade que Irineu ajudou a fundar e de que se tornará secretário. Entre as atividades do Círculo destacou-se a campanha de ajuda às vítimas da seca do Nordeste, uma iniciativa "republicana" da corporação de repórteres, muito divulgada e elogiada por grande número de jornais, casas comerciais, teatros, associações e clubes. A visibilidade que tal campanha conferiu àquele grupo profissional terá sido peça importante na construção da "nova imprensa"; e, um pouco mais tarde, em 1908, a criação da Associação Brasileira de Imprensa – ABI, de que Irineu Marinho também participou, atestará o fortalecimento do setor.

Por fim, em terceiro lugar, a maneira como Irineu pôde dar curso a esse projeto é reveladora da aliança que selou com d. Chica, da cumplicidade que nutriram por toda a vida. Irineu era um homem simples, cuja história familiar se desenrolara sem fricção mais dura com outras classes sociais. Não tendo sido exigido socialmente quando jovem, tornara-se retraído, portador de uma timidez que sua debilidade física deve ter

A diretoria do Círculo dos Repórteres, criado em 1903. Da esquerda para a direita: Irineu Marinho, Osmundo Pimentel e Antônio Pinheiro.
MEMÓRIA GLOBO

ampliado. Irineu era um trabalhador incansável, mas incapaz de suportar a exposição que advém da fama – o trecho da carta dirigida a Antônio Leal da Costa é ilustrativa do seu temperamento.

> *Uma coisa me apavora desde o começo da viagem: a publicação de fotografias nossas nas revistas ilustradas. As crônicas fotográficas "O Fon-fon em Veneza", "A Revista na China", com a pose da família assumindo ares de grandes viajantes de todos os séculos, far-me-iam um mal terrível aos nervos. Já mandei pedir ao Magalhães que se abstivesse dessas coisas e agora transmito-te o pedido, para que exerças a maior fiscalização possível.* [Montecatini, 20/6/1924]

Seu casamento com d. Chica terá sido providencial, pois ela não apresentará nenhuma resistência ao desenho mental de Irineu e às suas projeções objetivas no mundo dos negócios, conformando-se com uma vida reclusa e voltada à família, exceto quando a atividade social se destinava ao fortalecimento dos vínculos entre Marinho e seus companheiros – fórmula decisiva para o sucesso de *A Noite*. O casal ostentava, portanto, uma parceria sem impasses, ou melhor, cujos eventuais impasses encontravam solução no investimento que faziam na escalada profissional de Irineu.

Ambos eram filhos de imigrantes, marcados pela orfandade precoce e provinham das camadas médias inferiores. Irineu cresceu em Niterói, imune, portanto, aos efeitos materiais e simbólicos da estratificação social onde ela era mais visível: na capital federal. Frequentou boas escolas e demonstrou grande tenacidade para penetrar na imprensa carioca, sendo logo incorporado à "panela" de Rochinha, jornalista e empresário veterano, que se tornará facilitador da ascensão profissional de Irineu, seu admirador e grande amigo.

Empregado no jornal *A Tribuna* e residindo na ilha do Governador, tais eram os atributos de Irineu em 1903 quando se apresentou como pretendente à mão de Francisca Pisani, de família numerosa, avizinhada da pobreza e, ao que parece, sem grande amparo nas classes mais abastadas. A mãe de Francisca, d. Christina, se casara mais de uma vez – o que colocava a menina em situação desfavorável no mercado matrimonial da sociedade estabelecida. Contra Irineu pesava, sobretudo, o fato de ser cronicamente enfermiço em um contexto em que todos temiam as epidemias da capital federal. Irineu Marinho nunca foi robusto; era pálido e sempre se queixou de dores de cabeça, problemas estomacais, hepáticos e renais, cujos efeitos foram exponenciados quando adquiriu uma inflamação crônica nos pulmões. Tuberculose? Talvez. Mas aquele era um nome que todos evitavam, tendo a sociedade produzido outros modos de se referir à doença: doença ruim, mal dos peitos, magrinha... Entre os Marinho, a doença de Irineu será chamada pelo sintoma – pleurisia – e, por artes de d. Chica, não terá sido vivida como um drama familiar. As crianças continuaram a nascer e a conviver com o pai; d. Chica dosava a proximidade entre eles, estabelecia os períodos de

viagem para tratamento do marido, organizava as férias da família em Correias, as temporadas curativas. Irineu não se casara doente, mas já era, aos 27 anos, um homem debilitado, o que talvez explique seu desinteresse em buscar um casamento acima de sua classe social, quando já começava a reunir algumas credenciais para isso.

Casaram-se, Irineu e Francisca, e o cultivo doméstico que a jovem demonstrou ter favoreceu a ambos. Além disso, d. Chica era escolarizada, do que é prova a carta que escreveu a seu filho Roberto, após a morte de Irineu, na qual expõe, com muita propriedade, seu descontentamento com a maneira pela qual o jornal *O Globo* vinha tratando o tema do tenentismo. Não é, pois, uma carta trivial, de mãe extremosa, dedicada apenas ao lar: revela seu ponto de vista acerca da *localização política* do jornal no início dos anos 1930, e o faz de modo firme e claro.

Tinham, pois, Irineu e d. Chica, um requisito indispensável à promoção social: escolarização. Mas, como costumavam dizer os portugueses, teriam "*mundo*"? Teriam gosto e treinamento para a frequência a salões, cujas regras eram ditadas, quase sempre, por elites em descenso? Estariam aptos a ingressar no *grand monde* oligárquico e sustentar o jogo mais pesado que viria com o sucesso de *A Noite*?

D. Chica e Irineu Marinho.
MEMÓRIA GLOBO

Eis aí a tensão vivida pelos Marinho, a partir da transformação de Irineu em empresário e a rápida mudança de status da família. Como sempre ocorre nesses casos, a indefinição quanto à localização social era recorrente e se traduziu no recuo do casal a uma sociabilidade restrita – família, amigos e agregados. Além disso, essa ambivalência em relação às posições conquistadas costuma atingir diferentes dimensões da experiência social, e, em sociedades mestiças como a brasileira, tende a tornar a cor da pele um dos indicadores vigiados. Segundo a neta que, provavelmente, mais conviveu com d. Chica – Elizabeth, filha de Hilda –, sua avó costumava lamentar a perda da filha Helena, dizendo: "A Heleninha era a mais bonitinha... a mais clarinha da família". E Elizabeth completa: "E mamãe [Hilda] não queria tomar sol nunca, para não ficar morena...".

Em suma, a ascensão dos Marinho, até os anos 1920, não resultou em aproximação com os estratos mais ricos ou prestigiosos da sociedade carioca. Ao contrário, o que se vê é a relutância com que Irineu e d. Chica assumiam os signos da promoção social, sua ausência dos salões e, no caso de Irineu Marinho, a caracterização como "homem de família", antes que "homem de negócios". Irineu se recusava a figurar nas colunas

Cúmplices

"Domingueiras" na residência dos Marinho, à rua Haddock Lobo. Os almoços reuniam os jornalistas e suas famílias. Na foto superior, em sentido horário: Moacyr Marinho (ao centro), Roberto Marinho, Irineu, Castellar de Carvalho, d. Chica, Antônio Leal da Costa, Vasco Lima. Na foto inferior, na mesa, em sentido anti-horário: Irineu, d. Chica, Augusto Mosse de Castro (padrinho de Roberto) e esposa, Castellar de Carvalho e esposa, Vasco Lima e esposa, Nicolau Ciancio (de bigode). Roberto Marinho (de pé, ao centro).
MEMÓRIA GLOBO

sociais e sequer representava o jornal em banquetes oficiais ou recepções – designava sempre um redator de peso para fazê-lo. Assim, ao que tudo indica, vivia como um profissional do jornalismo, e não um empresário, permitindo-se frequentar, muito esporadicamente, o teatro ou a ópera – a que comparecia de smoking e não de fraque – na companhia de d. Chica.

A essa reduzida exposição pública se opunha exagerado investimento na convivência familiar, o que compreendia também a família de seus amigos. Tal investimento era

Cúmplices

reafirmado nos almoços de domingo – as "domingueiras" – transcorridos na rua Haddock Lobo, no bairro da Tijuca, onde residiam os Marinho. As domingueiras eram reuniões sistematicamente organizadas para um número limitado de amigos, extraídos do ambiente profissional – Castellar de Carvalho, Antônio Leal da Costa, Vasco Lima, Eustáquio Alves, Mário Magalhães e suas respectivas esposas e crianças –, aos quais não era dada a opção da ausência. Como os convites eram feitos em tom jocoso, as repreensões seguiam o mesmo padrão e, em uma delas, Irineu propõe aos demais membros daquela confraria uma "punição exemplar" ao faltoso Leal da Costa. Os trabalhos começavam ao longo da semana, quando eram produzidos os arranjos e as fantasias adequadas ao tema proposto. No domingo, os convidados chegavam cedo, quando a cozinheira iniciava os preparativos para o almoço, e se retiravam tarde, pois uma vez concluída a refeição, permaneciam os convidados entregues a seus "vícios", como rezava o famoso "Contrato para um Dia de Domingo": "[...] o sono ao ar livre, o jogo das três bolas, os passeios aos jardins palacianos, o cigarro, o charuto, a música moída em uma caixa com o tubo voltado para os lados do inferno, a trepação [segundo Houaiss: a fofoca], as pequenas libações de liquores perfumados...". [Rio de Janeiro, 16/7/1916]

A casa de Correias, distrito do município de Petrópolis, era outra engrenagem da máquina movida por d. Chica. Fora adquirida em 1920, aparentemente para atenuar os efeitos das moléstias de Irineu, mas, aos poucos, foi tendo seu uso redefinido. Para isso foram feitas algumas obras e, inclusive, construída uma casinha anexa, para abrigar casais amigos. Naquele refúgio, a exemplo do que ocorria em sua residência na Tijuca, reinava d. Chica; e, do mesmo modo que lá, a troca social se concentrava num compósito de afetos e projetos compartilhados.

As fotografias das festas de Correias não deixam dúvida quanto à cuidadosíssima produção dos

A casa de Correias, em Petrópolis (RJ), foi comprada em 1920 para que Irineu Marinho pudesse se recuperar das inúmeras moléstias de que padecia. Tornou-se local de reunião dos amigos mais próximos.

MEMÓRIA GLOBO

Snr Dôtor Ereneu

Pós de escrita, avisêmo intenpo a voça ensselentiçim
qui de á cordo cum ás praquimatica si obeserva
os protocolo da nossa rrepubrica i promode num
avê subiterfuges i conxamblanssa i avê regra n
cerimoniá das tiqueta thi avisêmo de novo in tenpo
que a nossa ja referidá festa cuja falemo onte
principiará na ora que a gente mandá os
enviado thi avisá
Corrêa 26 duste andante de janeiro de 19224

Castelá
Veia
Crispim
Bascolinha

entre parentis esquessemo de avisá o pidido du mordomo
da noça republica prómode de invocá á insselenticim
dona Chica qui in vista das ocurrencias na linh
do tren o cervisso da cunfeiteria si atrasousse de
maneiras que percisemo de uma deseia de
dose pratos fundos e obrigado

Cúmplices

Baile de carnaval na casa de Correias, em 1922. Destaque à esquerda para a jovem fantasiada de jornal A Noite.
MEMÓRIA GLOBO

PÁGINA AO LADO:
As brincadeiras davam o tom da convivência em Correias.
MEMÓRIA GLOBO

eventos celebrados ali, compreendendo a decoração dos salões, a composição das mesas, a elaboração das fantasias, a caracterização das crianças. Mas o clima daqueles encontros é dado, sobretudo, pelas brincadeiras dos amigos de Irineu, como se lê na carta-anedota assinada por Castellar de Carvalho, Vasco Lima e Velho da Silva, em que o convidam para uma festa na casa de hóspedes. A carta revela também a posição central ocupada por d. Chica – é a ela que se solicita ajuda para a realização da festa...

Snr. Dôtor Ereneu,
Pós de escrita, auvisêmo intempo a voça ensselentiçima qui de acordo cum ás praguimatica si observa os protocolo na nossa rrepubrica e promode num avê subiterfuges i conxablanssa i avê regra no cerimoniá das tiqueta lhi avisêmo de novo in tempo que a nossa já referida festa cuja falemo onte principiará na ora que a gente mandá os enviados ehi avisá.
[...] Entre parentis esquessemo de avisá o pidido du mordomo da noça repubrica de invocá a insselenticima dona Chica qui in vista das ocurrencias na linha do tren o cervisso da cunfeiteria si atrasousse de maneiras que percisemo de uma dusia de dose pratos fundos e obrigado. [Correias, 25/01/1924]

Lugar de risos, parceria, irmandade. De tal modo a casa de Correias marcou a aliança entre d. Chica e Irineu que, contrariando os conselhos dos amigos mais próximos, a viúva Marinho não se desfará dela. Correias durou como símbolo de cumplicidade.

95

No silencio da Noite

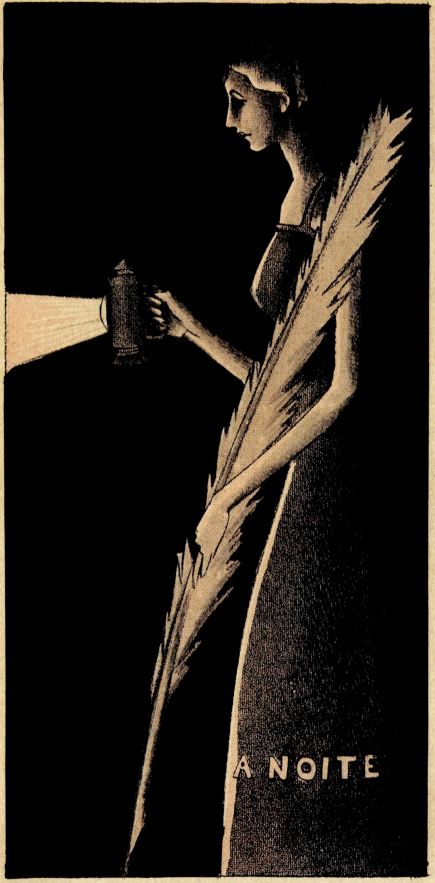

— É justamente á horas mortas que gosto de andar á procura dos malandros que dormem sobre o ouro de suas negociatas ou a descobrir as indecencias que denotam o relaxamento dos nossos derigentes...

7
"A NOITE"

UANDO IRINEU MARINHO RESOLVEU CRIAR UM NOVO jornal, imaginou-o moderno, lucrativo e popular. E um dos profissionais que primeiro lhe ocorreu convidar foi Paulo Barreto, que, sob o pseudônimo de João do Rio, vinha exercitando um jeito peculiar de escrever sobre a cidade e seus personagens. João do Rio viajou no início de 1911 para pesquisar o que se fazia na imprensa europeia e trazer novidades. Visitou, emocionado, o *Daily Mail*, em Londres, propôs que o jornal concebido por Irineu se chamasse *A Informação*, mas sua participação no projeto não durou muito tempo.

Enquanto se desenrolava a criação de *A Noite*, João do Rio, na Europa, parecia oscilar entre a ideia de um novo jornal e a compra da *Gazeta de Notícias*, tendo, inclusive, escrito a Irineu Marinho e a Medeiros e Albuquerque sobre o assunto. Irineu, porém, tinha em mente explorar um caminho diverso – não queria apenas aperfeiçoar ou refrescar experiência jornalística já conhecida. João do Rio não percebeu imediatamente a aposta de Irineu Marinho. Em carta enviada de Paris, em fevereiro de 1911, escreveu:

> Marinho,
> Se não venderes as máquinas, faremos de fato o jornal. Pode chamar-se A Informação. *Vi uns reclamos aqui excelentes: uma mesa de jornal onde homens escrevem. De um poste telegráfico, cheios de nomes de cidades, estendem-se fios para a mesa. É o mundo inteiro. Tenho também visto várias coisas para o novo jornal, além de reclamos. E estou q. esse jornal não se fazendo [...], podemos ficar com a própria* Gazeta.
> Sorris?
> *Estive aqui conversando com o Medeiros* [e Albuquerque]. *Entre outras coisas disse-me ele q. há tempos [...], como se falasse q. São Paulo iria comprar um*

PÁGINA AO LADO:

A revista O Gato, *de Seth e Hugo Leal (pseudônimo de Vasco Lima), destaca a atuação de* A Noite *em 1912.*

BIBLIOTECA NACIONAL

GRAND HÔTEL
12. Boulevard des Capucines
PARIS

Le Fevereiro 19 11

Mariuho.

Se não venceres as maschinas, faremos
de facto o jornal. Pode chamar-se a Informação
Vi um reclamos aqui excellente: uma meza de jornal
este homem escrevem. De um poste Telegraphico cheio
de nomes de cidades estendem-se fios para a meza. É
o muito interio. Tenho tambem visto varias coisas para
um novo jornal, além de reclamos. E estou q. esse jornal não se facento (á noite como o combinado) podemos ficar com a propria Gazeta
Sovis?
Estive aqui conversando com o Medeiros. Entre outras
coisas disse-me elle q. ha tempos, antes d'Affonso,
como se falace q. S. Paulo iria comprar um jornal, elle
foi falar ao Rodolpho e este combinara vender a Gazeta

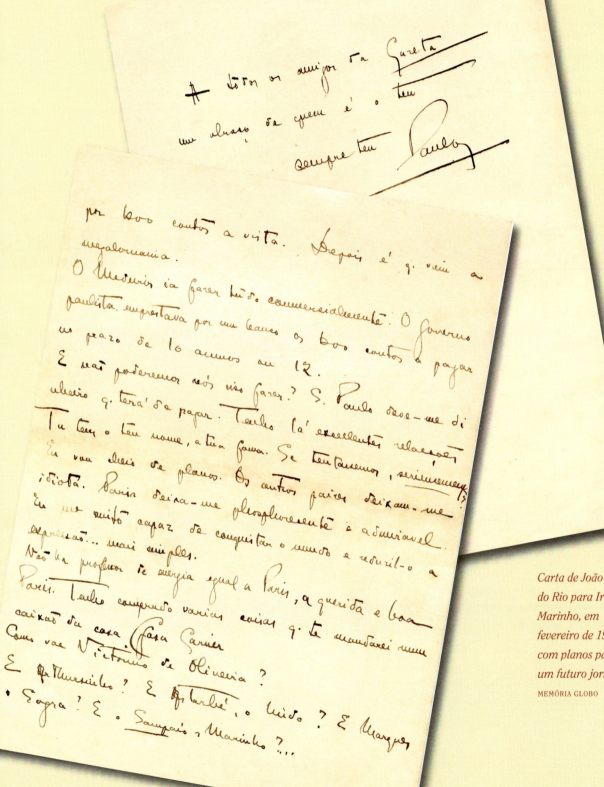

Carta de João do Rio para Irineu Marinho, em fevereiro de 1911, com planos para um futuro jornal.
MEMÓRIA GLOBO

PÁGINA AO LADO:

Primeiro número de A Noite *reproduzido na edição do terceiro aniversário do jornal. O original da primeira edição se perdeu.*

BIBLIOTECA NACIONAL

jornal, ele foi falar ao Rochinha e este combinara vender a Gazeta *por seiscentos contos a vista. Depois é q.* [veio] *a megalomania. O Medeiros ia fazer tudo comercialmente. O governo paulista emprestava por um banco os seiscentos contos a pagar no prazo de dez anos ou doze.*

E não podemos nós isso fazer? S. Paulo deve-me dinheiro q. terá de pagar. Tenho lá excelentes relações. Tu tens o teu nome, a tua fama. Se tentássemos, sérieusement?

As reuniões para discussão do projeto editorial tiveram início ainda em 1910, juntamente com as obras no prédio da rua do Carmo, onde seriam instaladas as oficinas. E em 18 de julho de 1911 veio a público o primeiro número de *A Noite*, jornal erguido com o capital de cem contos de réis, de acordo com Maurício de Medeiros, ou, como relata João do Rio, sessenta contos de réis. O dinheiro fora obtido junto a Celestino da Silva, dono do teatro Apolo, que, como já se disse, contribuiu com vinte contos de réis e doou suas ações a Irineu Marinho, abdicando da sociedade; João do Rio, que trará a mesma quantia; Joaquim Marques da Silva, que aportará cinco contos de réis ao projeto e se tornará sócio de Irineu até 1918; e "um sr. Avelino, do Amazonas" – como João do Rio se referiu ao tenente-coronel Avelino de Medeiros Chaves, proprietário de seringais no Acre, que terá contribuído com oito contos de réis. A esse montante de 53 contos de réis terão sido acrescentadas as contribuições individuais de jornalistas que acreditaram no projeto.

O lançamento foi o sucesso que se previa, dado o clima de expectativa que o antecedeu, alimentado pela circulação de notícias e boatos entre editores, jornalistas, gente de teatro e músicos, cujos grupos mantinham áreas de atuação confluentes e compunham o sistema de opinião mais eficaz da cidade. Pode-se dizer que, na origem – e, pelo menos, até 1914 –, o jornal *A Noite* será beneficiário privilegiado do investimento de agentes do ramo do entretenimento, já que para a folha convergiram alguns dos membros daqueles grupos, principalmente o do teatro, de inscrição mais duradoura no quadro de alianças de Irineu.

O português Vitorino de Oliveira, por exemplo, tornado secretário de redação de *A Noite*, era autor e tradutor teatral, tendo algumas de suas peças encenadas pela companhia de Leopoldo Fróes. Eustáquio Alves, jornalista que deixou a *Gazeta de Notícias* juntamente com Irineu e será promovido a chefe de reportagem de *A Noite*, era estudioso do violão clássico e arriscava algumas modinhas, circulando entre músicos e maestros que ocuparam a cena artística da capital federal a partir dos anos 1910. O jornalista Mário Magalhães era também autor de teatro e um dos futuros criadores da Casa dos Artistas, nome fantasia da Sociedade Beneficente e de Classe dos Trabalhadores de Teatro no Brasil, com sede no centro da capital federal e retiro no bairro de Jacarepaguá. Havia, ainda, o fotógrafo Artur do Carmo, o pintor português Arnaldo de Carvalho, Roberto Gomes, dramaturgo e crítico, além de Viriato Correa, escritor,

A 18 de julho de 1911 appareceu o primeiro numero desta folha

O primeiro numero da "A Noite"

Alguns dos fundadores de A Noite, em 1919. Da esquerda para a direita, em pé: Eustáquio Alves, Pereira Rego, Astarbé Rocha, João Brandão e Artur Marques; sentados: Castellar de Carvalho, Irineu Marinho e Augusto Rodrigues Ferreira.

MEMÓRIA GLOBO

poeta e teatrólogo, que atuarão como colaboradores. Finalmente, comporá também o grupo Eurycles de Mattos, poeta simbolista baiano, que já havia passado por publicações importantes da capital federal antes de se instalar em *A Noite*. Ele ampliou com seus contatos e amizades a comunicação entre jornalistas profissionalizados, escritores e críticos.

Em suma, empresários e intelectuais do ramo do entretenimento, artistas e profissionais da imprensa carioca transformaram o lançamento de *A Noite* em um grande acontecimento cultural da cidade. Esse fato, associado às novidades que o jornal trazia, fez com que, desde o começo, vendesse muito bem – aspecto destacado por jornalistas e editores mais experientes, que reconheceram o tônus comercial do concorrente. Era um bom negócio, afinal; e João do Rio confidencia suas expectativas a Medeiros e Albuquerque, em 7 de agosto de 1911:

> *[...] Espero que se organize a tal sociedade em comandita. Ficara vagamente combinado que eu seria sócio solidário. Mas talvez seja uma sociedade anônima.*

[...] Eu espero essa ocasião para que me passem apenas umas letras dum capital que me deu o Rodolfo [Miranda] para fazer um jornal dele e que eu tive o descoco [segundo Houaiss: a insensatez, a asneira, o disparate] de não o guardar para passar seis meses em Paris. Devo, porém, acrescentar que quanto a esse ponto monetário estou inteiramente tranquilo. Trata-se do Marinho e eu tenho por ele respeitosa estima.

Passado um ano da fundação de *A Noite*, Irineu Marinho e seu sócio, Joaquim Marques da Silva, restituíram a João do Rio o valor integral do seu investimento, já que não lhe haviam permitido participar da sociedade. Souberam, logo após o lançamento do jornal, que ele obtivera os vinte contos de réis junto a Rodolfo Miranda – político ligado a Hermes da Fonseca, amigo de Pinheiro Machado e candidato à presidência do estado de São Paulo, cuja intenção era convencer João do Rio a fundar um jornal comprometido com sua campanha, quando, então, o jornalista terá partido em viagem para a Europa.

João do Rio não percebeu o motivo da sua dispensa da sociedade organizada por Irineu Marinho e Marques da Silva. Sua versão sobre o ocorrido não levava em conta a intenção de ambos em manter sua empresa afastada de políticos, principalmente de políticos em campanha eleitoral e, mais ainda, em campanha eleitoral pró-hermista! João do Rio atribuiria sua dispensa ao fato de escrever simultaneamente em dois jornais – *A Noite* e *Gazeta de Notícias* – e à pressão que fizera junto a Irineu para que definisse sua posição na nova folha. Dirigindo-se, ainda uma vez, a Medeiros e Albuquerque, narrou o diálogo que tivera com Irineu Marinho: "Mas, vamos a saber: que sou eu na *Noite*? 'Você... você é troço' [respondeu Irineu, querendo dizer "figurão"]. Achei realmente demasiado ser assim, no vago, troço. [...] Considero extremamente o Marinho. Daí, porém, a pagar para escrever no 'apedidos' da *Noite* vai um abismo tão grande que não consegui atravessá-lo".

Quanto à dupla jornada, *não* poderia ser esse o motivo de sua dispensa, ainda que, depois de algum tempo, a insistência em se manter também na *Gazeta de Notícias* contrariasse o comportamento esperado. Por ocasião da fundação de *A Noite*, Irineu Marinho fez a Rochinha uma consulta sobre a possibilidade de atuar como diretor dos dois jornais, tendo ouvido dele que, sendo a *Gazeta* um matutino e o novo jornal um futuro vespertino, não haveria concorrência entre os dois. Mas advertiu Irineu quanto ao fato de não concordar com o aproveitamento de todo o pessoal da *Gazeta de Notícias* no seu jornal, propondo, então, que os jornalistas que trabalhassem em *A Noite* fossem dispensados, paulatinamente, da *Gazeta de Notícias* e incorporados como funcionários da empresa de Irineu, à medida que os recursos permitissem. Irineu concordou e assim procederam.

Como, porém, se tornassem frequentes os "furos" dados pelo vespertino e isso começasse a prejudicar a *Gazeta de Notícias*, Rochinha pediu a Irineu que seus compa-

PÁGINA AO LADO:

O jornalista Manoel de Oliveira Rocha, o Rochinha, compôs pessoalmente, na tipografia da Gazeta de Notícias, *três linhas de agradecimento por ter sido convidado para padrinho do novo jornal de Irineu Marinho.*

MEMÓRIA GLOBO

nheiros optassem logo por um jornal ou outro. Tendo sido majoritária a opção por *A Noite*, Irineu renunciou também ao seu cargo de diretor da *Gazeta de Notícias*, perdendo seus honorários e assumindo os mesmos riscos que haviam assumido seus novos funcionários. Após esse gesto, uma parte do antigo "grupo de Rochinha" se tornará o "grupo de Irineu", mas a relação com o diretor da *Gazeta de Notícias* continuará próxima e calorosa.

Rochinha, aliás, merece um destaque especial nesse passo do texto. Aquele santista, que começara a vida como tipógrafo e que, na capital da República, acumulara prestígio como "homem de imprensa", era um profissional atento aos novos quadros do jornalismo, em um contexto em que o mérito dos jovens iniciantes era estimado com base apenas na observação e afeição dos mais antigos na lide. Rochinha acompanhou o crescimento de Irineu Marinho desde que o conheceu como suplente de revisor da *Gazeta de Notícias*, aos dezessete anos de idade. Levou-o consigo para *A Notícia*, jornal que criou em 1894, e, após a passagem de Irineu Marinho por outros tantos jornais, o recebeu de volta à *Gazeta*, dez anos mais tarde. Irineu ali permanecerá entre 1904 e 1911, quando fundou sua própria folha. Foram sete anos em que integrou o grupo liderado por Rochinha, conhecendo, ao longo desse tempo, meteórica carreira como revisor, chefe de revisão, repórter, secretário de redação e diretor financeiro. E quando decidiu partir para a aventura da criação de *A Noite*, o fez, tal como outros funcionários de Rochinha, mantendo posto e salário na *Gazeta de Notícias*.

A separação definitiva da *Gazeta* virá por solicitação de Rochinha, mas não caracterizará um abalo na amizade que cultivavam. Ao contrário: "padrinho" da nova folha, Rochinha era permanentemente lembrado por Irineu como aquele profissional generoso que, pretendendo demonstrar sua alegria com a homenagem que lhe prestava o amigo, saiu de uma audição no Teatro Municipal e rumou com Irineu e um grupo de jornalistas até a tipografia da *Gazeta de Notícias* para compor, pessoalmente, um agradecimento ao novo jornal. Em retribuição, Irineu Marinho quis que o primeiro artigo composto com os tipos de *A Noite* fosse redigido por Rochinha. Em suma, a relação entre eles é reveladora do modo como se formavam os profissionais de imprensa e das fortes alianças que tinham lugar no meio jornalístico. Em 1918, quando da morte de Rochinha, *A Noite* publicou o seguinte obituário:

> [...] *Manoel Rocha era diretor da* Gazeta de Notícias, *quando se fundou* A Noite. *E como todos os fundadores d'*A Noite *faziam então parte da redação da* Gazeta, *foi com profunda simpatia que ele assistiu aos primeiros momentos dessa folha, de que foi mesmo o padrinho.*
>
> *Por uma gentileza muito especial ele compôs com as próprias mãos a notícia do aparecimento de* A Noite, *que saiu publicada na* Gazeta. *E desde então nunca nos desamparou com a sua simpatia e com o seu carinho, afetos esses que, aliás, sempre procuramos corresponder devidamente.*

E o padrinho agradece a genti-
leza, compondo estas linhas, como
typographo que é.

Na noite de 14 de julho de 1911
O Sr. Rochinho fez esta
composição na typographia
da festa, depois de ter
ouvido no theatro Muni-
cipal onde foi
a *Aida*, rapida como
Mascagni.

"A Noite"

A Noite nasceu em terreno acolchoado por aliados, que lhe concederam possuir o monopólio da "novidade" e lhe atribuíram o poder de arrastar leitores e... iletrados, conforme o anedotário benévolo que se construiu em torno do jornal. Dizia-se dele que não precisava ser lido para ser citado e, ainda muito tempo depois, Nelson Rodrigues dirá que, por tão bom, *A Noite* sequer precisava ser impressa. Em suas memórias, publicadas entre fevereiro e maio de 1967 no *Correio da Manhã*, e posteriormente reunidas no livro *A menina sem estrela*, se lê: "[...] Sim. *A Noite* foi amada por todo um povo. [...] Ainda vejo um sujeito, encostado num lampião, lendo à luz de gás o jornal de Irineu Marinho. Estou certo de que se saísse em branco, sem uma linha impressa, todos comprariam *A Noite* da mesma maneira e por amor".

Também para os que nele trabalhavam, *A Noite* era especial. Seth, pseudônimo de Álvaro Marins (1891-1949), um dos mais importantes caricaturistas da primeira metade do século XX, escreveu:

> *Em* A Noite *trabalhava-se como em família, e aquele formigamento constante, aquele entra e sai da redação de um jornal popular como* A Noite *alegrava a gente, nos punha em contato direto com o povo carioca, em todos os setores de sua atividade. [...] Revejo cristalinamente todo esse cenário. Irineu Marinho era uma figura amável, querida pela simplicidade e acatada por todos nós. Jornalista de visão e argúcia, ele trabalhava nesse tempo quase em comum com a rapaziada, num gabinete modesto, contínuo à sala de redação, onde entrava quem queria. Grandes pagamentos eram feitos em dinheiro metálico, e lembro-me bem de que, para receber semanalmente meu salário, eu costumava levar uma pequena bolsa de mão.*

As alianças que conquistou dizem algo do temperamento de Irineu Marinho, mas também da sua astúcia empresarial. Como jornal vespertino, *A Noite* burlou o confronto com os matutinos estabelecidos e aceitou correr os riscos dessa opção, integrando aquele grupo de periódicos que, editados ao final da tarde, eram tidos como incapazes de apresentar notícias "frescas". Com isso, porém, não atiçou a fúria dos potenciais concorrentes que, a rigor, sequer o enxergaram assim.

A Noite tinha edição diária prevista para as dezoito horas, e, segundo João do Rio, que permaneceu seu apreciador enquanto viveu, era uma folha "admirável de benfeita". Circulava basicamente na capital federal, ao custo avulso de cem réis, e somente a partir de 1915 começou a ser assinada e distribuída no interior do estado do Rio de Janeiro e nos estados vizinhos de Minas Gerais e São Paulo.

Jornal de quatro a seis páginas, apesar das variações que conhecerá na sua diagramação, continha originalmente três segmentos claramente identificáveis: a primeira página, onde se encontravam pequenas manchetes e uma incidência maior de fotos, desenhos e caricaturas; as duas ou três páginas seguintes, reservadas às maté-

*Grupo com o jornal
A Noite, s/d.*
AGÊNCIA O GLOBO

rias ou campanhas promovidas pelo jornal; e as duas últimas (ou somente a última página), dedicadas a anunciantes. Sua mais importante coluna era a Ecos e Novidade, que ocupava o lado esquerdo da segunda página e se voltava à política brasileira, no que era secundada pela Momento Político, localizada ora na terceira página, ora na primeira, sempre recorrendo a subtítulos fortes – "Continuam a turvar-se os ares...". O jornal contava com um serviço telegráfico que procedia de correspondentes especiais no exterior e, quanto ao método de distribuição, parece ter ensaiado a substituição dos bondes e trens por automóveis.

O dado, porém, que melhor traduz a intenção de Irineu Marinho de distinguir *A Noite* dos demais jornais foi o destaque que conferiu às charges e caricaturas, contratando, para isso, o mais importante time de artistas da época. A partir de setembro de 1912, *A Noite* passou a publicá-los quase diariamente. Eram eles: o já mencionado Seth, principal caricaturista da folha e que, durante o período em que o jornal circulou aos domingos, assinava a seção A Semana a Lápis; Julião Machado (1863-1930), o artista português que chegou ao Rio de Janeiro em 1894 e é considerado um dos pais da caricatura brasileira, tendo influenciado o traço de J. Carlos, Raul e K. Lixto; o inconfundível J. Carlos (1884-1950), ilustrador e chargista, que chegou ao jornal em 1919; Raul Pederneiras (1874-1953), que assinava Raul e era famoso aquarelista, além de caricaturista; e Vasco Lima (1883-1973), amigo de Irineu Marinho que, com Seth, criou o *Álbum de Caricaturas*, mais tarde rebatizado *O Gato* e extinto em meados de 1913. Além desses, o próprio K. Lixto e Ariosto foram colaboradores ocasionais de *A Noite*.

Anno IV — Rio de Janeiro — Sabbado, 28 de Fevereiro de 1914 — N. 820

A NOITE

HOJE — O TEMPO — Dia lindo e calmo! A temperatura máxima foi de 27°,2 e a mínima de 22°,1

ASSIGNATURAS
Por anno .... 22$000
Por semestre ...... 12$000
NUMERO AVULSO 100 RS.

Redacção, Largo da Carioca, 14, sobrado — Officinas, rua Julio Cesar (Carmo), 31
TELEPHONES: REDACÇÃO, 525, 5285 e OFFICIAL — OFFICINAS, 652 e 5254

HOJE — OS MERCADOS — O café subiu a 7$500 e 7$600. Cambio: 16 1/32 e 16 3/32

A NOITE é composta em machinas TYPOGRAPH, da casa BROMBERG, HACKER & COMP., RIO

A CONFLAGRAÇÃO DO NORTE

Está por horas a hecatombe de Fortaleza

Será destruido o açude de Quixadá

Pelas ultimas noticias que chegam do Ceará, está imminente a entrada do tenente padre Cicero em Fortaleza. Em questão de mais algumas horas, o sr. coronel Franco Rabello terá de oppôr-se ao bando sanguinario armado pelos politicos perros e ultimos e desesperados chefes, sem ultimo alento que lhe resta, depois dos revezes que vem soffrendo as suas forças, é lançar á protecção criminosa que o governo federal vem prestando aos sediciosos.

De Quixeramobim, estão senhores de todos os sertões cearenses, desde Barbalha, Crato, etc. De Quixeramobim, os sediciosos aproveitando-se da estrada de ferro, ao dispor do padre Cicero, estarão em Fortaleza, dentro de oito horas apenas, levando até lá, na turbilhão de ruinas e de sangue, a desgraça, a morte e o açude insondavel.

E Fortaleza resistirá? Talvez, mas pode-se dizer, sem resultado algum, pois, para ser bandido alli estão o um homem á força federal que o protege, e á União, encerrou na cidade.

Resta saber, entretanto, que os milhares de allegados do Sr. Franco Rabello se poderão defender da cidade, num ultimo sacrifício. La estão Emilio de Sá e outros...

Fazem hoje resadas duas missas por alma de J. da Penha — uma na igreja de S. Francisco de Paula, mandada rezar pela A EPOCA, e outra na igreja da Candelaria, mandada rezar pelo Centro Cearense. Ambos os actos tiveram a nossa reportagem. Os amigos de J. da Penha, oficiaes do Exercito em grande numero, jornalistas, etc., não quizeram faltar a esta homenagem religiosa á sua memoria. A nossa photographia mostra um aspecto do templo da Candelaria durante a celebração do acto religioso, destacando-se do assistencia os generaes Thaumaturgo de Azevedo, José Faustino e marechal Osorio de Paiva.

preparam a reacção aos invasores, pelas margens das duas estradas, por onde tem dirigido os seus... ou nas ruas da capital, pelas proximidades do palacio do governo principalmente, preparam-se barricadas, em que a sua vez dynamite abafará o sybillar dos...

Será a maior chacina destes tempos, em tanta perversa.

A população da cidade está armada já a defesa do governo, como das proprias vidas, e o bando dos vandalos — é certo — não respeitará cousa alguma.

O boulevard Rio Branco, em Fortaleza, um dos dous caminhos por onde os invasores poderão entrar na capital cearense

Segundo tudo nos é dado modo de proceder a 1...
O Sr. Franco e seus principaes adeptos esperão (com tudo) Será o governador do Sul da Cearense. A de Alencar é "apenas" deposto? Parece que os seguidores do Sr. Aciolo e ser os estações de (mas) com eles, porque é preciso que a maioria se faça de forma a que o Sr. presidente da Republica não possa fazer a favor do Sr. Franco.

Por onde os sediciosos entrarão em Fortaleza?

Como se sabe, a gente do Sr. Thomaz Cavalcanti vem ramos acolhidos ao lado de Quixeramobim e Cachoeira. Daí até Quixadá, e fanaticos transpõem rapido.

Pode-se dizer que em Quixadá elles serão em tal numero que a catastrophe pelos sertões, tomando o açude, que de Recife se protege, uma catastrophe que não se poderia medir os estragos, porque, a simples corrida desse oceano de aguas, a praça da Republica na praça dos Voluntarios, em fronte desse recanto do exterminio por onde há uma estrada aberta de nome Messejena de oito leguas. A de Mecejana se confina com a praça dos Voluntarios, no Rio Branco, recentemente aberta em Fortaleza, e que vai ter ao palacio do governo.

A estrada do Soure vae dar á villa do mesmo nome, nas proximidades de Fortaleza. Essas estradas são margeadas por...

o sr. Franco Rabello o seguinte telegrama:
"Recebi protesto valor incomparavel deste momento. Valerá tremenda condemnação criminosos. Nação! Minhas felicitações. Quando propicio acceito, applaudo sua attitude pensando não devia responder por ser proponente não representar Ceará, mas indigno usurpador."

Acceitará o Sr. Villanueva a embaixada em Washington?

BUENOS AIRES, 28 (A. A.) — O senador Benito Villanueva visitou hontem o Dr. Josephe Luiz Murature, ministro do Exterior, declarando-lhe que sómente na proxima segunda-feira resolverá se acceita ou não, a chefia da embaixada extraordinaria, que deve ir aos Estados Unidos do Norte, agradecer ao governo daquelle paiz o ter-se feito representar officialmente nas festas do centenario da independencia argentina.

Num desastre ferroviario no Paraguay são feridas 8 pessoas

ASSUMPÇÃO, 28 (A. A.) — Um accidente succedido pelo cherry-boat que faz o serviço da linha internacional de estradas de ferro, entre o Paraguay e a Republica Argentina, provocou um choque de trens, resultando ficarem feridos dois passageiros e muitissimos outros com leves contusões.

Sangue nas guelras

— Não resta duvida: precisamos duma revolução!

OS ERROS IMPERDOAVEIS

Por que o nosso cáes abaixa? — E' construido com lixo e latas vasias...

Como se enche o sólo do cáes: com latas velhas e terra fofa!

Depois que o nosso cáes ficou prompto, ainda não ha 10 annos, ja em varios pontos foram apontados, assustadoramente, abaixamento de nivel, depressões e até buracos grandes.

Uns accusavam os engenheiros, outros os empreiteiros, mas, ao que nos pareceu, ninguem se lembrou de ver que o material era enchidos os espaços entre a muralha e o solo.

Agora está-se continuando a construcção do caes. Está-se fazendo o trecho da praia de Santa Luzia. O acaso forneceu-nos o ensejo de ver de que modo se constrõe um sólido cáes...

Fazem, primeiramente, uma muralha de cantaria.

E sobre o seu valor não vos discutimos por faltar-nos a competencia technica.

Mas o que é uma infamia que estão praticando, não cercando de nenhuma competencia technica é no enchimento do espaço que fica atraz da muralha e que vae ser a avenida, propriamente dita, e justamente onde o peso dos vehiculos tem produzido depressões, buracos e desastres.

Sabem como se faz esse serviço? Com latas vasias...

Ora, não se precisa da menor competencia para ver que isso é uma falta grave, para comprehender que aquelle lixo, aquellas latas vasias (principalmente as latas!) não podem deixar de reduzir abaixamento de nivel na futura avenida de cantaria.

Domenjoi despede-se de Buenos Aires

BUENOS AIRES, 28 (A. A.) — O artista Domenjoi despede-se amanhã do publico desta capital, com um grande espetaculo do qual esperará os seus arrecadados sobre um tapete, em especial, a um véo de cabeça para baixo, de maior duração do que o que até agora tem sido executado.

Mateu 8 pessoas e foi condemnado morte

BUENOS AIRES, 28 (A. A.) — Foi condemnado á pena de morte, o criminoso Mateu Ascara, que assassinou a familia Yucez, composta de oito pessoas. Não foi interposto, absolutamente, nenhum pedido de indulto a favor de Ascara.

A ELEIÇÃO DE AMANHÃ

A NOITE póde fornecer aos seus leitores o resultado do pleito, com 24 horas de antecedencia

```
ELEIÇÃO PRESIDENCIAL
                              VOTOS
Amazonas ................... 0 000.000
Pará ....................... 0 000.000
Maranhão ................... 0 000.000
Piauhy ..................... 0 000.000
Ceará ...................... 0 000.000
Rio Grande do Norte ........ 0 000.000
Parahyba ................... 0 000.000
Pernambuco ................. 0 000.000
Alagôas .................... 0 000.000
Sergipe .................... 0 000.000
Bahia ...................... 0 000.000
Espirito Santo ............. 0 000.000
Rio de Janeiro ............. 0 000.000
S. Paulo ................... 0 000.000
Paraná ..................... 0 000.000
Santa Catharina ............ 0 000.000
Rio Grande do Sul .......... 0 000.000
Minas Geraes ............... 0 000.000
Goyaz ...................... 0 000.000
Matto Grosso ............... 0 000.000
                           _____
Total ...................  0 000.000
```

A Noite não costuma circular nos domingos, razão por que não poderia informar amanhã os seus leitores do resultado da eleição presidencial, que vae ser disputadissima, entre os dois Drs. Wenceslao Braz e Urbano Santos, não se afastando de ser um milhão de votos. E Hermes, mas um milhão de votos. E ninguém com menos parabens do Brasil, que consagrou afinal o ideal de democracia.

Graças a um serviço de reportagem á americana, poderemos, publicar de antemão á telegraphia, desde o espaço presidencial, que vae ser disputadissima, e outras informações sobre a eleição, o qual consta da tabella acima, organisada segundo os mais seguros informes, que nos dá idéia de quem serão os verdadeiros competidores, os Drs. Wenceslao Braz e Urbano Santos, não se afastando de ser um milhão de votos. E Hermes, mas um milhão de votos. E ninguém com menos parabens do Brasil, que consagrou afinal o ideal de democracia.

A VICTORIA DA FOME

"A crise é uma "blague" da imprensa amarella"

Tresentos operarios candidatos a doze logares

Ainda ha quem negue a pavorosa crise economica que nos assoberba, reduzindo a milhares de homens á inactividade e concorrendo para a penuria, a extrema miseria de outros tantos lares.

Tomando a nuvem por Juno e collocando-se num ponto de vista inteiramente isolado do sofrimento, que batem palmas á situação e vem neste côr de rosa, porque a negra miseria ainda não lhes golpeou á porta, interpretaram a frivola alegria que allucinou uma parte da população durante os tres dias de carnaval como uma prova documental de que estamos no melhor dos mundos, que a crise é uma «blague» forjada pela imprensa amarella» para fazer opposição.

Nada melhor do que os factos, entretanto, para provar a existencia da miseria que assedia as classes menos favorecidas da gente e vae tornando a vida honrada do extremo dificil neste paiz e arranjado, onde devia haver a maior abundancia e que produzem nas proximidades da banca-rota, graças a orientação vaga que pretende derrogar todos os problemas nacionaes de accordo com o interesse subalterno e pessoal de meia duzia de emagrantes.

A multidão de operarios esperando a vez, a ver si conseguem obter um dos doze logares annunciados!

O Sr. Dr. Cunha e Mello, advogado com auditorio desta capital, resolveu fazer algumas obras no predio da sua propriedade á rua da Quitanda, 132, convidando operarios necessarios, por no «Jornal do Brasil» o seguinte annuncio:

«PRECISA-SE de seis carpinteiros e seis pedreiros; r. da Quitanda, 136, escriptorio do Dr. Mello, das 10 em deante.»

Pensava o annunciante que não lhe seria difficil conseguir os operarios de que precisava.

Pode-se, colentando, julgar da surpresa que o atacou, quando, hoje, ás 9 horas, desejando dar um bom exemplo de estado aos outros, foi á Quitanda á procura do seu escriptorio, cerca do que, a um, um, ou qualquer casa proxima, presa de um incendio.

Era grande a agglomeração, eram gritos, contavam-se cerca de 300 homens, cuja physionomia esquelida de martyres anonymos e resignados, violentamente impressionou vivamente o advogado.

"Que ha?" indagou elle, ainda mal desperto, sem comprehender o motivo de tamanha agglomeração á sua porta e encaminhou-se até com dificuldade.

E um certo confuso, de todas aquelles vozes, cuja timbre nervoso traduzia perfeitamente a anciosa espectativa da multidão, os choques que dolorosamente aos ouvidos do Dr. Cunha e Mello, que só então pôde comprehender que aquelles trezentos pessoas, cuja aparencia fome era a hora tão mortal retirara á conquista de um doze dos logares que á familia, atirados pelo annuncio.

E uma vez tendo aquelle gente comprehender que ele estava em frente ao salvador, do homem que ia escolher entre elles o doze afortunados, moveu-se bruscamente, tentativas de disputar-se o primeiro logar junto á porta.

Por pouco não havia alli, na rua da Quitanda, um pavoroso conflicto.

Para acalmar todos aquelles vencidos, só aquelles martyres e evitar uma desgraça...

Do Dr. Cunha e Mello pediu o auxilio da policia, sendo enviado para a porta um guarda-civil para conter qualquer tumulto.

Esgotado nos affirmamos que o Dr. Cunha e Mello não tomou os serviços de nenhum dos desgraçados, para não desgostarem.

Isto, porém, não impediu que a sua casa fosse procurada durante todo o dia por carpinteiros e pedreiros desempregados, ficando a sua porta constantemente cheia, e a do que conduz ao proximo andar ás 9 mais depois das 12 horas.

As 10 horas, quando estivemos no escriptorio do Dr. Cunha e Mello, a massa tinha decrescido, vendo-se em frente a casa umas 100 pessoas.

O guarda-civil regulava a entrada e saída dos empregos, que se retiravam desanimados de conseguir vencer a negra miseria que os assoberba.

Fica provado, assim, que a crise economica é uma «blague» forjada pela imprensa amarella para fazer opposição ao ministerio e prestigiado ás benemerito da familia.

Um novo abuso a reprimir

A construcção de uma ponte que incommoda o trafego da ilha do Governador

A ponte que a «Standard Oil» está construindo na Ilha do Governador

A Standard Oil, empreza que desde algum tempo tem a seu cargo o deposito de gazolina e outros inflamaveis na ilha do Governador, alarmando aquella população, sempre em imminencia de uma catastrophe, não tem absolutamente quem lhe ponha fim às constantes abusos que vem commettendo.

E todos nos lembramos da questão que ella teve com a Prefeitura a proposito do seu perigoso deposito de inflammaveis, naquelle local populoso que é a Ribeira. Afinal, a Prefeitura, que lhe não queria dar licença para desenvolver alli aquelle deposito, encaminhou-se com a mais houvesse, alarmando a população da ilha com os seus milhares de inflammaveis. E lhes, porem, não ja á Prefeitura condemnando com as seus depositos, elle foi adeante, certo de que não teriam autoridades capazes de fazer uma parar os seus interesses, mesmo que para chegar a certo fim, commetia as maiores infracções. A Standard resolveu fazer uma ponte para o seu deposito, e ultimamente vae estendendo os palanques até que por fim a barra dos barcos da ilha do Governador.

O resultado é que essas barcas têm de fazer uma grande volta para desviar do ponte, atrazando muito as viagens e com isso os passageiros. E para quem appellar agora?

Nós temos sido tomados por parte desta, erencia, como o mais escandaloso abuso da Standard Oil.

São innumeras as reclamações que vimos recebendo nesse sentido.

A terra treme em Arica

SANTIAGO, 28 (A. A.) — Foram sentidos hontem fortes tremores de terra em Arica, ficando muitas casas com as alicerces abalados e as paredes rachadas.

Os "chauffeurs" portenhos voltam ao trabalho

BUENOS AIRES, 28 (A. A.) — Terminou hoje pela madrugada, a reunião que os «chauffeurs» desta capital, organizaram, afim de resolverem si, deante dos pedidos precisados que tem soffrido, deverão ou não continuar em parada.

Após demorada discussão, passou-se a votação, tendo-se decidido a volta ao trabalho por 577 votos contra 232.

Após esta decisão, o intendente municipal, prometeu estudar e resolver de accordo com a justiça, as reclamações de que se occupavam pelos «chauffeurs» paredistas, contra o actual regimen de vehiculos.

Destaque às charges e caricaturas e aos problemas da cidade. Raul Pederneiras, edição de 19 de fevereiro de 1921.
BIBLIOTECA NACIONAL

PÁGINA AO LADO:
Primeira página de A Noite *de 28 de fevereiro de 1914 com charges, fotografias e sátira política. O jornal prevê a inexistência de votos nas eleições presidenciais.*
BIBLIOTECA NACIONAL

Do ponto de vista editorial, o texto de apresentação de *A Noite* menciona um público ávido de boas informações. Mas, ao lado disso, salienta o aspecto que será a tônica da sua publicidade – a autonomia do empreendimento.

> É o próprio público que vai, a pouco e pouco, exigindo a transformação do jornalismo brasileiro. Jornais que nasçam tendo por principal escopo a defesa de um ou outro partido político e não coloquem como condição essencial servir bem o público pela informação, sem ligações e interesses que não sejam os desse público – cada vez mais difícil encontrarão o caminho aberto e o interesse do leitor. A Noite *aparece sem ligações, sem partidos, desejando dizer a verdade, colocando as questões sempre no ponto de vista do interesse público e sendo quanto puder noticiosa, informativa.*

A Noite teve dois grandes eixos de organização das suas pautas: o cotidiano da cidade e a política em todos os níveis, com ênfase no nacional. No que se refere à cidade, *A Noite* abordará não somente temas como a abertura de ruas, canalização de rios, iluminação pública, como também aqueles mais propriamente recobertos pela noção

Caricatura de Hermes da Fonseca, por Vasco Lima.
BIBLIOTECA NACIONAL

de *etos urbano*, isto é, o modo de vida dos citadinos: a "fezinha" nos jogos de azar, a paciência diante de epidemias ou enchentes, a entrega absoluta aos festejos de Momo. E, como a cidade do Rio de Janeiro era a capital federal, as *questões sociais,* bastante agravadas naquela quadra de demolições, carestia e truculência policial, mereciam tratamento político nas páginas de *A Noite*, sendo brandidas como evidências do descaso estatal para com os brasileiros. Destacaram-se, nesse caso, as campanhas promovidas contra o desemprego, o aumento do custo de vida, o crescimento da prostituição e da mendicância, entre outras.

Em que pese, porém, sua dedicação à cidade, *A Noite* foi criada logo após a chamada campanha civilista (1909-1910), na qual se enfrentaram o então presidente Hermes da Fonseca e Rui Barbosa, seu antagonista derrotado – o que terá inflacionado a presença da política em suas páginas. E de uma política apresentada de forma dicotômica, plebiscitária, entre os princípios liberais, encarnados por Rui, e a prática governamental em curso.

Em seu primeiro número, por exemplo, *A Noite* deu destaque à viagem do presidente Hermes da Fonseca ao norte do país, em excursão que tinha por objetivo favorecer a campanha eleitoral de alguns candidatos a governador. O jornal chamou a atenção dos leitores para o desrespeito do chefe do Executivo federal à norma constitucional que previa, para tais viagens, autorização do Congresso. No dia seguinte, a coluna Ecos e Novidades manteve a pauta: "Ninguém ignora, nem o próprio sr. marechal Hermes, que é absolutamente ilegal esse passeio do presidente da República fora da capital. O sr. Hermes precisaria do consentimento do Poder Legislativo."

A crítica reiterada à viagem do presidente soava como provocação, inclusive porque todos sabiam que a Constituição havia sido obra de Rui Barbosa. Registre-se, porém, que, por aqueles anos, qualquer crítica ao governo era tida como manifestação pró--Rui, porque ele preenchera de tal modo o campo da oposição que o país se dividira politicamente em dois. Sobre a polarização política vivida naquele momento, o memorialista Luiz Vianna Filho considera que Rui foi "o centro da oposição mais rigorosa e atroz jamais suportada por um presidente da República".

De fato, pode-se dizer que Hermes da Fonseca foi dos mais criticados políticos que o Brasil já conheceu. As pilhérias que giravam em torno da ascendência política do senador Pinheiro Machado sobre o presidente eram inumeráveis. A revista *O Gato*, em 1913, publicou um diálogo fictício entre Hermes e Wenceslau Braz, em que o presidente confidencia a seu vice: "Olha, Wenceslau, o Pinheiro é tão bom amigo que chega a governar pela gente". Porém, a coleção mais agressiva de piadas contra Hermes era a que se referia à sua proverbial ignorância. Consta que de tal forma ele sofria com a publicação desse tipo de ofensa que, durante os dez meses em que manteve a capital federal em estado de sítio, a polícia impediu que os jornais mencionassem o "burro" como palpite do jogo do bicho...

A verdade é que, entre todas as causas da resistência ao governo de Hermes da Fonseca, a mais importante terá sido o fato de ele representar o retorno dos militares ao poder e o risco de descumprimento da legalidade republicana. Suas intervenções políticas nos estados – as "salvações", como foram chamadas – trouxeram à memória as substituições de governadores promovidas por Floriano Peixoto. Floriano, porém, não contou com o apoio popular nos estados em que interveio, enquanto Hermes soube explorar o cansaço das populações locais em relação ao domínio político exercido, durante décadas, pelas mesmas famílias. A estratégia hermista trazia, pois, mais insegurança e belicosidade do que a de Floriano, pois o marechal conseguia obter a adesão de parcelas da população urbana nos estados em que intervinha.

Cédula da propaganda eleitoral da Campanha Civilista, em 1910, com brasões representando a disputa entre Rui Barbosa e Hermes da Fonseca.
FUNDAÇÃO CASA DE RUI BARBOSA

As "salvações" foram muitas e concentradas no tempo: em 1911, o general Dantas Barreto, derrotado nas urnas, assumiu o governo de Pernambuco com a anuência de Hermes; em 1912, o governador da Bahia, Aurélio Viana, ao ordenar que as forças policiais cercassem a oposição reunida na Assembleia Legislativa, teve o palácio do governo bombardeado pelo Exército; ainda em 1912, o coronel Franco Rabelo, candidato do governo federal, foi eleito governador do Ceará, e o coronel Clodoaldo da Fonseca, primo do marechal Hermes, abocanhou o governo do estado de Alagoas. Enfim, para os liberais, as "salvações" significavam a reedição do período que precedeu a consolidação da república brasileira.

Mas o perigo podia ser ainda maior. Com o deslocamento das antigas oligarquias e a violenta disputa entre elas, vieram à tona insurreições do mundo rural, há muito em cozimento: 1912 foi o ano em que exércitos de camponeses pobres da região do Contestado, entre os estados de Paraná e Santa Catarina, começaram a se movimentar, tendo como líder o monge José Maria, fundador da Monarquia Celeste. A luta dos camponeses contra a polícia de Santa Catarina perdurará por cinco anos e terá como saldo mais de 20 mil mortos. Em 1913, no Cariri, Ceará, será a vez da Sedição de Juazeiro,

movimento em torno do padre Cícero, aliado do coronel Floro Bartolomeu e seus jagunços, contra o governador Franco Rabelo. Também lá, a exemplo do que se passava no sul do país, a política se entrelaçou, perigosamente, com o descontentamento de camponeses pobres, tornando mais ameaçador o conflito.

Ao lado dessa crise política e institucional, a economia estava longe de viver um bom momento. Entre 1911 e 1912 foram contraídos vultosos empréstimos com o grupo Rothschild e com o Lloyds Bank Limited. E, em 1914, último ano de seu mandato, como precisasse adiar o pagamento da dívida, Hermes da Fonseca contraiu mais uma, cuja garantia de pagamento seria a renda da Alfândega do Rio de Janeiro e, secundariamente, as rendas de todas as alfândegas do Brasil – deixava, pois, a seu sucessor, um país hipotecado aos bancos estrangeiros. A oposição, que ofendia o presidente chamando-o de "burro", terá adicionado à lista de insultos o de "azarado", e, para desespero de Hermes, a fama se confirmava em sucessivos episódios. Confirmou-se, mais uma vez, na sua aventura financeira: o empréstimo contraído com o Lloyds Bank, no valor de

2,4 bilhões de libras, fora, em grande parte, depositado em um banco russo, que, na Revolução de 1917, encampou o dinheiro...

As críticas de *A Noite* ao governo do presidente Hermes da Fonseca foram crescendo em número e tom. O jornal criticava, na política, os atentados cometidos contra a Constituição, a influência do caudilho gaúcho Pinheiro Machado, a intervenção nos estados. Em fevereiro de 1914, o jornal acusou o governo federal de fomentar a guerra civil e provocar a revolução em Fortaleza, atribuindo a Pinheiro Machado – a quem chamava de "sobre-presidente" – o plano inconstitucional de depor o governador do Ceará, Franco Rabelo.

A Noite criticou também o desastre das finanças públicas e seus previsíveis efeitos, como a carestia e o desemprego, mais sentidos pelos segmentos pobres da sociedade. Nos primeiros meses do ano de 1914, o jornal publicou uma série de matérias sobre o desemprego no Rio de Janeiro, dentre as quais se destaca a que tem como título "Vitória da fome". Trata-se de uma refutação das alegações do governo de que a imprensa exagerava a dimensão da crise econômica. Para tanto, a reportagem de *A Noite* localizou nas ruas da cidade uma aglomeração com mais de trezentos homens, que diziam ter acorrido a um anúncio de oferta de doze postos de trabalho.

> *Ainda há quem negue a pavorosa crise econômica que nos assoberba, reduzindo milhares de homens à inatividade e concorrendo para a penúria, a extrema miséria de tantos lares. Tomando a nuvem por Juno e colocados num ponto de vista inteiramente falso, os foliculares que batem palmas à situação e veem tudo cor-de-rosa, porque a negra miséria ainda não lhes golpeou a porta, interpretaram a frívola alegria que alucinou uma parte da população durante os três dias de carnaval como a prova documental de que estamos no melhor dos mundos, que a crise é uma "blague" forjada pela imprensa amarela para fazer oposição. Nada melhor do que os fatos, entretanto, para provar a existência da miséria que assedia as classes menos favorecidas e vai tornando a vida honrada difícil nesse país rico e grande, onde deveria haver abundância, e que esperneia nas proximidades da bancarrota, graças à politicagem vesga que pretende resolver todos os problemas nacionais de acordo com o interesse subalterno e pessoal de meia dúzia de magnatas.* [A Noite, 28/02/1914]

Enfim, desgostado pelos liberais e atacado fortemente pela imprensa popular do Rio de Janeiro, o presidente Hermes da Fonseca se sentiu também acuado por quadros legalistas do Exército – fato decisivo para a decretação do estado de sítio no Distrito Federal e nas cidades de Niterói e Petrópolis, no dia 4 de março de 1914. A medida foi justificada pelo presidente da República como resposta às agitações ocorridas na véspera, durante a reunião do Clube Militar, em que políticos e militares teriam tentado destituir a diretoria do clube e aprovar uma moção às Forças Armadas para que se

PÁGINA AO LADO:

Irineu Marinho com Rui Barbosa durante as comemorações do Jubileu Cívico do senador, em 11 de agosto de 1918. Da esquerda para a direita, em primeiro plano: Pires e Albuquerque, Herbert Moses, Miguel Calmon, Pereira Rego, Rui Barbosa, sua esposa Maria Augusta, Astolpho Resende, Irineu Marinho, Eustáquio Alves, Mariana Rui Barbosa e as filhas Maria Luisa e Maria de Lourdes. Foto: Augusto Malta.

FUNDAÇÃO CASA DE RUI BARBOSA

mantivessem fiéis à Constituição. O governo considerou ser esse um gesto de incitamento à indisciplina das Forças Armadas, afirmando que o grupo amotinado pretendia constituir uma junta revolucionária da qual fariam parte, entre outros, o marechal Mena Barreto e Rui Barbosa.

De fato, o motivo da reunião no Clube Militar fora a insatisfação de certos setores do Exército pelo uso que o Executivo federal vinha fazendo das Forças Armadas em suas manobras políticas nos estados. No Ceará, por exemplo, Hermes passara a agir abertamente contra o governador que ele mesmo alçara ao poder, Franco Rabelo. Virara-se, agora, para Floro Bartolomeu, aliado de Pinheiro Machado, que dispunha de uma legião de jagunços e garantia o poder de padre Cícero em Juazeiro do Norte, sabidamente à revelia de Franco Rabelo. O episódio revoltou parcela significativa da oficialidade, que, durante a reunião no Clube Militar, pretendeu aprovar uma moção de apoio à guarnição federal de Fortaleza para que os soldados defendessem o governador eleito.

Para Hermes da Fonseca, contudo, as agitações representavam um complô que se desenrolava havia meses na capital federal, envolvendo políticos, militares e a imprensa oposicionista. No inquérito aberto no dia 4 de março de 1914, por ordem de Francisco Inácio Valadares, chefe de polícia do Distrito Federal, buscavam-se informações sobre um "pequeno comitê sedicioso", que pregava a revolta contra o presidente Hermes da Fonseca. Os líderes da conspiração seriam: marechal Mena Barreto; general Osório de Paiva; general Thaumaturgo de Azevedo; general Sebastião Bandeira; senador Rui Barbosa; deputados Irineu Machado, Pedro Moacir e Maurício de Lacerda; o jornalista Pinto da Rocha, colaborador de *O Século*; o conhecido advogado criminalista Caio Monteiro de Barros; os comerciantes Acácio de Lannes e Francisco Veloso; Fortunato Campos de Medeiros, jornalista e irmão de Maurício de Medeiros e de Medeiros e Albuquerque; Vicente Piragibe, diretor de *A Época*; Macedo Soares, diretor de *O Imparcial*, e os redatores dos jornais *Correio da Manhã*, *A Noite* e *Última Hora*.

Foram consideradas provas do complô, o boletim *Ao Povo*, impresso na tipografia de *O Imparcial* e assinado por Caio Monteiro de Barros, Fortunato Campos de Medeiros, Acácio de Lannes e Francisco Veloso, bem como os artigos do jornal *A Época*, de Vicente Piragibe, que conclamavam povo e militares a se sublevarem contra o governo. Identificaram-se, ainda, outros indícios da participação de jornalistas na sublevação, tais como os artigos de Macedo Soares, de *O Imparcial*; os de Edmundo Bittencourt, do *Correio da Manhã*; a impressão do boletim *Às Forças Armadas. Ao povo brasileiro em geral* nas tipografias dos jornais oposicionistas; as reuniões secretas no escritório do senador Rui Barbosa, à rua da Assembleia, e nas redações de *A Época, O Imparcial* e *Última Hora*, no Clube Militar, no Clube Civil Brasileiro e "num sobrado na rua do Passeio, por cima de uma farmácia, onde o dr. Caio [Monteiro de Barros] recebia inferiores do Exército e operários".

"A Noite"

Ainda segundo a investigação policial, mesmo depois de decretado o estado de sítio, Rui Barbosa continuou a frequentar as reuniões nos escritórios de *O Imparcial* e da *Última Hora*, com a participação de vários jornalistas já citados e de Maurício de Medeiros, de *A Noite*. Para os policiais, os conspiradores faziam o incitamento do povo contra o governo através de notícias e artigos alarmantes, visando abertamente à revolução. A reunião no Clube Militar fora, afinal, convocada, segundo acreditavam, para dar início a ela.

A repressão aos rebelados não se faria esperar: foram presos, entre outros, os jornalistas Pinto da Rocha, de *O Século*; Vicente Piragibe, de *A Época*; Edmundo Bittencourt, diretor do *Correio da Manhã*; José Eduardo de Macedo Soares e Leônidas de Rezende, diretor e secretário de *O Imparcial*, respectivamente; entre outros. Dois dias depois, em 6 de março de 1914, foram suspensos os jornais *A Noite*, *O Imparcial*, *Correio da Manhã*, *A Época* e ainda a revista *Careta*, com a prisão de alguns de seus jornalistas.

Irineu Marinho não fora citado nominalmente no inquérito, mas decidiu sair de cena para não ser preso. Seu sócio, Joaquim Marques da Silva, foi detido para averiguações e, em carta a Irineu Marinho, datada de 9 de março de 1914, além de lhe avisar que o chefe de polícia, Francisco Valadares, estava à sua caça, relatou as providências que tomara:

Joaquim Marques da Silva, sócio de Irineu Marinho até 1918.
BIBLIOTECA NACIONAL

> *Preso no dia 5, fiquei na polícia até a uma e meia da madrugada, quando fui para minha casa. Dormi mal, porém às onze estava na redação. Chamei o Vitorino [de Oliveira, secretário de redação] e o Franklin [João Franklin, gerente]. Expus-lhes o que combinamos: você fugir, ficar eu na direção e tudo fazermos para que não fosse a folha suspensa. Acrescentei que não era provável, mas podia eu ser preso.*

Irineu terá permanecido em local ignorado por uma semana. No dia 11 de março, conseguiu chegar à Legação Argentina e ali obteve a proteção de Lucas Ayarragaray, enviado extraordinário e ministro plenipotenciário da Argentina no Brasil. O filho primogênito de Irineu, Roberto, contava, então, nove anos; e jamais se esqueceu do tempo em que seu pai permaneceu na Legação.

> *Quando meu pai se exilou na Legação Argentina viveu dias de grande angústia pessoal. Um amigo lhe levou o livro [As aventuras do sr. Pickwick, de Dickens]. Eu, que o visitava diariamente, o vi, muitas vezes às gargalhadas com as peripécias do romance. Esse livro mudou o seu humor, e, desde então, sempre que me falam dele [livro], recordo meu pai [...] e sua alegria num momento difícil da sua vida.*

Marques da Silva, sócio e amigo de Irineu, escrevia-lhe diariamente, para dar notícias da família: "a comadre e os meninos vão bem"; "falei com a comadre pelo telefone"; "a comadre satisfeitíssima, hoje, porque te falara". Mas a situação do jornal, como, aliás, de toda a imprensa, era calamitosa. Suspensos os jornais, pairavam dúvidas quanto ao tratamento que estava sendo dado aos jornalistas presos. Em uma das suas cartas a Irineu, em março de 1914, Marques da Silva comenta:

> *Ele* [João Antônio Brandão, jornalista responsável pela coluna Ecos e Novidades] *anda bem apavorado, pois acredita numas notícias que correm, a que não posso dar crédito: que maltratam na Marinha os presos que para lá foram, principalmente o Macedo Soares e o Caio Monteiro de Barros. Dizem estes boatos que até na cara deles cuspiram. Não acredito.*
>
> *O que parece averiguado é que esses presos irão fazer "um cruzeiro pelo Norte" (é frase do Alexandrino). Concluo daí que eles serão abandonados no Acre, Tabatinga ou outro lugar inóspito. Daí todo o meu cuidado para que você não seja seguro, porque a sede do marechal é em você, e se pegado fosse, você iria dar esse passeio ao Norte.*

Empenhados em garantir a segurança de Irineu, Marques da Silva e Antônio Leal da Costa – que ainda não era seu confidente – afirmam às autoridades policiais que Irineu havia deixado a cidade em direção a Minas Gerais. Muitos políticos e jornalistas começaram, de fato, a partir, inclusive Rui Barbosa, que, segundo Marques da Silva o fez porque "a Nair [de Teffé, esposa do presidente] não cessa de perguntar 'como é que se prende tanta gente e se deixa solto o chefe do partido de oposição?'". Alguns dos conhecidos de Irineu seguirão para São Paulo, onde trabalharão algum tempo escorados por Júlio de Mesquita, do jornal *O Estado de S. Paulo*. E, ao final do mês de maio, será também para lá que seguirão Irineu e família.

Em suma, os três primeiros anos de *A Noite* se passaram em meio a grande turbulência nacional, fazendo com que a pauta política avançasse muito no espaço do jornal. Mesmo assim, *A Noite* emplacou importantes campanhas de cunho social, como, por exemplo, contra a crise da habitação; uma campanha que se dizia de "conteúdo cívico", voltada ao desenvolvimento da aviação nacional; e algumas campanhas promocionais de sucesso – iniciativas que lhe renderam notoriedade e novos leitores. Uma dessas campanhas promocionais, o concurso As Letras d'*A Noite*, oferecia um aparelho de música Angelus ao leitor que reunisse as letras encartadas em 48 edições do jornal e formasse uma frase com quinze palavras!

Mas de todas as ações concebidas, a que obteve maior sucesso foi a que envolveu a organização do primeiro *raid* aéreo do Rio de Janeiro. Ainda no ano de sua fundação, *A Noite* ofereceu um prêmio de dez contos de réis ao aviador que margeasse a baía de Guanabara até a ilha do Governador. Seu objetivo era o de, paralelamente, construir

"A Noite"

O avião do piloto Edmond Plauchut decolando da avenida Rio Branco. O voo foi resultado do concurso patrocinado pelo jornal A Noite, *em outubro de 1911.*
BIBLIOTECA NACIONAL

um campo de aviação na cidade e criar o Aeroclube do Brasil, o que de fato ocorreu em sessão realizada na própria redação do jornal, no largo da Carioca. Para o *raid* se apresentou um único concorrente, o francês Edmond Plauchut, cujo desempenho é descrito por Edmar Morel.

A Noite precisava de um fato capaz de empolgar a cidade. Nasceu a ideia de o piloto francês Edmond Plauchut fazer um raid da praça Mauá à ilha do Governador [...], com evolução sobre os couraçados Minas Gerais e São Paulo, recentemente adquiridos na Inglaterra [...]. A praça Mauá, desde cedo, fora tomada por compacta multidão. [...] O aeroplano foi retirado de um galpão no mosteiro de São Bento e colocado sob a marquise do café Nattemann, na esquina com a avenida Rio Branco. Surgiu Plauchut, com um macacão branco, botas, boné cinzento, grandes óculos, farto bigode. [...] Eram 6h42 do dia 22 de outubro de 1911. O mecânico acenou para o patrão [...]. O motor foi acionado. Frenesi. Algumas senhoras mordiam o lenço nervosamente. Houve desmaios. Plauchut arrancou e partiu para a glória. O avião subiu, com os olhos de uma cidade inteira erguidos para os céus...

A comoção era genuína. Então, avião e piloto tomaram impulso em plena avenida Rio Branco, decolaram e atingiram considerável altura sobre a baía de Guanabara. Logo depois, porém, caíram no mar. Suspense e, até que Plauchut fosse resgatado com vida, temor.

117

Percurso a ser executado pelo avião de Plauchut. A Noite, *21 de outubro de 1911.*
BIBLIOTECA NACIONAL

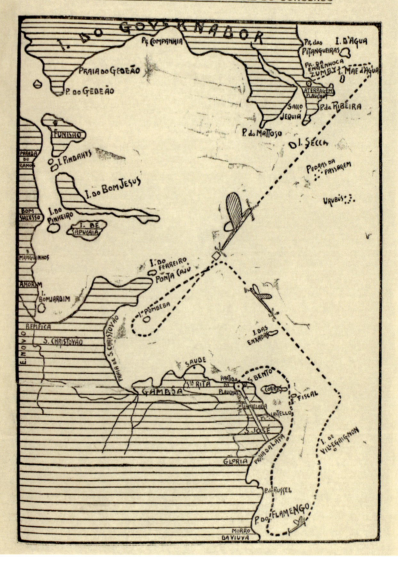

"A Noite"

  Nenhuma daquelas pessoas poderia prever o quanto sua vida seria marcada pelo medo nos anos seguintes. Os graves conflitos sociais e políticos que se arrastariam por todo o governo de Hermes da Fonseca, resultando em milhares de mortos, presos e exilados, ainda não estavam completamente à vista. Entre o episódio Plauchut e a decretação do estado de sítio, em 1914, o Rio de Janeiro, principal cidade da República, viveu um longo período de tensão, conhecendo, por fim, a suspensão das liberdades.

  1914 afetará, por certo, toda a nação; mas, em relação à *Noite*, trará danos irreparáveis. Aquele será, por muitos motivos, um ano de que Irineu Marinho jamais se esqueceu.

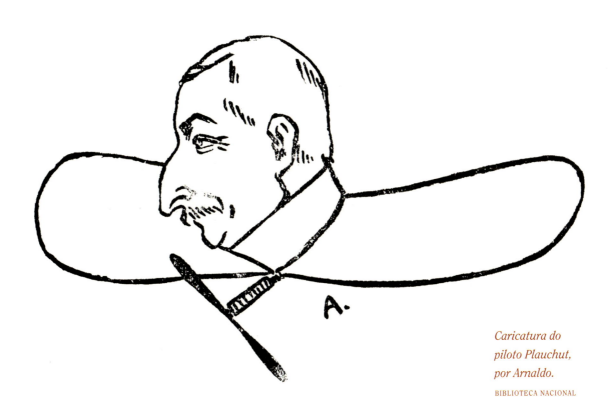

Caricatura do piloto Plauchut, por Arnaldo.
BIBLIOTECA NACIONAL

Anno VII — Rio de Janeiro — Domingo, 4 de Novembro de 1917 — N. 2

A NOITE

HOJE — HOJE

O TEMPO — Maxima, 23,0; minima, 18,8

Redacção, Largo da Carioca 14, sobrado—Officinas, rua Julio Cezar (Carmo), 29 e 31
TELEPHONES: REDACÇÃO, central 523, 5285 e official — GERENCIA, central 4918 — OFFICINAS, central 852 e 5284

OS MERCADOS — Não funccionar

ASSIGNATURAS
Por anno .... 26$000
Por semestre .... 14$000
NUMERO AVULSO 100 RÉIS

DE SETE EM SETE DIAS — A ESMO

NA FRENTE ITALIANA
Felizmente o estampido oscilla, apenas,— vem e vae,— como os bonecos agora em voga, sempre no mesmo terreno.

"PACIFICOS E LABORIOSOS"
A INDIGNAÇÃO POPULAR — Assim, sem podes o teu capacete de bico, pois tens uma pallida ideia do que os teus compatriotas fizeram na Belgica, muito mais pacifica do que tu!...

2 DE NOVEMBRO E A ESCRAVA DO KAISER
— Quando obterei eu tambem o dia de oito horas?..

MEDIDA HYGIENICA
Requiescat in pace... e ás moscas!

OS ACONTECIMENTOS EM TORNO DE NOSSA SITUAÇÃO INTERNACIONAL

FORMEMOS LINHAS DE TIRO!

NEM UM MINUTO DE DESCUIDO!

Uma cerimonia de juramento de bandeira. A gravura foi tirada por occasião dessa solemnidade realizada pelo Tiro 115

O povo brasileiro não pode ter illusões quanto á situação actual do paiz; estamos em guerra com o Imperio Allemão. A tendencia geral já dá a suppor que essa guerra é meramente platonica e, por outro lado, o governo continua a affirmar que não se pensou, nem se pensa em enviar um só soldado para a Europa. Nem por isso, entretanto, devemos deixar de nos apparelhar convenientemente para qualquer eventualidade, secundando os esforços do governo. Abandonando o nosso optimismo habitual, embora sem incidir no extremo opposto, e preparemo-nos para a defesa da Patria.

Ora, quer nos parecer que o melhor meio, o mais efficiente e o mais facil, de conseguir esse apparelhamento, é formar linhas de tiro, aqui, nos Estados, por toda a parte. Onde haja um nucleo de população brasileira, que se organise já, immediatamente, uma dessas sociedades. Os governos dos Estados, dos municipios, os commandantes de regiões militares prestarão o melhor dos serviços propagando esta organisação, fomentando-a, protegendo-a. Os nossos collegas do interior podem egualmente concorrer para esse resultado, auxiliando essa propaganda, insistentemente, tenazmente.

Não ha um perigo immediato, graças a Deus; mas não esperemos que haja para então cuidarmos de nos exercitar no manejo das armas, cujo emprego talvez nos seja necessario amanhã.

Formemos linhas de tiro!

O conselho director da linha de tiro de Imprensa convida todos os presidentes das sociedades de tiro desta capital, que ainda não assignaram o appello que os ou-

Não ha mais frades allemães... Todos elles são hollandezes

Ás 10 horas da noite de hontem estiveram na delegacia do 23° districto dous frades da ordem do Santo Sepulchro, da egreja de S. Patricio, em Cascadura.

Esses monges declararam ás autoridades não serem de nacionalidade allemã e sim hollandeza. Accrescentaram mais em apresentaram seus documentos, com os quaes querem fazer crer, são, e não allemães, como quere a população. O julgo Severo do hontem conformou-se com a justificação e mandou-os em paz.

A identificação de allemães

Hontem publicámos o total de allemães registados nas delegacias de policia do Districto Federal. Faltava-nos, porém, um dos bairros, onde ha o maior numero delles — o Cascadura. Esse é das visinhanças já foram do 30° districto 77 allemães.

As represalias de hontem e suas consequencias

O centro da cidade amanheceu hoje com um aspecto bem fora do commum. Não era de esperar mesmo outro aspecto dessa parte urbana, principalmente o trecho commercial comprehendido entre as ruas Uruguayana e Primeiro de Março. Porque foi nessa parte da cidade, onde se desenrolaram os ultimos acontecimentos verificados desde o cair da noite de hontem até alta madrugada, ou onde com maior intensidade taes acontecimentos se desenvolveram então.

Quem, pela manhã, percorresse as ruas que cortam o referido trecho, veria em cada esquina dous cavallarianos e em cada porta de casa allemã alguns policiaes de infantaria. Essas mantenedores da ordem ali estavam, o guardando destroços de estabelecimentos hontem apedrejados ou promptos para defenderem esses mesmos estabelecimentos de novas demonstrações da indignação popular, excitada esta noite ultima pelas noticias dos barbaros attentados da Allemanha, torpedeando os nossos vapores "Acary" e "Guahyba" e assassinando dous de seus tripulantes.

Em nossa 2ª edição, hontem, á qual começou a circular ás 11 horas da noite, quando a Avenida já era percorrida em todos os sentidos por grupos exaltados, demos noticia dos estabelecimentos de commercio e outros atacados pelo povo, que em seguida estacionava hoje em frente ás casas mais damnificadas. E, assim, o centro da cidade teve hoje um aspecto talvez inedito entre nós.

A policia toma medidas

Logo pela amhã de hoje, para evitar a reproducção das scenas de hontem, eram tomadas diversas medidas na policia central. Foi determinado que em todos os districtos policiaes ficassem de sobre-aviso as respectivas autoridades e que ás immediações das casas allemãs fossem collocadas forças com ordens terminantes de evitar depredações.

A' proposito do policiamento em geral, ficou assentado que fosse redobrado, ficando sempre promptificada para a primeira eventualidade uma força embalada da Brigada Policial.

A' Guarda Civil e Inspectoria de Segurança Publica foi determinada a maxima promptidão.

Outras medidas de ordem reservada foram tambem tomadas pela policia.

Forças do Exercito policiam a cidade — Os presos de hontem

A' tarde o chefe de policia, que pernoitou na Chefatura, reuniu em seu gabinete todos os delegados auxiliares e o inspector geral de Segurança, tomando outras medi-

Uma patrulha do Exercito em serviço de vigilancia na avenida Rio Branco

das para a ordem publica nesta cidade, além das que noticiamos em outro local, depois de uma longa conferencia.

Ficou resolvido que, para descansar a força policial militar, que desde hontem vem prestando serviço, durante a tarde e a noite de hoje o policiamento das ruas será feito por forças do Exercito, de cavallaria e de infantaria, para o que o chefe de policia se entenderá com as altas autoridades do Exercito.

A Brigada Policial dará serviços só para a guarda dos estabelecimentos commerciaes.

O inspector geral de Segurança procede a uma escolha entre cerca de vinte individuos presos hontem durante a exaltação popular. Sobre os presos é que foram encontrados agindo com maior aggressividade nas ruas hontem conduzidos, que se aproveitavam do momento para o roubar.

Os individuos que não tenham maus precedentes serão ainda hoje postos em liberdade. Os demais, depois de devidamente processados, serão internados na Colonia Correccional.

O que ainda é preciso

O commandante Azevedo Marques está preso

Procurámos ouvir hoje o Sr. ministro da Marinha sobre a prisão do capitão de corveta Azevedo Marques, que hontem desafiou a multidão no "bar" da Brahma, erguendo um viva á Allemanha.

O Sr. almirante Alexandrino de Alencar disse-nos:

— Hontem mesmo tomei as providencias que o caso exigia. O official em questão está preso e, de accordo com as leis de rigor, será elle submettido a conselho. E' isso o que lhe posso informar. E' bom que se saiba — disse-nos ainda o Sr. ministro da Marinha — que o governo está disposto, nesse como em casos semelhantes, a agir com todo o rigor e com a maxima severidade.

Um aspecto de um trecho da rua Buenos Aires, em que ha duas casas allemãs guardadas pela policia

Allemães ou francezes?

Ha pelo menos um cavalheiro nesta situação: allemão ou francez? Excluida a nacionalidade por que elle tenha optado, pelo contrario, como devera, entre nós, ser aceito? E' um caso curioso que a guerra nos trouxe. Esse cavalheiro é alsaciano. A França considera os alsacianos francezes. A Allemanha, allemães. Agora, que nós declaramos estar em guerra com a Allemanha, o que um subdito allemão é obrigado a um registo na policia, como ficará a situação desse cavalheiro? Na apparencia simples, a questão é interessante.

A imprensa estrangeira em nosso paiz

Requerimento do Sr. Mauricio de Lacerda á Camara dos Deputados:

"Requeiro que o governo, pelo intermedio da mesa, informe com a maior urgencia quaes as providencias tomadas relativamente aos redactores do "Correio Portuguez", desta capital; "Diario Allemão", de S. Paulo; "Waldshoote", de Santa Vatharina; "Die Telésche" ou "A Chibata", orgão syrio-allemão de S. Paulo, aqui representado pelo Sr. Jorge Chediac".

A confiscação dos bens allemães

Um projecto do Sr. Nicanor Nascimento

O Sr. Nicanor Nascimento justificou, hoje, na Camara dos Deputados, o seguinte projecto de lei:

"O Congresso Nacional resolve:

Art. 1°. O governo federal confiscará todos os bens dos subditos allemães no Brasil e alliados do Imperio allemão, nos ultimos seis mezes.

Art. 2°. com o producto dos bens confiscados dos referidos subditos germanicos constituirá o governo brasileiro um fundo geral destinado ao seguro maritimo no Brasil e á

NO LLOYD BRASILEIRO

Pormenores sobre o pedaçamento do "Aca

A providencia sobre os tripulantes estrangeiros

Embora domingo, o Sr. Dr. Osorio Almeida, presidente do Lloyd Brasileiro, fez questão hoje de manhã no seu gabinete, não só conhecer de telegrammas do estrangeiro sobre o torpedeamento do "Acary", como para estudar alguns papeis de expediente e dar outras providencias. Pouco tempo depois estava também no Lloyd o Sr. Marques da Silva, sub-director e therezoureiro dessa empresa, com quem trabalhou durante esse tempo o Sr. Dr. Osorio de Almeida. O Sr. presidente do Lloyd esteve especialmente, hoje, tratando de providencias que dizem respeito á navegação em que se vejo termine.

Um novo telegramma do commandante do "Acary"

O Sr. presidente do Lloyd Brasileiro tem hoje um novo telegramma de o commandante do "Acary", o Sr. Pedro Velloso Silveira. Nesse despacho telegraphico o funccionario communica que já fez o protesto pelo desastre que soffreu, que deverá ser rectificado amanhã, e que está procedendo á descarga em S. Vicente. O Sr. Pedro Velloso de ra promette detalhes pelo que lhe vier terminé.

Onde o "Acary" foi torpedeado

Por telegramma hoje chegado ao ministerio do governo, já se sabe o ponto em que o "Acary" foi apanhado pelo submarino allemão. O torpedo teutonico alcançou o de pé, ficando com os estavam 45.000 contos gados. Essa carga, onde se acham as provações do "Acary". Com esses contratos os tripulantes do "Acary" estão na agua até serem recolhidos pelo paquete brasileiro.

A situação dos estrangeiros no Lloyd

Está de pé, como não podia deixar de ser, a ordem do Sr. presidente do Lloyd Brasileiro sobre a situação dos estrangeiros. D'ora avante só poderão ser empregados, nos navios, cidadãos brasileiros. No Lloyd ainda, porém, de abrir uma pequena excepção para os tripulantes dos navios que se acham no serviço da costa do Brasil. Far-lhes-á permittido que, no prazo duma viagem, pedam a sua legalisação, pela sua naturalização no paiz. Para as viagens ao exterior só então serão empregados brasileiros.

O governo resolveu dar tres mezes soldadas aos tripulantes do "Acary" do "Guahyba"

Com o Sr. Dr. Osorio de Almeida conferencia hoje á noite, o Sr. ministro da Republica, no palacio do Cattete. S. Ex. autorizado a providenciar do modo que os tripulantes dos navios brasileiros "Acary" e "Macau", recebam, além da soldada commum, tres mezes de soldo, como indemnisação pelos juizos soffridos pela selvageria dos teutoes.

No Cattete

Com o Sr. Dr. Osorio de Almeida conferenciaram hoje o Sr. Dr. ministro da Marinha e o Sr. chefe de policia.

Os escoteiros

Projecto do Sr. Horacio de Magalhães, apresentado á Camara dos Deputados:

"O Congresso Nacional resolve:

Art. 1°. São consideradas de utilidade publica as Associações Brasileiras de Escoteiros.

Art. 2°. Aos escoteiros de primeira classe que hajam recebido a devida instrucção militar, nos termos das disposições que regem o seu assumpto no que se refere aos estabelecimentos particulares de ensino, será facultada a organisação do Exercito.

Art. 3°. Revogam-se as disposições em contrario".

Mães mysteriosas

Pela manhã á estação do Bom Jardim, da Light, foi um cavalheiro parecendo allemão, que despachou duas enormes e pesadas malas para a rua Salvador Corrêa n. 44, no Leme. Tão agitado estava elle, que o despachante suspeitou do caso, tanto mais que o cavalheiro por fim fez questão absoluta de acom-

O enthusiasmo entre as linhas de tiro

CANINDÉ (Ceará), 4 (Serviço especial de A NOITE) — O Tiro n. 73 percorre diariamente as ruas, em exercicio, cantando todos os seus socios o hymno nacional.

CATAGUAZES (Minas), 4 (Serviço especial de A NOITE) — Reina grande indignação deante dos novos attentados a nacionalidade. A mocidade cataguazense reclama com insistencia a vinda do instructor para o Tiro n. 241.

JOINVILLE, 4 (Serviço especial de A NOITE) — Logo que chegou aqui a noticia da declaração de guerra do Brasil ao imperio allemão, a companhia do Tiro 226 foi chamada á caserna, comparecendo todos os alistados. O instructor, tenente Guilhon, fez um discurso realçando os deveres dos brasileiros neste momento, que devem, sem distincção de raças, acatar a decisão do governo, mesmo com sacrificio da propria vida, em defesa da dignidade do paiz. O tiro realisou depois uma passeata, entoando os acclamados hymnos patrioticos. Todas as taboletas em allemão foram retiradas, graças á intervenção dos officiaes.

Fonte forjado na Allemanha, senhora do mundo, cuja espada fortifica o imperio e cuja paz respeitada por todo o universo...
Em torno della, a Allemanha lucta para...

No da terra das montanhas, no imperio SI desembainharam os brasileiros "Acary" e "Macau", as lutas dignas de homem e da armas conquistar...

Irineu Marinho – Imprensa e Cidade

8

"A NOITE" E A POLÍTICA

RINEU MARINHO JAMAIS ESCONDEU O SENTIMENTO negativo que aninhava em relação ao ano de 1914, decorrente do diagnóstico de que seu jornal, tal como fora concebido três anos antes, não sobrevivera ao estado de sítio. Durante o período em que permaneceu escondido no Rio de Janeiro e, em seguida, em São Paulo, muitos companheiros, que haviam participado do projeto em sua hora inaugural, se dividirão e passarão a competir com ele e entre si pela organização de outros jornais, embaçando o ideal de Irineu Marinho de constituir um núcleo jornalístico de referência, voltado à produção de uma folha popular e lucrativa.

O que terá provocado a cisão?

Tão logo se viu liberado do interrogatório do chefe de polícia, Joaquim Marques da Silva, sócio de Irineu, alugou um quarto em uma casa de pensão nas imediações do Campo de Santana, centro do Rio de Janeiro, e passou a evitar os endereços conhecidos – inclusive a redação de *A Noite*, pouco frequentada por aqueles dias, já que o jornal havia sido suspenso. Era naquela estalagem que, sob o pseudônimo de sr. Guedes, Marques da Silva respondia aos chamados telefônicos de seus companheiros e escrevia cartas diárias a Irineu Marinho, mantendo-o informado sobre o cenário político e sobre questões relativas à empresa.

Mas a ausência de Irineu e de Marques da Silva terá pesado entre os jornalistas de *A Noite*. Sentindo-se desamparados, alguns deles tiveram a ideia de lançar um novo jornal para evitar a falência da empresa e não deixar sem trabalho os que dela dependiam. Para a realização desse objetivo, Castellar de Carvalho consultou o chefe de polícia, Francisco Valadares, que lhe concedeu a licença necessária, mas lhe pediu que mantivesse sua autorização em sigilo. Informado sobre o acordo, e cauteloso como era, Marques da Silva exigiu que a autorização partisse do próprio presidente da República, pois, como escreveu a Irineu Marinho, "não sou criança e conheço estado de

PÁGINA AO LADO:

A Noite, desafiando o governo de Wenceslau Braz, substitui o artigo censurado por coluna em branco.

BIBLIOTECA NACIONAL

121

Após um breve período refugiado na Legação Argentina, em março de 1914, Irineu Marinho partiu para São Paulo, fugindo da perseguição política de Hermes da Fonseca. Da esquerda para direita: Roberto, Heloísa, Braz Martins Vianna, d. Chica, Irineu Marinho e Ricardo.
MEMÓRIA GLOBO

PÁGINA AO LADO:
Edição única do jornal A Nota, *de 7 de março de 1914, impresso nas oficinas gráficas de* A Noite *logo após a sua suspensão, durante o estado de sítio decretado por Hermes da Fonseca.*
BIBLIOTECA NACIONAL

sítio. [...] Eu só consentiria em imprimir outro jornal nas nossas oficinas com ordem direta do marechal!".

Diante da exigência de Marques da Silva, Castellar de Carvalho conseguiu contatar Álvaro de Teffé, irmão da primeira-dama e secretário particular de Hermes da Fonseca, que se responsabilizou pela edição do jornal alternativo, intitulado *A Nota*. O jornal circulou no dia 7 de março, sendo, porém, suspenso no dia seguinte, apesar da aprovação de Valadares, de Teffé e, segundo se disse, do próprio presidente Hermes. Marques da Silva escreveu para seu sócio: "Uma súcia de malucos!!".

As tratativas para a liberação de *A Noite* foram intensas e envolveram conversas intermináveis com ministros, com o prefeito do Rio de Janeiro, Bento Ribeiro, com o chefe de polícia e com pessoas influentes no círculo do presidente. Irineu, em todo esse processo, mostrou-se preocupado com o que chamava de "cerco aos políticos", temendo a situação futura de lhes dever favores e, com isso, comprometer a independência do jornal. A carta de Marques da Silva, em 17 de março, expõe a Irineu os procedimentos que adotara, afirmando que à frente da negociação com os políticos se encontravam apenas o advogado e o maior acionista da empresa – Noêmio e Ricardo Xavier da Silveira –, os quais não se imiscuíam em questões "jornalísticas", atendo-se às de ordem estritamente administrativa.

A NOTA

ANNO I — N. 1 — Rio de Janeiro — Sabbado, 7 de março de 1914 — Redacção - Largo da Carioca n. 16

As candidatas á Escola Normal são, este anno, 920

O "normalismo" é o bacharelismo entre as mulheres

As candidatas entram aos grupos na Escola Normal e emquanto umas se vão outras chegam. Durante algumas horas, intenso

Ser professora, entre as mulheres, no Brasil, equivale a ser bacharel, entre os homens.

Não ha, como a primeira vista póde parecer, exaggero algum nesta affirmação. A população academica, no Rio de Janeiro, póde ser calculada em 2.000 moços; no entanto, só como candidatas ao primeiro anno da Escola Normal se inscreveram para os exercicios exames 920 senhoritas.

Se entrar aqui, por exemplo, em Minas, só existem uma Faculdade de Medicina, uma Faculdade de Direito, duas escolas de Engenharia, em paiz que são ha cidadesinhas de 5.000 habitantes e onde o Estado que não tenha, intercalando no lado do infelicissivel club, a sua Escola Normal.

O bacharelismo é no sul. Sel-o-á o «normalismo»?

Por emquanto, não. A «normalista», quando abandona os bancos escolares, volvem-se...

Um millionario faz-se ladrão por amor

LUCY MURGER DO «MOULIN ROUGE», DE PARIS, TEVE UM ESTRANHO CAPRICHO: QUIZ QUE LHE ENTREGASSE UM COLLAR ROUBADO

PARIS, fevereiro.

A narrativa, que segue procura desvendar um dos mais curiosos e emocionantes enigmas de policia humana segundo o grande historico conhecido com o nome de psychologico, que faça, aquelle que, considerado as influencias exteriores a perde de impulsão determinante que lhe compelle, com a leis que lhe accusarão que regem o mundo physico, e conhecimento poderia dos fins de caracter-ilico,tempo para a alba da perturbação das forças motivo das acções decripvas. « Toda aquelle que conhecer que determinam novas factos numa cadeia ininterrupta, atraves dos tempos,...

Lucy Murger

... do em telegos se voltarem ancioso para os resultados das pesquizas policiaes dos agentes de seguranca.

Daquelle que um amor, os agentes da policia francesa proseguiram o paradeiro da moça millionaria e do fameso prior do previlo.

Estando já facto dos amores do fun capri, receba a consultor um mauvo ambiente, e forçada da policia francesa, que morreu no Cago. Este moço era um agente de policia que diafarçavamente seguia Lacy.

Foi ele quem se começou a desvendar o mysterio do moço millionario e do famoso collar de perolas.

A idéa do crime não deveria na espirito do millionario. Um consultor pedidos de Lucy Murger obrigavam-o nepre limpo e falego a comprometer-se para ela.

Este desafio do amor fazia ser sempre mysterioso para os paes do desditoso moço. Folgia sido o desejo opposto de ser o pouco inquilino dos amores idos de Lucy Murger, o moço decidido de escandalo, so topia ser a delibração propostada, a preferivel faltante, que o implicava a perpetuar o crime?

Aqui da reserva, que a policia francesa guarda sobre o ponto das suas pesquisas, conseguimos colher notas e o retrato de Lucy Murger.

O julgamento das opinioes foi secreto, mas os commentarios feitos na imprensa parisiana, fizeram lembrar o caso de Lucy Murger.

Muger havia comprado um cassino na Capo e deste passe seu do apegante para a crobre turbelda ingleza do Attyk.

A partida precipitada de um artista se era provalvel, para chegar a morte prometida no a empêgo o que haviá prometido.

Não lia pessoa que na tarde se Lucy Muger para que e se adivinhace o que tinha ido para onde, consas e angles elles, hou... a un confusão que até confirmam sem os depoimentos numerados da carcassa.

O cuidado papa oferrea em redor o de Lucy Muger nas culpas um certo prejuizo, ai certavem ideciamente sobre a leitira secundaria de Lucy Muger. Depois, turzando a colera, perguntavam ela mesmo estara e aguia e seguira, respondem que tinha partido o collar e gostava com ela para o Cairo.

Um enteramentosente do catondiade parisiana por aquellas elegantes de Paris, conhecidares do dos negros abyssinos de Mr. Lucy Muger.

Muitos delles, passando a caute as suas emoções, comprimento perguntar se ele se gostava esta ella para o Cairo.

Desta vez, o pobre millionario espiria responder, gritando em um automovel, sem companheira de sua tranquilla commisso.

O desapparecimento do moço millionairo, um das mais importantes familas baltas, alarmou e afacou a attencao de toda Europa. Abriuram-se as portas da curiosidade a...

O dia de hoje

NO CATTETE

A manhã de hoje foi de completa calma.

O aspecto interior do palacio do Cattete, hoje, pela manhã, era o dos seus dias habituaes.

Havia completa calma.

O Sr. presidente da Republica, que, como sempre, madruga aos vem fazendo, na primeira hora, acordou cedo, descendo em seguida para a sala de despachos.

Com S. Ex. conferenciaram pela manhã os Srs. coronel Silva Pessoa, commandante da Brigada Policial; senador Gabriel Salgado, deputado Alfredo de Carvalho e Dr. Vieira Pamplona, director geral dos Telegraphos.

No Ministerio da Guerra

Apezar da calma que reinou durante a noite passada, o Sr. general Vespasiano de Albuquerque, ministro da Guerra, esteve em seu gabinete, acompanhado dos seus auxiliares e ajudantes de ordens.

O Sr. general Marques Porto, chefe do D. G. está, como se sabe, bastante doente do figado. Esperando-se pois pachorrentarmente para se olhar o seu dever, S. S. tem se mantido em sua secretaria, dia e noite, desatendendo o conselho de seus medicos e o rogos de pessoas da familia.

A mesma actividade tem mostrado na sua região, onde o Sr. general Souza Aguiar, permanece, cercado de seu estado maior.

No Ministerio da Marinha

O Sr. almirante Alexandrino de Alencar, ministro da Marinha, não arredou pé da sua secretaria, de onde transmittiu, durante a noite, ordens de caracter urgente para as repartições do ministerio.

Tambem permaneceram ali os Srs. almirante Baptista Franco, chefe do estado-maior da Armada e Gustavo Garnier, inspector do Arsenal de Marinha.

A bordo dos navios todos se encontravam em seus postos, permanecendo no pateo do Arsenal da Marinha o batalhão naval.

A força de marinheiros destacada para guarnecer os fundos do palacio do Cattete foi retirada, hontem, como se pretendia fazer, o que provavelmente será posto em pratica hoje.

A distancia metros de distancia da ponte do Flamengo continúa fundeado o contra-torpedeiro «Paraná», que ali ficará pelo espaço de oito dias.

O Sr. almirante Alexandrino cumprimenta o Sr. Castello Branco

Já os nossos collegas da manhã noticiaram a chegada do cruzador «Barroso», capitanea da divisão de cruzadores, ao porto Fortaleza.

Do divisão é commandante o Sr. capitão de mar e guerra Castello Branco, a quem o Sr. almirante Alexandrino, ministro da Marinha, dirigiu o seguinte telegramma:

«Feliz e digno chefe e seus commandados pelo bom desempenho da commissão. Enter a correção de sempre, a Marinha tem dado exemplo de valentes militares, com grande patriotismo, e cumprindo o orgulho do seu nobre cheffe, que se senti compensado do enfurescido trabalho de tão renommeados ammigos. Affectouosos cumprimentos ao compadre».

O Sr. presidente da Republica visitou os quarteis

Às 10 e meia horas do marechal Hermes da Fonseca deixou o palacio do Cattete, em caminho do 2º regimento de infantaria. E. Ex. acompanhado pelo general Luiz Barbedo, chefe de seu estado maior, pelo capitão de mar e guerra João Jorge da Fonseca, sub-chefe da casa militar, e capitão de cavallaria Reginaldo Tejera, capitão-tenente José Felix da Cunha Menezes, coronel Jaime Alcade e tenentes Leonidas da Fonseca e Carvalhão da Fonseca, ajudantes de ordens.

No 2º regimento foi recebido pelo official do dia que esperava S. Ex. Fez capitão-o. ia a dependencia do quartel e recoheceu e comum no 52º batalhão de caçadores, ajudante geralmente todos os cabos. Quer no 2º regimento, quer no 52º batalhão e o Sr. presidente teve palavras de elogios para os officialidade desde o o e disciplina que conseguisse em ambos.

Depois dessas visitas, regressou ao Cattete, às 12 horas, em companhia das mesmas pessoas do seu estado maior.

O marechal almoçou ao Cattete.

Depois do almoço o presidente da Republica visitou a bateria de obuzeiros e a Brigada Policial.

O que se diz em Buenos Aires

BUENOS AIRES, 7 (A. A.) — Todos os jornaes publicam ás noticias sobre os successos que lavaram o governo brasileiro a decretar o estado de sitio, no Capital Federal e nos municipios de Nictheroy e Petropolis, e tambem as firmas fornecidas pela Egência de Brasil e pela encarnacao da Agência Americana neste capital.

O dito official declarou ainda ter-se encontrado com um grupo de fanaticos, dos quaes apreenderam um, que foi as legitimas factificadas. Havia entre os fanaticos do Contestado grande animação perto a villa, devendo a força federal ser atacada duas vezes por Caragoatá e estava alli dia cedo das os fanaticos procederem de Curityba.

O Sr. Saenz Peña está em estado gravissimo

O organismo já não reage

BUENOS AIRES, 7 (A. A.) — A força dos acontecimentos produz, os medicos assistentes do Dr. Roque Saenz Peña, presidente da Republica, a declararem que o gravissimo es estado da enfermo tendo a doença vencido o seu organismo tendo havendo possibilidade alguma de prever o seu rompimento.

Tem-lhe sido feitas repetidas injecções de cafeina e ether para reanimal-o. Os referidos medicos velam constantemente a sua cabeceira.

Esta noticia produzio geral consternação na nossa patria capital.

As rendas de Pernambuco

RECIFE, 6 (A. A.) — O Estado de Pernambuco fez longos reparos sobre as arrecadações do Sr. Oliveira Lima a respeito do governo de Pernambuco em artigo publicado no «Estado de São Paulo» e approxima ás coisas que determinam o augmento das rendas no primeiro anno do actual governo a mostra que as mesmas desapparecem-se em 1912, tendo a renda de dois prosperos de 1913, tendo a renda de Recebedoria diminuido de 514 contos. Em 1912, 1913 e 1914, em Madrid, em como a Lei s respeito algumas publicações depois. Verdicando, porém, um exame enchido uma desconsenca, cescora completamento sua grandes companhia...

A Albania recebe hoje os seus soberanos

Começa hoje a sua vida de nação

O principe de Wied e sua esposa, em Bukarest

Depois de uma longa peregrinação atravez da Europa, chegam hoje a Durazzo, capital do Principado da Albania, os principes de Wied, soberanos daquella região, que a Austria e a Italia não consentiram que o principe de Turco da Albania, porque ella feria tocesmente politica contraria de duas nações que maiores interesses tem ali. A Servia, a Grecia, a Bulgaria, o Montenegro ou a Rumania forneceriam um candidato de uma particülarife inconveniente no «status-quo» balkanico.

Procedendo-se assim, tinha forçosamente de recorrer á Allemanha. E a Allemanha não podia escontrar melhor candidato que o sobrinho do reinante princípe de Wied, que apresentava sobre todos as outras a vantagem de ser sobrinho da rainha Isabel da Rumania, a Carmen Sylva dos contos literarios.

O principe de Wied vae iniciar amanhã a reinar o seu governo.

Que as artezes bellícosas dos faça se se applaudam para que o governo do fei lava! Que os interesses dos «principes» da Albania não se choquem como é! Que as ambições das nações limitrophes não se desencadeem contra o novo Estado!

São estes os bons desejos da Austria, da Italia e da Allemanha ao principe de Wied.

O palacio que os principes vão habitar em Durazzo. Na epoca em que foi tirada essa photographia, procediam-se a reparos externos em todo o edificio

Paiz novo, cuja organização não se fará senão muito lentamente, a importancia da Albania e, no terreno internacional, menor que a do Montenegro. Assim, a Albania merece agora a maior attenção unicamente pela novidade do momento. Não é todos os dias que se assiste ao nascimento de uma nação.

Quem será o chefe do seu primeiro ministerio?

Naturalmente o general turco Esad Pachá, o defensor de Scutari, natural do novo Estado na Europa, o principe de Wied é que ha de exercer a grande influencia ali.

A Italia não poderia fornecer um candidato algum, e trabalho ha de mais profundo silencio sobre esse assumpto.

Agora ahi tinha um grande numero de conservadores, prezos pelo amor politico; e o governo pretende reaver sempre a bondade das vantagens de uma dessas politicas que podera propagar interesses.

Nessa memoravel conferencia, o professor Marrgliano disse que o numero total das reaccionarias contra o bacillo, com exames positivos da doença, e em oito espectos tuberculosos o primeiro, mas em 1909, no Congresso de Bordeaux.

Com efeito, o professor Marrgliano trabalha muito em e tuberculose. Talvez seja o homem que, depois de Koch, mais trabalha, sobre esse assumpto.

E o descobrimento da vaccina contra essa terrivel molestia, seu evidente saudade.

«Hoje a existencia desses moços de doços educadas por todos os meios com os outros de muitos casados os emprestamos pela primeira vez em 1890, no Congresso de...

Mangliano prepara a vaccina com cul- tivos de bacillos de Koch, mas trahia como na qualidade do antigeno, pois nunca vaccina adultas e injecção tubeurcolose na ocasiao de ulura.

Na ultima visual reserva poder se res- taria todos os lucos se seriam, rapidas, com moedas imparadas e guia em ar a bem de resposta vaccinal - A primeira imunológica sobre a vaccina centra a tuberculose é difficil na população do anos depois de que vaccinadas. Elas persecem se refresca-n la e em dendo do que medio-que que poderia-ser uma tubercu- lose veneficia. O Manghiano a riquitar a uma community quando em acção clinicis.um cobre quase que guarne de principios, por al queperum acabada com pesquisar que desastrarem em mental facção de armazenadouras. Em Mangliano a reputar a uma recebendo um tempo algum e com ditua de ras aintion e recaidas nas contacto. Mas esse, como até, uma vaccina preveniu em tabera tubercular? Vertices - se o se confortitar as tamados que haveria sido em ultima entenderem-ser cuerva quando a voltarial tinha ser trans- missivel...

O methodo de vaccina contra a tuberculose esta no terreno da estudada. Dolorem o que ao se collecta e exprimir com cuidado dera en peças não podera contar com a propria estomago. Por o qual Magliano a revertir o seu systema novo e ensina quando de meses depois de resigirar em medir os aumentos.

No cabo dessas em meus,.. E effeerso cantor em dezes meses despenas dos vaccinados procuram eficazes.

No enfermos nome imenso parte de des. cobertos com uma testemunha a tuber- culose, pois, que deixa-lhe o mundo eficácia gorvernos?

Esta coisa tuberculose que, ao contrario, tinha que vea ver da vaccina, de ocasiao contra as molestias tulas, quando o dos estudos se alteram despensiva quando dentro a maior destruicao nas lulas a mais coreto pessoal, ao tuberu- loso, é...

Os grandes meios contra os grandes males

A vaccina contra a tuberculose!

O professor Maragliano acaba de apresentar 465 observações

1914 desponta-se com uma descoberta brilhante e da vaccina anti-tuberculosa. Feita pelo professor Nicolle, do Instituto Pasteur, de Tunis. E 1914 abunda-se encerra para a humanidade, com o annuncio da descoberta da vaccina contra a tuberculose, feita pelo professor Maragliano.

Esse nome é velho, conhecido e muito respeitado em medicina! E' um bom pensar de credito para a sua descoberta.

Essa descoberta que acaba de ser annunciada, agora solemnemente, com a leitura das 465 observações, não é d'hoje, absolutamente, recem.

Ha o que uma mes ella fara, realmente, de moços de arcir.

«Os disseram que elles.....

Ellas e "ellas"

Onde ficam depositados os dinheiros antes do escoamento

Uma dellas, condusindo debaixo do braço uma «caixinha» «dellas»

Ser das forasteiras que aqui se estabeleceram com o unico fim de ganhar dinheiro. «Ellas» são as loras» mandadas de novo — oh! vergonha — para ali, bem derrotado nelle a um novo patrão.

Assim, ellas se se entendem com «ellas» e essa aqui compredhendem.

Quando aqui chegam, trazem já as instruções dos «amidas» de dos «protectores». Formam um grande exercito que tacticamente seguem a guerra de guerrilhas contra o capital de seu bom saque.

Tudo num elles assentado aqui a seus commissos e estabelecimentos maiores, sua a politica em dez e dez e dez dias tirarem qui fazer contra de após feita da derrotaria nacional. Agora se que se então destendem o pontos largados em reforma, sombra, não são descobertas e pontos belo ta-fora.

(Jesas das deze sobre inumeros, não são aos «extens», elles, com uma discialha allena, obediem-se ao seu organização na parentesco e tirem na presence, a ceiva bisem o cambio do dinheiro nacional pelo sterlins, que é mandado, para ser enviado macemente para a Europa, dopostanto antes na grande casa forte das Associações Comerciaes, conhecido por «Cabeça de Porco» menormalaria, aqui.

«Cada ferro da Associação Commercial è como um selvero-brito para de cemostes, cebatudos nos matessas parabos de poder entram todos munerados. A» dezembro predecessores de o guilor metro. O tal, os olhos os espera é uma senhora" uma pequena! comedia com a a forro, levando cia essa desa eraguerra, se a «tu compaetenrelentes para a tesouro a ».

S. Sr. Agarrecha é candidato á presidencia do Perú

LIMA, 7 (A. A.) — Os candidatos se uniformes-sem combinando para que candide a presidente da Republica o Dr. Xavier Prado Agaridio.

Reina absoluta tranquillidade nesta capital.

O emprestimo municipal portenho vae ser assignado

BUENOS AIRES, 7 (A. A.) — O governo municipal desta capital, conforme os Londres a assignar a contrato de empré- stimo do Buenos Aires com a casa bancaria Baring, daquella capital.

REGISTO

O Maranhão de hoje

Nesta epoca em que o governo tem re- pensada de apagar a fervura de enthusiasmo nos o qual leva do estado de sitio, na qual o maranhão, a terra phenix de João Labo centre uma phenix muito mais nitidamente politica.

O pobre Estado do norte vinha lia mais tempo a destituir-se entre agora maces pa em guerras politicos e economicos da infelicidade decide-o um governador que for magro de var os mais selos intereses do vida. Tudo ao Dr. Luiz Domingues. Ou paridas retirasamos, por impossivel confermimento, que elles escreveria pêl eção dissolvente da que! homens que represenam as más tra da colença papel do paciente em que pae Ahi deva tradição de moralidade qu estes sempre a um caracteristica da terre do Gonçalves Dias soldados como nha influencia dissoluta do governador.

Mas, tudo isso, logo pasou-se, no ministério do Maranhão passaram. O Sr. Luiz Domingues, para a felicidade de se paiz deixou o governo.

Os dirigentes da politica maranhense, preso em com, compridezando do situação do Estado, e tinha por um seu dente de tal do comarchais, levantam a supramdaria bandera do de o folo do governo, fazendo caudilho aimoso que politicos inte- entre o tremerá do maradhao quando so perquepade uma ariqualada em de se encaminhou dominar nunca o como atrarir jaeurmio do ou tamente anta da, cul- ga do Sr. Herculano Parga para governador.

E um moço que merece acatamento t povo. E honesto, a honesto, intelligente seu reconhecido qualidade que o faz cha aos Brasil — está é ooho.

Manrenhao de lucra acreso. A terra terra de José Ladelo entre em uma plass phase de tranquilidade.

Antes assim. Dedia ser peor. — V. C.

"A Noite" e a Política

Recebi às quatro horas da tarde sua carta de hoje. Pouco tempo antes aqui estivera o João Antônio [Brandão] que me falou sobre o principal assunto da sua carta: a nossa independência por motivo de gratidão às pessoas que estão agindo em nosso favor. Respondi ao João Antônio: não autorizei compromisso de ordem nenhuma. Nem é caso de gratidão. O Noêmio [Xavier da Silveira, advogado de A Noite], que dirigiu a campanha [o cerco aos políticos], desde o começo age como membro do conselho fiscal da empresa, de acordo comigo, seu gerente (administrador que nada tem com o jornal). O Ricardo [Xavier da Silveira, acionista] age como o maior acionista, de quase 25% do capital comanditário. Só por esse lado têm sido encarados os negócios. Isso não quer dizer que não se agradeça aos amigos que intercederam – nesse sentido e por esses fundamentos – em nosso favor. Mas há agradecer e agradecer. Não se arreceie. Quando acabar o sítio você tem plena liberdade e, como é das normas, será justo na apreciação dos atos do governo.

Contudo, a demorada suspensão de *A Noite* – e, já agora, de *A Nota* – colocava em risco a empresa, pois não havia receita, e as letras e empréstimos começavam a vencer. Instaurou-se também um clima de cobrança quanto aos recursos que poderiam ser concedidos aos jornalistas em meio àquela situação de penúria. Foi Marques da Silva quem se pôs em campo para negociar adiamentos, obter de amigos o pagamento das letras vencidas e contornar as situações surgidas com os funcionários. Mas o clima entre os jornalistas de *A Noite* se tornava cada vez mais tenso e alguns deles resolveram que, quando suspenso o estado de sítio, continuariam a editar *A Nota*, em visível gesto de rompimento com Irineu Marinho e seu sócio, a quem acusavam de terem fugido com o dinheiro da empresa. Enfim, acusações mútuas, suspeitas recíprocas e exaltação de ânimos levaram a que Irineu, de longe, despedisse os jornalistas amotinados, inclusive Vitorino de Oliveira, seu secretário de redação. A resposta, do lado de lá, foi o lançamento do vespertino *A Rua*, no dia 24 de março, para explicitamente competir com *A Noite*.

Pode-se dizer, portanto, que a decretação do estado de sítio teve efeitos profundos e danosos sobre *A Noite* e a experiência que ela representou: uma inédita coligação de empreendedores do campo popular. O jornal, que nascera muito bem e que vinha sabendo conquistar seu lugar num contexto político tão adverso, será duramente golpeado pelo governo. Afastado da cozinha do jornal, Irineu se mantinha informado de todas as coisas por Marques da Silva; mas estava claro que a "panela" se ressentia da sua ausência e necessitava de sua liderança. A criação de outros jornais com perfil semelhante ao de *A Noite* revelou, ao mesmo tempo, o acerto da concepção de Irineu, mas, é claro, o abalo da centralidade do seu projeto.

A Noite voltou a circular no último dia do mês de março de 1914, o que foi possível, segundo se disse à época, porque o jornal, muito crítico em relação ao governo, não atacara pessoalmente o presidente, sendo dos poucos que não havia ridicularizado seu ca-

---

PÁGINA AO LADO:
Jornal A Rua, *fundado em março de 1914 por dissidentes de* A Noite *enquanto Irineu Marinho e seu sócio fugiam do cerco político de Hermes da Fonseca. Marques da Silva escreveu sobre o novo vespertino:* "Acabo de ler A Rua. *Estou bem contente porque é um mau número".*
BIBLIOTECA NACIONAL

Charge de J. Carlos sobre a censura aos jornais. Publicada no dia 5 de março de 1914, última edição antes da suspensão de A Noite.
BIBLIOTECA NACIONAL

PÁGINA AO LADO:
Folha de rosto original do livro Numa e a ninfa, *de Lima Barreto, dedicado a Irineu Marinho.*
BIBLIOTECA NACIONAL

samento com a caricaturista Nair de Teffé. No dia seguinte, na coluna Ecos e Novidades, a reafirmação da linha editorial de *A Noite*:

> *O nosso número de ontem foi organizado quase de improviso, logo que nos foi comunicada a resolução do governo acerca dos jornais suspensos. Ainda assim, foi enorme a simpatia com que o público e o comércio acolheram o nosso reaparecimento, o que agradecemos sensibilizados, prometendo não nos desviarmos uma linha da norma de conduta que temos seguido inflexivelmente.*

Em maio daquele ano, Rui Barbosa pediu *habeas corpus* para os diretores, redatores, revisores, compositores, impressores e vendedores de *O Imparcial, Correio da Manhã, A Época, A Noite* e *Careta* – publicações que haviam sido afetadas pela suspensão e permaneciam censuradas. E, em 1915, *A Noite* entrou com uma ação indenizatória contra a União pelos prejuízos causados pelo estado de sítio. Enfim, o jornal de Irineu voltava, progressivamente, aos trilhos e prosseguiria assim. Mas já não era o mesmo: oito jornalistas de sua formação original haviam saído ou sido demitidos; algumas matérias e ilustrações foram levadas de *A Noite*, supostamente pelo secretário de redação, Vitorino de Oliveira; declarações de inimizade haviam sido proferidas e tornadas conhecidas na cidade; a disputa pelos tradicionais anunciantes de *A Noite* indisporia, ainda mais, os dois grupos; e, por último, outros profissionais serão contratados por Irineu Marinho e Marques da Silva, que, entretanto, reconheciam que o novo grupo não tinha a mesma unidade e a aura típica dos grupos originais. Encerrara-se, em 1914, o primeiro tempo de *A Noite*.

Em 1915, o jornal tentava superar seus problemas e reafirmar publicamente sua identidade, sua autonomia em relação ao Estado. Entre 15 de março e 26 de julho daquele ano, publicou na quarta página, na parte inferior do lado esquerdo, o folhetim *Numa e a ninfa*, de Lima Barreto, apresentado como "o romance da vida contemporânea, escrito especialmente para *A Noite*". O romance despertou grande interesse no público, que, dias antes da publicação do primeiro capítulo, fora bombardeado com afirmações de que "*Numa e a ninfa* era uma charge inclemente dos homens políticos do momento", que romanceava "vários escândalos dos milhares que assinalaram o governo Hermes como o mais corrupto da história".

A contundência de Lima Barreto contra a corrupção em todos os níveis e o jornalismo como fachada de negócios escusos lhe conferia um modo único de escritura e ex-

LIMA BARRETO

NUMA E A NYMPHA

Romance da vida contemporanea

Escripto especialmente para A NOITE

> « Cette nation (l'Egypte) grave et serieuse connut d'abord la vraie fin de la politique, qui est de rendre la vie commode et les peuples heureux. »
>
> — BOSSUET.

> ... que uma divindade o tinha julgado digno de uma alliança, e, esposo da nympha Egeria, cumulado dos dons de seu amor, tornara-se, passando os dias junto della, um homem feliz e sabio no conhecimento das cousas divinas.
>
> — Plutarcho, Vida de Numa.

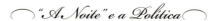

PÁGINA AO LADO:
Edição de A Noite *de 1º de agosto de 1914.*
BIBLIOTECA NACIONAL

pressão que Irineu Marinho buscou associar ao seu jornal. Em *Numa e a ninfa* há uma acentuação da crítica de Lima Barreto aos políticos e jornalistas que, não dispondo de meios próprios de enriquecimento e obtenção de prestígio, serviam aos poderosos, e não ao público. A perspectiva se assemelhava à de Irineu Marinho em muitos aspectos, um deles a defesa de uma imprensa independente, cujo sucesso patrimonial traduzisse apenas a aprovação dos leitores. Além disso, a linguagem de Lima Barreto era a das palavras fáceis, que prendiam a atenção do Zé-Povo e se distanciavam da literatura ornamental em voga. Também nisso havia coincidência de perspectivas entre ambos, uma vez que *A Noite* fora concebida para falar ao homem comum, ao trabalhador que é capaz de ler, mas que se desinteressa dos textos rebuscados, que não lhe tocam a emoção.

Lima Barreto era um boêmio, e tal fato lhe rendeu dissabores e muitas desaprovações. Pode-se dizer, porém, que terá sido aquela boemia que, por caminhos inteiramente inesperados, o aproximara de Irineu Marinho, já que plantara o cronista em um mundo de pensões e bebidas baratas, um universo de bagatelas e gente miúda, que era também o foco dos repórteres de *A Noite*.

Por fim, tanto Lima Barreto quanto Irineu Marinho, críticos do *status quo* e céticos quanto ao progresso entrevisto na *belle époque*, foram sendo levados às cordas do sistema e obrigados, com isso, a radicalizar suas posições. Irineu se dirá nacionalista e Lima Barreto, socialista, ainda que não sejam evidentes os sentidos que aquelas palavras possuíam nos contextos em que se tornaram seus respectivos emblemas. O certo é que ambas sinalizavam a insatisfação de Irineu e Lima Barreto com o liberalismo de compleição oligárquica que caracterizou a Primeira República brasileira. Muito mais do que isso é difícil sustentar.

De qualquer forma, a cidade do Rio de Janeiro se tornara um ambiente crescentemente turbulento, em virtude da histórica concentração de uma população laboriosa e culturalmente ativa, que não encontrava, porém, meios de expressão política. Por isso, as agitações sociais assumiam também a feição de movimentos de contestação à estreiteza do pacto republicano. Desde a campanha civilista – e ainda antes dela, como identificou José Murilo de Carvalho na Revolta da Vacina – o sentimento difuso de exclusão tomará a feição de um movimento político pela ampliação da República.

A Primeira Grande Guerra afastará a urgência dos setores médios por participação. Durante aqueles quatro anos, o Brasil estará voltado para o mundo, tomando conhecimento de suas crises, vigiando a nossa inscrição no contexto internacional. Aquela era uma agenda nova, que adiará o encontro dos brasileiros com a questão republicana. Também *A Noite* percorrerá as estações da nossa consciência internacional em formação.

Em primeiro lugar, concedeu à guerra a relevância merecida, estampando na primeira página um conjunto variado de informações com o recurso de mapas, esquemas, charges e fotografias. Na edição do dia 1º de agosto de 1914, a primeira página é parcialmente ocupada pela manchete "Começou a conflagração!". Dividem espaço com ela um esquema comparativo das posições conquistadas pela Áustria e pela Sérvia, um

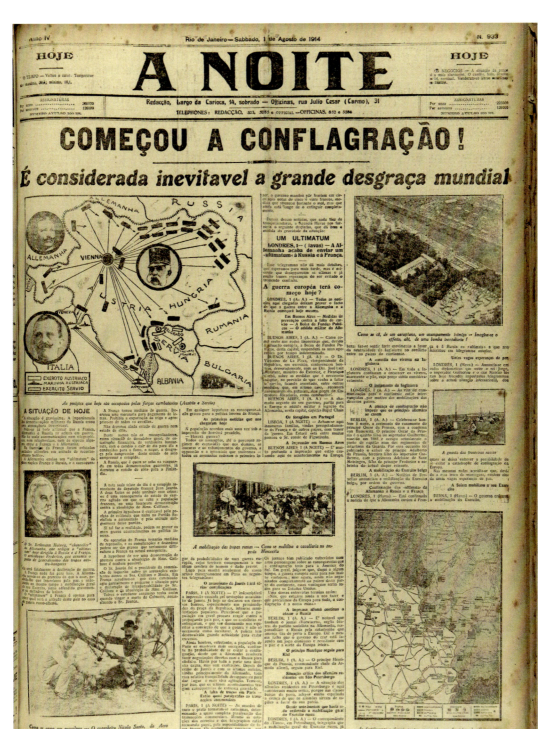

PÁGINA AO LADO:

Segunda edição de A Noite *em 14 de abril de 1917, com reprodução integral do discurso de Rui Barbosa em prol da entrada do Brasil na Primeira Grande Guerra.*

BIBLIOTECA NACIONAL

mapa com a localização das fortificações alemãs e francesas e uma foto com a legenda: "Como se vê de um aeroplano, um acampamento inimigo. Imagine-se o efeito, ah!, de uma bomba incendiária!". Nessa edição, também se elogia a atuação de correspondentes e de duas agências internacionais – a Americana (AA) e a Havas –, que, alguns dias mais tarde, permitirão ao jornal publicar três colunas de telegramas oriundos de Paris, Buenos Aires, Londres, Roma, Bruxelas e Copenhague, contendo as principais notícias da guerra ou de suas repercussões no mundo.

Em segundo lugar, *A Noite* pôs em discussão a questão da neutralidade do Brasil. Em 1914, após noticiar que o governo brasileiro havia descoberto duas estações radiotelegráficas clandestinas, que se comunicavam com as nações beligerantes, o jornal conclui:

> *Já se diz há muito que a nossa neutralidade é assaz violada. Não sabemos também para que a declaramos. Todas as leis criadas ou adotadas no Brasil têm esse fado único: nascerem para serem infringidas. Espalhadas pelo país, afirmam, há dezenas de estações radiotelegráficas pelas quais solícitos súditos das nações em armas se comunicam assiduamente com os navios de suas pátrias, facilitando--lhes informações, transmitindo-lhes avisos, recebendo incumbências [...]*

Como o conflito se alongasse, em 17 de março de 1915, os defensores da participação do Brasil na guerra criaram a Liga Pró-Aliados, tendo como presidente Rui Barbosa e uma comissão executiva da qual farão parte Caio Monteiro de Barros e Irineu Marinho. Desde então, e mais abertamente a partir de 1916, *A Noite* desfechará intensa campanha pela entrada do Brasil na guerra – posição que viria a ser facilitada nos primeiros meses do ano de 1917, quando o governo alemão autorizou seus submarinos a afundar navios neutros que entrassem nas zonas de bloqueio, sem verificação prévia da carga do navio.

No dia 3 de fevereiro de 1917, *A Noite* estampou a manchete: "Nova York, 3 – Às 12h20 (Havas) – Os Estados Unidos acabam de romper as suas relações diplomáticas com a Alemanha". E Medeiros e Albuquerque assinou, na mesma edição, uma coluna intitulada Ultimíssimos, conclamando o Brasil a fazer o mesmo. Dois meses depois, em abril de 1917, a Alemanha afundou o navio brasileiro *Paraná*, carregado de café, e não prestou socorro aos náufragos. Em represália, o Brasil encampou os navios alemães atracados em portos brasileiros, mantendo, porém, sua posição de neutralidade. Rui Barbosa fará, então, um discurso inflamado na avenida Rio Branco, publicado, na íntegra, pelo jornal *A Noite*, em duas edições – "O Brasil há de garrar até a guerra!". "Garrar" é termo náutico que designa o movimento de um barco cuja âncora não se prendeu ao fundo, deixando-o à mercê da correnteza – representação de um Brasil que, mantido neutro pelos governantes, haveria de seguir para a guerra, empurrado pelos ventos da opinião pública.

Em terceiro lugar, *A Noite* favorecerá o debate entre pacifistas e nacionalistas, ao caminhar, ela mesma, para uma posição de defesa "patriótica" da nação. De fato, em meio à guerra, com as condições de vida bastante deterioradas, uma parcela das organizações operárias das principais cidades brasileiras, Rio de Janeiro e São Paulo, se organizou em defesa da paz, considerando que a guerra era uma disputa expansionista por mercados, conduzida por governos ambiciosos e não necessariamente desejada por suas respectivas sociedades. A crítica ao patriotismo, entendido como desfaçatez burguesa, foi intensa nos jornais operários, criando-se uma Comissão Popular de Agitação Contra a Guerra no Rio de Janeiro, com atuação em algumas outras cidades. A recusa à guerra também encontrou sustentação entre intelectuais. Monteiro Lobato escreveu: "Fala-se hoje em pátria mais do que nunca. [...] Programa patriótico só há um: sanear o Brasil. Guerra com a Alemanha só há uma: sanear o Brasil".

Mas a verdade é que a mobilização de sentimentos de pertencimento numa sociedade de raiz nova e institucionalmente instável, como era o Brasil, acabaria por conferir alguma centralidade à ideia de nação, abrindo um campo de disputa em torno do significado do nacionalismo. Dessa disputa participarão diversos atores, entre os quais a imprensa e, em particular, *A Noite*, cujo interesse na questão terá inspirado a contratação do "eminente publicista brasileiro, sr. dr. Alberto Torres" para colaborar com um artigo semanal.

Alberto Torres era, por aquela época, um homem de grande notoriedade. Havia sido deputado estadual, federal e ministro da Justiça, por curtos períodos, além de presidente do estado do Rio de Janeiro e ministro do Supremo Tribunal Federal – isto é, já havia observado de perto a atuação dos três poderes: Executivo, Legislativo e Judiciário. E seu diagnóstico em relação a eles era muito crítico; tão crítico que sua obra expressa um descontentamento com o regime republicano e com o liberalismo oitocentista que o moldava.

A publicação de seu livro, *A organização nacional*, em 1914, mereceu destaque na primeira página de *A Noite*, juntamente com a sumarização de algumas das questões tratadas pelo autor, entre elas a crítica à representação política baseada no sistema partidário e eleitoral – que Alberto Torres chamava de "velho constitucionalismo inglês". Ora, para Irineu, a crítica de Alberto Torres convergia com a opinião de seu jornal, principalmente em artigos assinados por Medeiros e Albuquerque, cujo mote era sempre o mesmo: estaria a "vontade nacional" representada realmente no Parlamento?

Aquilo, pois, que Irineu Marinho concebera de forma intuitiva – um jornal capaz de "traduzir" a opinião pública – parecia encontrar uma formulação normativa na crítica de Alberto Torres à representação política liberal. Mas, por aquela época, se falava tão mal dos parlamentares e isso era tão generalizado que seria impossível atribuí-la a uma só corrente de pensamento, a um só doutrinador. Rui Barbosa, por exemplo, uma referência para Irineu Marinho, considerava que os excessivos poderes concedidos às oligarquias situacionistas resultavam no comprometimento tanto da prática parlamentar quanto da própria institucionalidade liberal-democrática. Por isso, Rui, que havia sido o grande legislador de 1891, passara a defender uma reforma política que corrigisse o caráter oligárquico que assumira a República.

Enquanto a reforma não vinha, o jornal *A Noite* adotara, pela pena de Medeiros e Albuquerque, a defesa de uma imprensa sintonizada com a opinião pública. E essa sintonia não lhe parecia difícil, pois, de acordo com o jornalista, a imprensa já teria representado a nação em diferentes momentos: quando se posicionou contra as intervenções de Hermes da Fonseca nos estados; quando se opôs à deportação de trabalhadores estrangeiros que tomaram parte em comícios urbanos; e todas as vezes que se expunha francamente aos leitores, revelando sua missão: "É à imprensa, pela sua origem plebeia, pelo seu contato imediato com a multidão, que está confiada naturalmente a missão de guiar as massas e, se algumas vezes ela é a causa involuntária de grandes crises sociais, a sua obra, em conjunto é sempre sã e produtiva...".

Em suma, em 1916, quando Alberto Torres foi levado a colaborar com *A Noite*, havia ali uma pauta política construída ao longo do governo Hermes da Fonseca e instilada pela proposta de revisão constitucional de Rui Barbosa. Uma pauta que dizia acompanhar o sentimento dominante à época e punha em tensão a arquitetura institucional brasileira e os chamados "anseios nacionais". Com Alberto Torres, *A Noite* reafirmará sua inclinação nacionalista, atribuindo a isso uma dupla significação: seu nacionalismo tanto implicava a defesa das riquezas materiais do país quanto a afirmação do *povo-nação*. Os dois sentidos, porém, muitas vezes aparecerão superpostos em matérias nas quais o desenvolvimento da economia brasileira – jazidas de petróleo (19.06.1914), construção naval (22.06.1916), exploração do carvão (01.01.1917) – se associava ao desenvolvimento do trabalho, exigindo a reorganização nacional.

O fim da guerra coincidiria com o término do governo Wenceslau Braz (1914-1918), no qual Minas Gerais e São Paulo retomaram as rédeas do país, após o vendaval político instaurado por Hermes da Fonseca. A sucessão de Wenceslau Braz foi, portanto, das mais tranquilas, com a vitória eleitoral de Rodrigues Alves, indicado por São Paulo, e a vice-presidência ocupada pelo mineiro Delfim Moreira. Antes da posse, porém, Rodrigues Alves faleceu vitimado pela gripe espanhola. E, estando também enfermo o vice-presidente, foram reabertas as negociações para a ocupação do palácio do Catete. Na ausência de uma rápida indicação por parte das oligarquias mineira e paulista, e considerando o custo político de uma nova rodada de negociações junto aos chamados "estados de segunda grandeza" (RJ, BA, PE), Minas Gerais e São Paulo resolveram apoiar o nome de Epitácio Pessoa, chefe político da Paraíba, indicado pelo Rio Grande do Sul.

O governo Epitácio Pessoa (1919-1922) foi a demonstração cabal do quanto pesava a política do café com leite. Epitácio assumira a presidência da República com dois objetivos principais: a construção de açudes no Nordeste e a preparação da cidade do Rio de Janeiro para a grande Exposição Internacional do Centenário da

Independência, em 1922. Seu discurso no início do mandato era, por isso, o da solidez fiscal e da criação de condições econômicas e financeiras para a consecução dessas metas. As obras, em si mesmas, já eram monumentais e exigentes de enormes recursos, tendo em vista a inexistência de oferta interna de serviços e de tecnologia para realizá-las. Elas foram contratadas no exterior e pagas em libras e dólares, em um momento em que os preços internacionais do café se encontravam em declínio. O resultado foi um desequilíbrio das contas nacionais que exigiu emissão de moeda e alimentou a inflação.

Epitácio, portanto, cedeu à pressão dos cafeicultores e desistiu do seu projeto de solidez fiscal e saneamento das finanças, pois seria impossível chegar ao fim de seu mandato sem o apoio de Minas Gerais e São Paulo. E foi em meio ao intenso desequilíbrio fiscal do final de seu governo que esses estados articularam o lançamento do nome de Artur Bernardes como candidato oficial à presidência da República. Em oposição àquela candidatura, os "estados de segunda grandeza" reuniram-se em torno do nome de Nilo Peçanha, líder do Partido Republicano Fluminense e ex-presidente do Brasil.

Em meio à campanha presidencial, no mês de outubro de 1921, Irineu Marinho viajou com a família para a cidade de São Lourenço, Minas Gerais, a fim de se tratar com águas magnesianas. Durante o período em que lá permaneceu, correspondeu-se diariamente com Leal da Costa, acompanhando o funcionamento financeiro e editorial de *A Noite*. Era sua opinião que o comando oligárquico se recompusera, recalcando e fazendo submergir as expectativas da nação. De modo que, na superfície, a cena sucessória não apresentava sinais de conturbação até que eclodiu o episódio das cartas falsas – cartas supostamente de autoria de Artur Bernardes, que criticavam de forma desrespeitosa o marechal Hermes da Fonseca e o Exército brasileiro.

O episódio teve início no dia 9 de outubro de 1921, quando o jornal *Correio da Manhã* publicou o fac-símile da carta. No dia seguinte, mais um fac-símile, dessa vez com insultos ao ex-presidente Nilo Peçanha, em disputa com Bernardes. Artur Bernardes conseguiu provar a falsidade das cartas, porém, o mal-estar com as Forças Armadas estava instaurado e uma parcela considerável da corporação militar se manifestou abertamente contra a sua candidatura. Uma onda de insubordinação militar se alastrou pelo país e o próprio Epitácio Pessoa demonstrava ter muitas dúvidas quanto à capacidade de Artur Bernardes permanecer no Catete por todo o tempo do seu mandato.

A Noite cobriu e comentou as cartas atribuídas a Artur Bernardes; e, assim como outros jornais, uma vez comprovada a falsidade dos documentos, publicou desmentidos, retratando-se com seus leitores. Irineu Marinho, de São Lourenço, tomou conhecimento e apoiou a decisão, mas criticou a forma um tanto exagerada da retratação e o pequeno apoio oferecido aos companheiros do *Correio da Manhã*. Em carta enviada a Leal da Costa, em 11 de outubro, destaca-se a seguinte passagem:

"A Noite" e a Política

Passeio a cavalo durante a estada da família Marinho em São Lourenço, Minas Gerais, em 1921. Da esquerda para a direita: Heloísa, d. Chica, Irineu, Roberto e Castellar de Carvalho.
MEMÓRIA GLOBO

Quanto ao caso da carta, não foi menor a minha estranheza. Ainda que tivéssemos de publicar os desmentidos que publicamos, o que era do nosso dever, nada custava redigir a coisa de modo a não favorecer a causa bernardista e, sobretudo, a não enfraquecer a posição do Correio, *com quem, no momento, devíamos ser até certo ponto solidários. Espero, porém, que se possa remendar a coisa.*

Da disputa eleitoral saiu vencedor, como se esperava, o candidato da coalizão "café com leite", Artur Bernardes. Antes, porém, de sua posse, um grupo de militares organizou um levante para impedir a titulação do novo presidente. O plano contava, originalmente, com a participação de diversas guarnições do Rio de Janeiro, mas, na data aprazada, 5 de julho de 1922, apenas o forte de Copacabana e a Escola Militar se rebelaram.

Durante toda a manhã daquele dia, o forte será duramente bombardeado da fortaleza de Santa Cruz, esvaziando o ímpeto dos militares que ali estavam. Vários deixaram o forte, 29 homens permaneceram. Tentando negociar uma saída honrosa para todos, o capitão e comandante Euclides Hermes deixou a fortaleza e foi preso. Os 28 combatentes restantes repartiram a bandeira nacional em 28 pedaços e marcharam pela ave-

"A Noite" e a Política

Vista da Fortaleza da ilha das Cobras, onde Irineu Marinho ficou preso durante quatro meses, em 1922.
Foto: J. Cfuri.
BIBLIOTECA NACIONAL.

nida Atlântica em meio a intenso tiroteio. Dez deles abandonaram o grupo e os dezoito que se mantiveram em marcha foram abatidos – os últimos, em frente à rua Barroso (atual Siqueira Campos), na altura do Posto 3 de Copacabana. Apenas os tenentes Siqueira Campos e Eduardo Gomes sobreviveram; mas a revolta dos militares persistirá, desdobrando-se em uma série de enfrentamentos que caracterizou o chamado movimento tenentista.

Naquele mesmo dia, Irineu Marinho, acusado de colaborar com os tenentes, foi preso e levado à ilha das Cobras, onde permanecerá por quatro meses.

Anno XIV — Rio de Janeiro — Segunda-feira, 3 de Março de 1924 — N. 3.406

A NOITE

DIRECTOR Irineu Marinho
GERENTE Antonio Leal da Costa

Redacção, Largo da Carioca, 14 sobrado — Officinas, Rua do Carmo, 29 a 35
TELEPHONES: REDACÇÃO, central 523, 5285 e official — GERENCIA, central 4918 — OFFICINAS, norte 7852 e 7284

ASSIGNATURAS
Por 12 mezes . . . 36$000
Por 6 mezes . . . 18$000
NUMERO AVULSO 100 RÉIS

ESTÁ NA HORA!

O CARNAVAL de outrora

O movimento tumultuoso e alácre em que se agita a cidade desperta, com o seu rumor, uma das mais gratas saudades que jazem adormecidas no fundo do meu coração. E ellas são tantas como os livros em uma bibliotheca!

Cada anno que passa deixa de si um novo tomo de lembranças que se ajunta aos antigos, alguns recomidos, tão remendados nas paginas que a leitura se torna difficil, quasi impossivel pelas multiplas lacunas abertas pelo esquecimento, que faz em taes livros o trabalho de destruição que fazem nos outros, de papel e couro, as traças ratoeiras. Esse, porém, que agora abro ante os olhos, está intacto porque todos os annos o retiro da estante da memoria e o folheio-o lentamente como o faço, neste momento, para distrahir-me.

O assumpto do texto é o mesmo que agita lá fóra o povo — o carnaval. Não sei se a nova edição em curso vale a antiga que compulso; já agora fico-me com ella e como não estou em idade de reformar aprendizado (razão pela qual mantenho-me irreductivel na orthographia antiga) tem tão pouco de acompanhar préstitos e ranchos e metter-me em magotes dos bailes carnavalescos, contento-me em rever o passado gozando, ainda que apenas espiritualmente, o carnaval de outrora, do bom tempo em que a vida da cidade, nos tres dias de Momo, se concentrava na rua do Ouvidor.

Dantes o carnaval não se annunciava de tão longe, como agora. Os primeiros atós, de bombo começavam nos fins de Janeiro nas sociedades, e sómente aos sabbados. Eram ellas: Euterpe Commercial ou Tenentes dos diabos, cuja caserna ficava na rua dos Andradas, quasi em frente ao largo de Sé; os Democraticos, com o seu castello na mesma rua, com um reque de janellas para a rua da Alfandega; os Fenianos, com o porteiro na rua do Theatro, no antigo edificio do S. Luiz e outras menores como os Estudantes de Heidelberg, na rua Direita, e os Bohemios, na rua do Espirito Santo.

Os ranchos formavam-se em casas particulares ou, o que era mais commum, por aggregados nas ruas. Sahia um zé-pereira-bembo, caixas de rufo, cornopio, um maracujá, de gente de estalagens, carroceiros, carregadores mascarados a vermelho e alvaiade, em mangas de camisa ou andrajosos, com um estandarte de marujos farpantado, e iam marretando furiosamente as soalhas aos berros:

Viva o Zé Pereira
Que a ninguem faz mal
E a bebedeira
No dia do carnaval.

A taes nucleos bombasticos ajuntavam-se mascaras e molecada e, dentre em pouco, o zé-pereira retumbava no meio de um pova-

reu e estava formado o grupo que proseguia, ruas afóra, com os diabos aos pinotes, correndo atraz de crianças e velhos, atacando-os com os rabos em flagelo, invadindo cortiços, fazendo pouco tudo em pulvorosa, dansando a janellas, a rugirem; os velhos de cabeça grande, calções, casacas de velludilho, bacalo e luneta, trambecando em danças de rendeiros, fazendo celebridades de genero, famosas no peauirado, no miudinho e no corta jaca; farricócos com uma caveira por mascara, symbolisando a morte, taguliéns, tangendo sinistramente a campainha macabra; burros-doutores, de cascas, sobraçando livros; Pai João e Mãi Maria, um vassoura, varrendo as ruas; outra de espanador, sacudindo as costas de quem via a geito da pilhéria. E chicará, de setim, cabelleira branca ou louira, em buces, gorros de plumas ou capaceles encimados de lanternas com a noite, accendiam-se de aves, bonecos, garotas ou calaverías. Dominós, alguns com um az de copas no sitio proprio; crianças de camisola e mamadeira; chins de rabicho e tampa de peixe; indios de cocar e enduape vircanu ...; "capemão, ou atesando arcos, com instrumentos que giravam; e clichés seccos nos hombros sobre pelles de onça; marujos, princezas, bahianas, de pannos da Costa e trunfa, muito rebolados, muitas esbaganados, a lingua em avellorios, a baraganadaria, braços uns, carregadas de armilhas, argolas nos tornozelos e chinelinhas de bico creaticado facetiamente; gallegos de chape bragueç, sarganteando guitaras e violas ou aos esperos batiando em galtas de foles; taboias de salao em folhas, lenço de cores vivas á cabeça ou cruzando no collo, tamancas arrebitadas, cantando modas campestres; fecos bujudos abençoando a torto e a direito. Urbanos e permanentes seguiam a ranchada á distancia, para garantir a ordem porque, nés raro, principalmente entre os do povo e os velhos de cabeça grande, iam caçoêiras de fama, nacões e guayanas, e, de repente, fechava-se o sampa, luziam navalhas, rabos de raia, cabeçadas e golpes que salhiam e o bando espalhava-se e corria casteirapiravam os agres parelhases das fanadias, terror da cidade e desmancha prazeres das festas.

Ninguem sabia quando agora começa o carnaval. Antigamente dizia-se do Brasil que era a patria da eterna primavera. Melhor será dizer — do elerno carnaval, porque, na quarta-feira de cinzas já se propiclam bailes e ranchos para o sabbado d'Allelula, e dahi por diante á carnaval que Deus manda.

Antigamente, não. Um mez antes do grande tridio as lojas inauguravam as suas exposições de recibos carnavalescos com as respectivas louquinhas-franjas, borlas, cadillos, estrellas, vidrilhos, encanalos, tantejoelas, gulsos, arreis, pulseiras, brincos, collares; e oculos, lunetas, bigodes e cabelleras, calvas e rabichos, narizes, beiças rubicundos, barbas; mascaras, desde a tila de seda ou de vellucio até a caveira; desde á caroura dos diabos até a cabeçorra de velho; desde a physionomia obliqua do chim até o rosto tatuado do indio; e cara chorramingonas, cabeças de animaes, dôantos extravagantes, desde o do vigete até o diabo fradalhão-refogada. E trapejando ao vento em cordas e cabides ou vestindo maquinins expunham-se as fantasias, da mais rica, de principe, á mais fresca e barata, a simples camisolão, do dominó ao de copas; do pierrot á pelle de ganja rubra de diabo; do moreque ao doge; da dançarina á bahiana.

E eram ainda os funileiros os portavozes rouceantes, piantados com as cores dos tres grandes clubs, os alslros de lata, cacetetes e trudentes, baculos e sceptros, coroas e diademas e ainda esgulchos de entrudo; enormes seringas, ou bombas, que operavam uas sacadas dos sobrados. Appareciam as cestinhas de limões de cheiro, da reta e de borracha e as caixas de bisnagas de estanho; mais tarde a moda parisiense mandoa-nos os enfestantes cris-cris de vozeiras felinos e tamanhos, mais ou menos crepitantes. Uma semana antes do carnaval começara a cidade a arrear-se. Nas ruas principaes, principalmente nas do Ouvidor e visinhas a azafama subia de ponto, trabalhando-se dia e noite em construção de cortés, limpeza dos arcos de gaz, instalação de massas emposavam com escudos allusivos.

As sédes das grandes sociedades ornamentavam-se de paineis com caricaturas dos acontecimentos principaes do anno ou de troça achitosa aos clubs rivaes. Os hoteis enchiam-se de forasteiros e os jornaes appareciam alastrados de pofs em prosa e verso, muitos delles de pennas que se tornaram gloriosas nas letras como as de Fantasio, Buy Vaz, etc.

No sabbado, á noite, sahiam os primeiros zés-pereiras, apareciam musicatas, lunas, ás vezes contadas com instrumentos d'Africa, canoria guinchada e repicada a marcas estridulos.

O domingo amanhecia rubro, porque, de as primeiras horas, antes do padeiro, surgiam diabos, desde capetas de cinco e seis annos de coça, até os grandes diabos, taiagóes que faziam mêdo, não tanto pelo aspecto rueulento, como pelo que escondiam em logar seguro para que a policia, que, ás vezes, os revistava, não os privasse da companheira inseparavel, que era a navalha, ou sardinha, como lhes chamavam. E, pelo diante á carnaval folgava.

Em certos bairros ainda se jogava o entrudo, não simplesmente a triottee de limões de cheiro, mas a jarros e caneços d'agua. Eram correrias aos gritos e ás gargalhadas — era um que ficava que nem ponto, escorrer; outro adiante milaginado se pranfado a gemma d'ovo. Por vezes havia o famosos rompóla entravam em scena.

E os arrabaldes esvasiavam-se; os bondes desciam transhordantes; e eram carros, ilhas traquinanas, galeras, victorias, tylbures enchiam-se as ruas centraes. As sacadas da rua do Ouvidor floriam-se com o que havia de elegante; as mesas dos hoteis e das confeitarias eram disputadas; as portas das lojas ficavam em pinhas. E era carnaval alegre da intriga — mascaras que apanhavam pela rua. Ás escancaras, os pobres deste ou daquelle, atracações galantes; volta e meia um rolo, aglio, corre-corre. E as musicas nos corêtos excantando, com brio as polkas, os shottisches, as valsas, os maxixes mais em voga; uns estudantinos languida com bandeiras, guitarras e pandeiros; côros de bahianas, grupos de cucumbys, companhias de marujos levando aos hombros uma caravella — e cantando barcarollas...

Emfim... no passado brincava-se. Não tinhamos avenidas nem electricidade, em compensação a vida era facil, havia alegria e aquillo que faz os povos venturosos de que tanto se falla, como de ausente, no governo republicano: liberdade.

Depois da passagem da ultima sociedade, discutindo-se a victoria — coisa mais difficil de resolver do que, nos dias que correm, o resultado final de uma eleição, começava a debandada.

Enchiam-se os theatros e os salões das sociedades e o regresso aos lares longinquos tornava-se um problema. Os bondes subiam com gente até na tolda, o o desfile a pé por essas ruas, hoje servidas pela Light, one, então, uma, verdadeiros andarinnos, era lento e, às vezes, já ao nado, muitos dos que iam de volta, lembrando-se de que era quarta-feira de cinzas, encaminhavam-se para a primeira igreja e, ainda cheirando a bisnagas, com o resduo das libações, para-se-ia as boas com Deus entravam-ihe em casa, aspergian-se d'agua benta, faziam uma igreja devota expurgando-se dos peccados carnavalescos e, para penitenciarem-se, traçavam na fronte uma cruz com cinza de palma benta.

Hoje... os novos não mais se lembram que até se compra o ceretico de quarta-feira de cinzas, segundo ordena a igreja, porque a maioria do dá acordo de si, na da quinta-feira com a boca saburrosa e sabor do cabo de guarda-chuva.

Religião... passadinho. O progresso, que sopra fôgo forte, levou para longe as cinzas do memento...

Os puffs carnavalescos!

Nos dominios de Momo, em tempos que não vão longe, era o "puff" a verdadeira instituição. Ávido de alegria, o publico procurava as columnas dos jornaes, onde os grandes "clubs" espalhavam a "verve" estuante, em suas criações á "verso e versa, commentando as pessoas e as coisas da epoca — truando então em destaque os factos mais popularisados durante o anno.

Appareciam os "puffs" nos dias de batalha de estrepido, mas o "puff" por excellencia era o da "terça-feira gorda", com a descripção detalhadamente exagerada dos numerosos prestitos, condimentada pelas fantasias lyricas de primorosos versos sobre os carros allegoricos, prosaicamente chamados "carros de ideia", derramava-se sal e manchetes sobre os carros de critica, onde a musa ferina bordava alusões jocosas.

Isso foi pelos tempos de entrudo o de uma galhofa enardecedora, os grandes "clubs" confiavam os "puffs" aos escriptores mais em evidencia, especialisados na humorada insonte. Os leitores, além dos confrontos dos prestidos, porfiavam nos confrontos das reseinhas que se tornaram celebres, por originaes e espontaneas.

O primeiro "puff" nosso conhecido, de leitura, data de 1878, mais descriptivo do que critico, com prosa condoreira e verso inspirado; attribuio-se a autoria a Arthur

[...continua...]

9

"A NOITE" E A CIDADE

IO DE JANEIRO, CARNAVAL DE 1917. UM FATO INÉDITO marcará a história musical da cidade e fará crescer a notoriedade do jornal *A Noite*. Uma variante dos ritmos mais ouvidos na capital federal – lundu, polca e maxixe –, que começava a se tornar conhecida nos terreiros como "samba", foi aprovada, com louvor, nos séquitos carnavalescos que percorreram a cidade. Tão grande a aceitação que clubes, sociedades recreativas e demais agremiações, que jamais tocavam a mesma música em seus respectivos desfiles, entraram na avenida Rio Branco executando o samba "Pelo telefone". Seus versos, mistura de comentários jocosos, refrãos conhecidos e outros ingredientes, aludiam claramente a uma reportagem publicada pelo jornal de Irineu Marinho.

> *O chefe da polícia*
> *Pelo telefone*
> *Manda me avisar*
> *Que na Carioca*
> *Tem uma roleta*
> *Para se jogar...*

Entender o sucesso desse samba significa perceber a presença de *A Noite* na cidade, sua circulação entre diferentes grupos e por diversos bairros, a familiaridade de seus repórteres com os redutos populares, sua penetração em terreiros, sociedades recreativas e instituições similares. Significa também perceber a sutil fronteira entre informação e comunicação, muito visitada por *A Noite*. Afinal, para o êxito de "Pelo telefone" foi decisivo o fato de "toda a cidade" conhecer o chamado episódio da roleta, encenação manhosa de dois repórteres de *A Noite* em pleno largo da Carioca.

PÁGINA AO LADO:

Primeira página de A Noite *durante o carnaval de 1924, com texto de Coelho Neto e desenho de Seth.*

BIBLIOTECA NACIONAL

Reportagem em 2 de maio de 1913: uma das inspirações para a composição do samba "Pelo telefone".
BIBLIOTECA NACIONAL

"A Noite" e a Cidade

Casa da tia Ciata (quarta fachada a partir da esquerda), nas imediações da praça Onze.
ARQUIVO DA CIDADE – RJ

Ainda que não se conheça a história certa de "Pelo telefone", pois nela há muitos aspectos em disputa – a data de sua composição, seus verdadeiros autores, o significado dos versos e mesmo os versos que contém, já que existem distintas edições em circulação –, o que se pode dizer é que tanta energia aplicada a uma composição terá feito dela um assunto duradouro e de alcance generalizado. O samba, composto na tradicional praça Onze e consagrado na avenida Rio Branco, principal eixo da modernização urbanística da capital federal, foi inspirado em fatos ocorridos no largo da Carioca, núcleo da grande área onde se concentravam os negócios, as redações de jornais, os cafés e teatros e que correspondia ao que os ingleses chamavam de *City*. Sigamos seu itinerário.

Vivia na rua Visconde de Itaúna, 117, uma das ruas que compunham o quadrilátero da praça Onze, Hilária Batista de Almeida, baiana Iyá Kekerê (mãe pequena), conhecida como tia Assiata ou Ciata. Sua casa era um laboratório de ritmos e sons de diferentes procedências, praticados por pais de santo, músicos, boêmios e curiosos, constituindo o núcleo da comunidade de raiz africana no Rio de Janeiro – a "pequena África". Perto da casa de Ciata, duas sociedades recreativas começavam a se destacar na cena musical da capital federal: Paladinos da Cidade Nova e Kananga do Japão, cujo pianista se chamava José Barbosa da Silva, apelidado de Sinhô.

Em dezembro de 1916, Ernesto Joaquim Maria dos Santos, o Donga, filho de tia Amélia e assíduo frequentador do quintal de Ciata, registrou na Biblioteca Nacional o samba "Pelo telefone", ou pelo menos a parte melódica que havia arranjado. E no carnaval de 1917, o samba foi às ruas com letra atribuída ao jornalista Mauro de Almeida, apelidado Peru dos Pés Frios. No entanto, e esse é o único consenso entre os pesquisadores, o samba havia sido composto coletivamente, tendo participado de sua criação, além de Donga, a própria tia Ciata, Sinhô, Hilário Jovino, mestre Germano e Mauro "Peru dos Pés Frios" de Almeida, que logo reclamaram – principalmente Sinhô – do procedimento de Donga, de sua apropriação indevida daquela obra coletiva. Muitos anos depois, Donga reconhecerá que o momento de criação do samba ocorrera realmente em uma "roda" na casa de tia Ciata, o que já havia sido assinalado pelo jornalista Mauro de Almeida, logo após o desfile de 1917, quando, em relação à letra, admitiu não se tratar de obra autoral: "Os versos do samba carnavalesco 'Pelo telefone'... não são meus. Tirei-os de trovas populares e fiz como vários teatrólogos que por aí proliferam: arreglei-os, ajeitando-os à música que me foi oferecida, nada mais".

O sucesso de "Pelo telefone" é ilustrativo da integração dos redutos populares à vida institucionalizada da capital federal, envolvendo, no caso, o terreiro da tia Ciata, o desfile oficial dos clubes carnavalescos, as associações recreativas, a Biblioteca Nacional e a rede de mediadores, especialmente jornalistas e teatrólogos, que traduziam aquele mundo para um público mais amplo. A mediação, porém, em sentido inverso também existia, levando notícias e reportagens para a população acercada das "tias", como faziam muitos profissionais da imprensa, inclusive o repórter Mauro de Almeida.

Mauro de Almeida, a propósito, foi um dos primeiros jornalistas dedicados especificamente à crônica do carnaval, noticiando eventos, contendas, roteiros dos préstitos carnavalescos, e, com isso, tornando visível um continente subterrâneo da cidade. Em nota do grêmio Fala Gente, publicada no *Jornal do Brasil*, no dia 4 de fevereiro de 1917, consta que ele trabalhara em *A Notícia* e era, então, repórter de *A Rua* – exatamente aquele jornal que, como se viu, nasceu da diáspora dos profissionais de *A Noite*, em 1914. Talvez por isso, a letra de "Pelo telefone" tenha seu núcleo construído a partir de duas matérias publicadas no jornal de Irineu Marinho: a primeira, uma reportagem sobre o jogo da roleta, publicada em 1913; e a segunda, uma nota publicada em outubro de 1916.

No dia 2 de maio de 1913, os repórteres Castellar de Carvalho e Eustáquio Alves, pretendendo ridicularizar o chefe de polícia que, dias antes, declarara à imprensa que o jogo permaneceria liberado até que o governo resolvesse o contrário, conceberam um estratagema. Ao meio-dia, instalaram uma roleta no largo da Carioca, a metros da redação de *A Noite*, e fixaram um cartaz com os seguintes dizeres: "Jogo franco! Roleta com 32 números – só ganha o freguês!".

Na edição do jornal daquela tarde, os repórteres narraram o ocorrido. Imediatamente após a instalação da roleta, se ajuntou contingente vultoso de pessoas. Um policial se aproximou e chegou a arriscar um número, mas, percebendo que se tratava de troça, tentou recolher o pano. Os populares reunidos em torno dele não consentiram. Chamou-se, então, o delegado de polícia, que tentou acabar com a aglomeração, mas os "banqueiros do jogo" – Castellar de Carvalho e Eustáquio Alves – alegaram que o delegado estava desrespeitando a determinação do chefe de polícia de manter liberada a jogatina. Após muito tempo de discussão, já com o envolvimento de um conjunto crescente de pessoas, a roleta e o pano foram levados pelo delegado, sendo a roleta recuperada por populares, quadras à frente, e devolvida à sede do jornal. A matéria se encerrava com uma ameaça: "E cá está [na redação de *A Noite*] a roleta para uma nova 'fezinha', se o sr. dr. chefe de polícia continuar a fazer declarações tão patetas".

A repercussão da reportagem foi espetacular, se estendendo por vários dias, com desmentidos e declarações do chefe de polícia, com notícias e comentários de diversos jornais da capital federal. O assunto, como era de esperar, extravasou o âmbito dos leitores e envolveu um conjunto maior de habitantes da cidade, que o acolheu como tópico de suas conversas e o propagou por toda parte. Nos dias subsequentes, sob a retranca "O jogo é franco", *A Noite* continuará apontando a falta de fiscalização policial nas casas de jogos e em cassinos clandestinos, chegando a denunciar a ligação de políticos com proprietários de máquinas caça-níqueis. De acordo com essas reportagens, havia cerca de 5 mil pontos de jogo ilegal no Rio de Janeiro.

Em 1916, Irineu Marinho voltaria a investir contra o tema. No dia 29 de outubro, sob o título "O conflito do Palace Club", *A Noite* noticiou que brigas motivadas pelo jogo, algumas vezes sangrentas, ocorriam diariamente nos "clubes chiques" da capital federal, sem que a polícia tomasse as devidas providências. No dia seguinte, o chefe de polícia enviou um ofício à imprensa, no qual ordenava ao delegado do distrito que lavrasse auto de apreensão de todos os objetos concernentes à prática do jogo. Porém, ao final do texto, se encontrava uma estranha recomendação: "Antes, porém, de se lhe oficiar, comunique-se lhe esta minha recomendação pelo telefone oficial".

A ordem dada "pelo telefone" foi entendida como uma forma de repressão mole, "para inglês ver", e logo ridicularizada pela população. Como o alvo do escárnio era novamente o chefe de polícia e sua relação com os jogos de azar, se estabeleceu a óbvia associação entre os dois episódios – o recente e o de 1913 –, cabendo a Mauro de Almeida apenas versificar o que a população já comentava: a ligação entre a roleta e o telefone. O resultado foi o estrepitoso sucesso já mencionado; mas o efeito não previsto do samba foi que os textos jornalísticos, uma vez transformados em canção popular, terão levado a crítica muito além do contingente relativamente restrito de leitores.

A instalação da roleta no largo da Carioca – origem de uma história que se confunde com o mito de fundação do samba carioca – revela o modo de elaboração da notícia adotado pelo jornal de Irineu Marinho. Para os repórteres de *A Noite*, "notícia" não era apenas o relato de um

José Barbosa da Silva, o Sinhô. Caricatura de K. Lixto.
MUSEU DA IMAGEM E DO SOM – RJ

Caricatura de Seth sobre a matéria da roleta no largo da Carioca.
BIBLIOTECA NACIONAL

fato, mas a construção de um problema de grande apelo público, mediante abordagens curiosas, extravagantes, elas mesmas "noticiáveis". Abria-se, desse modo, uma série articulada de matérias – uma campanha –, em que o foco ora recaía no problema, ora na construção jornalística do problema. Oscar Lopes, jornalista de *O Paiz*, menos de um ano após criada *A Noite*, publicou um longo comentário sobre a "revolução" que Irineu Marinho pusera em curso. O artigo, de 3 de março de 1912, elogiava o ineditismo do procedimento, mas dizia temer suas implicações.

As matérias que Oscar Lopes selecionou para esclarecer o que considerava "revolucionário" no estilo jornalístico de *A Noite* diziam respeito ao Hospital Nacional de Alienados. Nelas, um repórter de *A Noite* se empregara incógnito na instituição, passando a descrever as condições materiais e morais a que estavam submetidos os internados – instalações inadequadas, métodos desumanos de tratamento, abandono, miséria. As denúncias – em matérias como "*A Noite* se emprega no hospício para assistir a uma série de monstruosidades" ou "A primeira noite de um repórter no hospício" – levaram autoridades a vistoriar o hospital e a questionar a conduta do repórter. De acordo, então, com Oscar Lopes, a inovação de *A Noite* consistia em conceber reportagens em que o autor se camuflava para melhor exercer um papel investigativo. E o aspecto criticável dessa iniciativa dizia respeito à exacerbação da crença do homem comum na notícia, uma crença irrefletida, açulada, ainda mais, pelo discurso em tom testemunhal do repórter.

> *Ligam-me à* Noite, *simpatias e afeições que não se destroem facilmente [...]. Assim estou perfeitamente à vontade para dizer duas palavras sobre as escandalosas narrativas que* A Noite *vem fazendo, sob o título "O palácio dos suplícios", a propósito do Hospital Nacional de Alienados.*

Pode-se dizer desse jornal, sem o mínimo favor que ele revolucionou os nossos processos de imprensa. [...] Todos nós sabemos o que A Noite *representa: o resultado [...] de um digno gesto de independência...*

[...] Os seus processos de reportagem são admiráveis. Mesmo agora, no caso do Hospital de Alienados, caso que eu não posso aplaudir, o mecanismo posto em prática para obter as informações é perfeitamente imprevisto e, ao que parece, absolutamente inédito no nosso meio.

Disse que não posso aplaudir. É justo que declare por quê. A Noite *colocou um seu representante na intimidade do Hospital. [...] Foi por meio dessa burla que o hábil repórter conseguiu reunir as suas impressões e exteriorizá-las por intermédio do seu jornal. [...] A campanha tem durado dias sucessivos, progressivamente exaltando no público um sentimento natural de horror. Porque o leitor para quem a revelação é dirigida [...] não refletirá [...]. Está no jornal! É sagrado...*

Receio os resultados desse fetichismo. Por esse lado, a reportagem de A Noite *contra o hospício pode acarretar os mais sérios desgostos.*

Caricatura de Seth, em maio de 1915, aludindo aos disfarces dos repórteres de A Noite.
BIBLIOTECA NACIONAL

A utilização de recursos dramatúrgicos pelo jornal *A Noite* foi percebida por seus contemporâneos. Tinham clareza – Oscar Lopes à frente – do enlace que aquele jornal estabelecera entre reportagem e drama, realidade e ficção. Mesmo os membros de *A Noite* brincavam com isso, como revela a caricatura do já famoso Seth, publicada em 5 de outubro de 1915, em que um mendigo estende a mão para um cavalheiro e esse retruca: "Hum... você me está com cara de repórter de *A Noite*...".

No caso específico da série "O palácio dos suplícios" há ainda um bônus romanesco, uma curiosidade que fez com que a notícia ganhasse mais atenção. É que o repórter destacado para a elaboração da matéria, José Francisco da Rocha Pombo, era filho do romancista e historiador Rocha Pombo, que havia publicado anos antes, em 1905, o romance simbolista *No hospício*. A história não guarda semelhanças notáveis com a reportagem, exceto pelo fato de que, na ficção, um homem sadio resolve se internar em um hospital de alienados, a fim de lá conhecer determinado personagem, recolhido – talvez injustamente – por seu pai...

É difícil avaliar o quanto se conhecia, no Brasil, acerca do movimento internacional de democratização dos jornais e massificação das notícias que, iniciado em fins do sé-

PÁGINA AO LADO:

Lançamento do concurso "Qual a mulher mais bela do Brasil?", que se estendeu de setembro de 1921 a abril de 1923.

BIBLIOTECA NACIONAL

culo XIX, não cessará de buscar novas formas de fazê-lo. Mas, vista de agora, a intenção de tocar a sensibilidade da população do Rio de Janeiro era claríssima em *A Noite* – o que, aliás, ajuda a compreender como um jornal originalmente sem lastro econômico, nascido da iniciativa de jornalistas pobres, pôde sobreviver, ampliar e diversificar suas atividades, tornando ricos, em pouco tempo, seus acionistas.

A Noite conceberá inúmeras reportagens análogas à citada por Oscar Lopes. A seleção, a seguir, ilustra o vasto repertório de temas e abordagens desenvolvido por seus profissionais. Uma das primeiras séries publicadas – intitulada "A comédia do casamento" e iniciada em março de 1913 – pretendeu denunciar irregularidades no âmbito dos cartórios, envolvendo escrivães e oficiais dos registros. O espetacular, nesse caso, é que o repórter que se disfarçou e, nessa condição, subornou os escrivães, foi levado por eles à polícia, pelo crime de falsidade ideológica. E, nos dias seguintes, não mais como "autor" da matéria, mas como réu e, portanto, "personagem" dela, terá seu comportamento julgado por um comitê de juristas e advogados constituído por *A Noite*, empresa de que era, afinal, funcionário. É claro que os debates entre os membros daquele comitê foram publicados e o caso transcorrerá por semanas, mantendo aceso o interesse dos leitores até o desfecho.

"Como é fácil roubar" foi uma campanha, cuja matéria original constou da edição de 13 de maio de 1915. Nela, dois repórteres de *A Noite* resolveram denunciar a fragilidade do sistema de proteção às obras de arte, aos livros e aos objetos históricos de museus e bibliotecas da capital federal. Para ilustrar sua hipótese, simularam alguns furtos. O primeiro foi realizado à luz do dia, na Escola de Belas Artes, atual Museu Nacional de Belas Artes, situado em plena avenida Rio Branco, de onde levaram um quadro de São João Batista, de Victor Meirelles. O segundo furto ocorreu também naquelas imediações, no prédio da Biblioteca Nacional, mais precisamente na Seção de Obras Raras, de onde foi subtraído o livro *Mémoires relatives à la révolution*, do conde Bertrand de Moleville, pertencente à coleção D. Thereza Christina Maria. O terceiro teve como cenário o Museu Naval, de onde se sacou um escudo de couraçado brasileiro; e, por fim, o quarto, incidiu sobre um soquete de pilão, até então abrigado no Museu Nacional da Quinta da Boa Vista. Na data da publicação da reportagem, todos os objetos, evidentemente, foram entregues à polícia.

Reportagens sobre abortos clandestinos no Rio de Janeiro terão também grande apelo, sendo um dos temas recorrentes do jornal *A Noite*, com matérias publicadas desde seus primeiros anos de existência. Nos dias 24 e 25 de outubro de 1913, por exemplo, o jornal estampou: "Uma ignóbil exploração que a polícia não vê – o aborto tornado indústria franca"; em 14 de abril de 1915, foi publicada a matéria "A escandalosíssima indústria do aborto"; em 8 de fevereiro de 1918, "O segredo profissional e os crimes – a provocação do aborto se pratica franca e impunemente em nossa capital – uma palestra com um médico legista"; e no dia 15 de agosto de 1921, *A Noite* trará novamente à tona a questão. Dessa vez, porém, convidou uma mulher para colaborar com a re-

"A Noite" e a Cidade

"A Noite" e a Cidade

PÁGINA AO LADO:

Durante um mês, o repórter Eustáquio Alves caracterizou-se como o faquir hindu Djogui Harad, recebendo mais de 380 clientes. A Noite _criticou a exploração da crendice popular em matérias publicadas a partir de 14 de dezembro de 1915._

BIBLIOTECA NACIONAL

portagem. Sua tarefa consistiria em visitar três parteiras "fazedoras de anjos" em seus respectivos consultórios, convencendo-as a realizar o procedimento em sua casa, em diferentes horários. Foram, então, convocados pela reportagem o médico da Saúde Pública Bonifácio da Costa e o delegado Nascimento e Silva, que esperaram o início dos trabalhos para prender, cada uma delas, em flagrante.

Além dessas campanhas de tipo mais frequente, em que o narrador é parte da cena narrada, _A Noite_ testará outras possibilidades de ampliação do seu público, inclusive em termos nacionais. Em 1921, por exemplo, a ideia de promover o concurso intitulado "Qual a mulher mais bela do Brasil?" resultou na constituição de uma verdadeira "rede nacional" de jornais interessados em participar da iniciativa, sob o comando de _A Noite_. A campanha, deflagrada como parte das comemorações do Centenário da Independência do Brasil, se estenderá pelo ano de 1923, tendo em vista o grande número de participantes e as dificuldades logísticas envolvidas. Foi tida, porém, como muito bem organizada, sobretudo do ponto de vista da divulgação, que contou, como em empreendimentos anteriores de Irineu Marinho, com o teatro de revista. O autor teatral Oduvaldo Vianna incluirá o quadro "Qual a mulher mais bela do Brasil?" na revista _Ai, seu Mello!,_ de sua autoria, encenada com estrondoso sucesso no recém-inaugurado teatro Centenário, na praça Onze.

O concurso trará quarenta finalistas ao Rio de Janeiro, cabendo o primeiro lugar à _miss_ São Paulo, Maria José (Zezé) Leone. Além do prêmio principal – uma casa na cidade de Santos, onde vivia –, a vencedora conhecerá grande popularidade: "Zezé Leone" será nome de rua, de sobremesa, de uma locomotiva, marca de perfume e mote de um maxixe! Encenará, além disso, o filme _Sua majestade, a mais bela!,_ de Alberto Botelho, parceiro recorrente de Irineu Marinho em situações consideradas dignas de registro – a primeira delas, a festa de terceiro aniversário de _A Noite_, no restaurante do morro da Urca, exibida em 13 de agosto de 1914 no Cine Odeon.

A maior campanha de _A Noite_, porém, aquela que se tornou, por muito tempo, uma lenda entre jornalistas brasileiros, foi a que pretendeu denunciar o charlatanismo, as ciências ocultas, os curandeiros, os quiromantes e outros tipos de adivinhos que, de acordo com o jornal, colonizavam a imaginação de todas as classes sociais no Rio de Janeiro. Contra isso, _A Noite_ concebeu a famosa reportagem do faquir – publicada em 15 de novembro de 1915, com desdobramentos até pelo menos o início do ano seguinte.

A produção da reportagem foi trabalhosa. Um mês antes da publicação da matéria, em meados do mês de outubro, foi preparado o cenário em que ela teria vigência. Primeiro, a equipe do jornal alugou uma casa na rua Evaristo da Veiga, na Lapa, para servir de consultório ao faquir hindu Djogui Harad. O personagem, "interpretado" pelo repórter Eustáquio Alves, foi caracterizado e maquiado pelo caricaturista Vasco Lima, que também decorou o ambiente e constituiu a equipe do faquir: um criado chamado João, um secretário e intérprete (vivido pelo repórter e fotógrafo J. Cfuri,

148

"A Noite" e a Cidade

A NOITE

Rio de Janeiro — Terça-feira, 14 de Dezembro de 1915

UM AUDACIOSO INQUERITO DA "A NOITE"
A sensacional historia de um fakir
Castigo e aviso ás almas credulas

que havia sido correspondente de *A Noite* na Turquia e no Egito) e um porteiro (Mario Lima, irmão de Vasco Lima), que faria o controle da entrada e saída dos consulentes. Durante um mês, o faquir terá atendido 385 clientes.

No dia 14 de dezembro, informada por repórteres de *A Noite*, a polícia "estourou" o consultório, levando toda a trupe para a delegacia. Do "estouro" participaram também os operadores do Cine Palais, que, a pedido de *A Noite*, registraram em película a prisão de Djogui Harad, isto é, de Eustáquio Alves. Em seguida, a equipe filmou a simulação de uma consulta e todo o material foi editado e exibido, com enorme audiência, dois dias após a publicação da reportagem. Esta, por sua vez, consistiu em revelar ao público o "passo a passo" da produção: a caracterização dos personagens, a confecção do cenário, os truques utilizados, a linguagem do faquir e sua tradução pelo secretário Cfuri, os postos de observação na casa, histórias dos consulentes, seus respectivos perfis psicológicos, bem como os conselhos e previsões dados pelo faquir:

> *O terceiro dia transcorria sem que tivéssemos tido ainda um bom caso, um caso sensacional, um cliente ilustre, um homem aparentemente superior às baixas crendices populares, um exemplo característico do que desejávamos provar com a nossa reportagem [...].*
>
> *Bem sabíamos nós da facilidade com que a gente das camadas inferiores da sociedade acredita quantas patranhas lhe impingem os exploradores de todos os matizes. Essa espécie de clientes, que confundem passes de nigromancia com o culto da religião que adotam, e tanto respeitam os sacerdotes católicos como os faquires que a troco de algumas cédulas lhes dizem bobagens banais ou lhes impingem beberagens que a higiene pública não fiscaliza, daria sem dúvida farta colheita para o desmascaro da exploração que se desenvolveu nesta cidade.*
>
> *Mas não era só isso o que queríamos: queríamos principalmente pessoas de cultura, senhoras e cavalheiros que, frequentando rodas mais altas, recorrem como os mais ignorantes à prática de "ciências", que se alguma coisa de oculta realmente tem é o intuito do lucro, a fome de dinheiro de seus miseráveis praticantes. Faltavam-nos, enfim, os casos ilustres que dariam ao inquérito o largo interesse que precisava ter.*
>
> *A esse respeito devemos confessar a dúvida que durante alguns dias trabalhou o nosso espírito. Temíamos que essa gente da "alta" não se encaminhasse para o consultório do nosso faquir por causa da rua em que o instalamos. Se fosse no Catete... Mas essa dúvida desapareceu em pouco tempo. O crédito do faquir, os anúncios que vários dos nossos colegas aceitaram sem hesitação, o ruído que a pouco e pouco fomos fazendo em torno de suas virtudes e saberes haviam de vencer a repugnância que por acaso tivessem os nossos tão ardentemente desejados consultantes. E foi o que se deu...*

Constarão também da reportagem a visitação pública ao consultório e as repercussões do episódio entre políticos, jornalistas e outras personalidades relevantes da capital federal. O teatro Trianon apresentará a peça *O faquir* de *A Noite*, "leve comédia em dois atos", escrita pelo teatrólogo português Alexandre de Albuquerque e estrelada pelo ator Carlos Abreu. Além disso, durante os meses de janeiro e fevereiro de 1916, o "faquir" Eustáquio Alves será convidado a realizar conferências no Rio de Janeiro, em Juiz de Fora, Belo Horizonte e Friburgo sobre os exploradores da credulidade dos brasileiros, nas quais exibia o filme editado pelo Cine Palais. Por fim, como não poderia deixar de ser, no Carnaval daquele ano o episódio do faquir foi rememorado e desfilou no carro dos Tenentes do Diabo.

Anúncio do filme sobre a célebre reportagem do faquir, exibido nos cinemas Palais e Ideal em dezembro de 1915.
BIBLIOTECA NACIONAL

Tão forte foi a marca deixada por aquela campanha, que, às vésperas da década de 1960, ainda era possível mencionar – sem espanto do interlocutor – o "episódio do faquir". Em entrevista concedida ao jornal *O Globo*, em dezembro de 1957, Sílvio Leal da Costa, irmão de Antônio Leal da Costa, amigo de Irineu Marinho, comentou o seguinte: "A reportagem do faquir [...] pôs em funcionamento uma notável conjugação de fatores, para a desmoralização de um dos muitos embustes de que têm vivido até hoje os exploradores da credulidade popular. [...] Com *A Noite* ficou provado como se pode embair os crédulos aos poderes misteriosos dos adivinhos".

Da relação que o jornal *A Noite* manteve com a cidade é possível destacar umas tantas características, a começar pelo agenciamento dos debates públicos que tinham curso na capital federal, quando então fazia orbitar à sua volta um público bem maior do que aquele constituído exclusivamente por leitores. Teatralização, espetacularização e boa dose de moralização foram aspectos da estratégia comunicativa posta em prática pela imprensa norte-americana e europeia no início do século XX, que, com a devida aclimatação, vestiu também o jornalismo praticado por Irineu Marinho.

Importante foi, ainda, o fato de *A Noite* ter arranhado um dos principais problemas das cidades modernas: sua integração sociocultural. Sem que isso fosse sua atribuição, pois a questão da segmentação urbana possui múltiplas e complexas determinações, impossíveis de serem sanadas por um jornal, percebe-se que *A Noite* constituiu, com reportagens fotográficas, charges e textos ágeis, uma espécie de "língua franca", capaz de atenuar fronteiras sociais e intelectuais da cidade. Foi o jornal dos cariocas – já o disse Nelson Rodrigues –, cortando transversalmente os diferentes públicos da capital federal. Porém, a gramática da reportagem, em que tanto investiu Irineu Marinho, não atuou sozinha. Afirmou-se em meio à evolução do ramo do entretenimento, sobretudo do teatro popular, que facultou a disseminação de temas que, de outra forma,

Cenas do filme A quadrilha do Esqueleto, *de 1917.*
ACERVO ALICE GONZAGA / CINÉDIA

PÁGINA AO LADO:

Desenho de Raul Pederneiras para o filme A quadrilha do Esqueleto.
ACERVO ALICE GONZAGA / CINÉDIA

"A Noite" e a Cidade

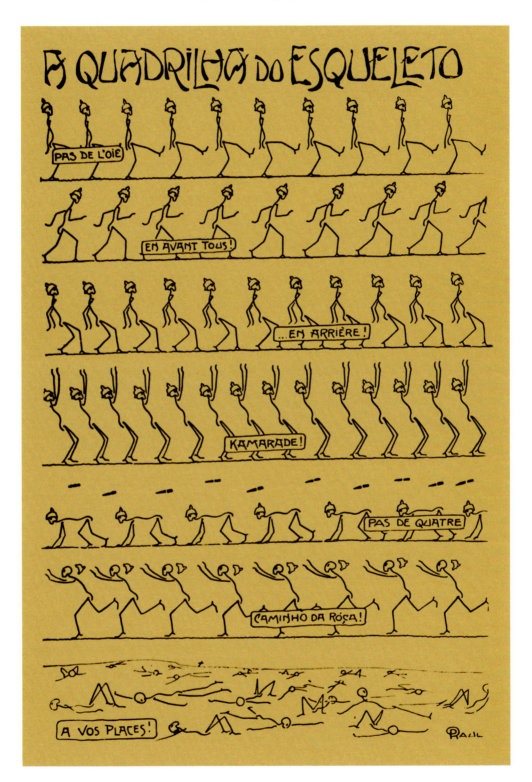

não circulariam em sociedade tão conservadora. Parodiando a afirmação de Christophe Charle, pesquisador dos teatros de *boulevard* em capitais europeias do século XIX, uma vez encenados o roubo, a corrupção, a prostituição ou a infidelidade em revistas de grande sucesso, as reportagens sobre aqueles temas teriam seu caminho desimpedido – o que terá aproximado, cada vez mais, um jornal como *A Noite* e a cena teatral.

A Noite selou também fortes vínculos com o cinema. Como já se disse, Irineu Marinho iniciou sua incursão nesse campo mediante sociedade estabelecida entre a firma Marques, Marinho e Cia., proprietária do jornal *A Noite*, e Antônio Leal, fotógrafo português, dono da Leal-Film e proprietário do cinema Palace. É provável que no período compreendido entre os anos de 1916 e 1917 tenham realizado o filme *Lucíola*, que estreou no cinema Odeon, no dia 11 de dezembro de 1916, com ampla divulgação nas páginas de *A Noite*, porém sem menção ao nome de Irineu Marinho. No início de 1917, a Leal-Film se encontrava economicamente falida, o que motivou o rompimento da sociedade. Irineu Marinho logo convenceria Marques da Silva a criar uma nova produtora, a Veritas Film, responsável pela elaboração de quatro películas ao longo daquele ano: o já mencionado *A quadrilha do Esqueleto*, o drama *Ambição castigada*, a comédia de costumes *Um senhor de posição*, e *Rosa que se desfolha,* baseado em peça teatral de Gastão Toujeiro, exibido no cinema Pathé apenas para convidados, quando terá sido comparado, por seu apuro técnico, às películas da norte-americana Fox Films. O fato é que os gastos envolvidos em todas essas filmagens e o baixo rendimento da Veritas Film – apesar das numerosíssimas e sempre lotadas sessões de exibição – terão sido o motivo da quebra da sociedade entre Irineu Marinho e Marques da Silva, em maio de 1918.

No cinema que produziu, assim como no teatro popular a que foi tão ligado, Irineu Marinho buscou ampliar as cadeias de entendimento entre um público de pouca familiaridade com as letras e as mudanças trazidas pelo novo século. Talvez por isso jamais tenha considerado como concorrentes os diferentes veículos de comunicação. Foi dono de jornal e produtor cinematográfico de películas empenhadas em descrever "[...] com grande verdade, alguns tipos de nossa malandragem", isto é, películas explicativas daquele mundo, daquele tempo. Foi também proprietário e ativo editor da chamada Empresa de Romances Populares, do que é prova a carta que escreveu a Vasco Lima, quando se encontrava preso na ilha das Cobras, em 17 de setembro de 1922:

> *Esta noite eu tive uma ideia, que, aliás, não me está parecendo muito nova; penso mesmo que me acode pela segunda vez. Se editássemos em livros, com boa aparência, as crônicas do velho Vieira Fazenda, agindo-se de acordo com a família e pagando-se a esta uma percentagem razoável? A coletânea poderia ser feita com algum trabalho, não só compulsando-se a coleção de* A Notícia, *como pedindo o auxílio do sempre amável Max Fleuiss. Parece-me que a tentativa deve ser coroada*

de algum êxito, porque está esgotada a edição de vários livros do gênero, o que mostra que há para este muitos apreciadores. Poderíamos enriquecer o volume com algumas ilustrações apropriadas, o que também não se me afigura muito difícil. Para a Empresa, creio que não seria mau. E é só.

Pela Empresa de Romances Populares, *A Noite* publicou, de Lima Barreto, o já mencionado *Numa e a ninfa* e, postumamente, o *Bagatelas*; romances em fascículos, como *Sr. Lupin – a herança trágica*, de Constant Guéroult, cujo lançamento foi precedido de bem concebida campanha publicitária, que indagava ao leitor sobre a identidade do sr. Lupin; livros de arte, história e outros títulos mais populares, como *No mundo dos espíritos*, resultado de um inquérito realizado por *A Noite* e redigido, mais tarde, por Leal de Sousa, e *Os crimes célebres do Rio de Janeiro*, de Hermeto Lima. Publicou também o *Almanaque d'A Noite para o ano de 1917*, volume extraordinariamente cuidado, contendo ilustrações a traço de Vasco Lima, e dividido em duas partes: a primeira, informativa, reunindo datas importantes, dados sobre impostos, cinemas e teatros, consulados e bancos, além de horários de trens e barcas; e a segunda, agrupando textos de Coelho Neto, Manuel Bonfim, Júlio Verne, Lima Barreto, João Ribeiro e muitos outros, trazendo também piadas, fotografias, poesia, reportagens, análises de política internacional, puericultura e futebol.

Por fim, importa também sublinhar que *A Noite* acompanhou um tipo de modernização cultural do Rio de Janeiro de que serão protagonistas artistas, diretores, críticos, dramaturgos, músicos, maestros e, logo adiante, radialistas e empresários da indústria fonográfica. Em outras palavras, na capital federal, a disputa em torno da noção de "moderno", sua caracterização e agenciamento, compreendeu significativa presença de intelectuais oriundos dos estratos médios ou mais pobres ainda, como Pixinguinha, pelo menos até o final dos anos 1920. Eles não se viram excluídos ou confinados em guetos quer do ponto de vista social, quer do ponto de vista étnico ou urbano. Ao contrário, seu domínio sobre a cidade acompanhou o

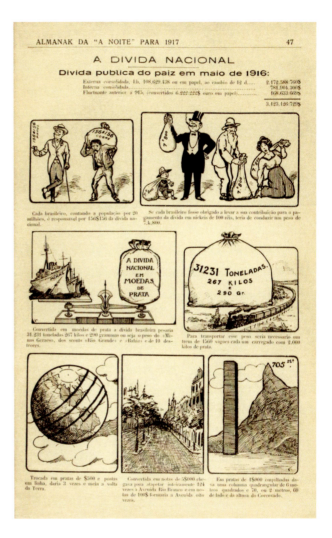

Almanaque d'A Noite para o ano de 1917, *com ilustrações de Vasco Lima.*
MEMÓRIA GLOBO

Os Oito Batutas em seu regresso da vitoriosa turnê europeia. A Noite *criticou sistematicamente o preconceito racial de que o grupo era alvo.*
BIBLIOTECA NACIONAL

prestígio que suas atividades auferiam por obra, em grande parte, da imprensa, sobretudo de *A Noite* e de alguns outros poucos jornais com características assemelhadas.

Se até os anos de 1910 a comunicação entre aqueles artistas e o conjunto da cidade era informal e descontínua, sustentada em personalidades isoladas, dentre as quais Ernesto Nazareth ou Chiquinha Gonzaga, a partir daí, com o concurso de jornalistas, repórteres e cronistas, se desenvolveram elos mais consistentes entre os diferentes grupos e classes sociais da cidade. E o resultado foi que, em 1919, a elite da capital federal já podia frequentar a boa música de Donga, Pixinguinha e seu grupo proveniente da praça Onze em um ambiente requintado, como era a sala de espera do Cine Palais, de onde partiriam em viagens pelo Brasil, incentivados por Irineu Marinho e patrocinados por Arnaldo Guinle. Anos mais tarde, em depoimento ao Museu da Imagem e do Som (MIS), Donga registraria sua gratidão para com Irineu Marinho: "Foi um Deus para os Oito Batutas. Se não fossem o Arnaldo Guinle e o Irineu Marinho não existiriam os Oito Batutas".

De qualquer forma, as matérias que ilustram a participação de *A Noite* no debate sobre a moderna cultura nacional são as que têm curso a partir de 1920, referentes à formação dos Oito Batutas. Desde a sua estreia, em 16 de junho daquele ano, com a opereta *Flor de Tapuya*, *A Noite* se associará à defesa do grupo contra o preconceito racial de que seus membros vinham sendo vítimas, tendo, para isso, encetado decidida campanha de divulgação, com coberturas quase diárias das suas atividades, como a que se lê em 12 de agosto de 1921:

> *Os Oito Batutas, os festejadíssimos músicos nacionais que no seu gênero original não têm até hoje competidores, fazem na semana vindoura sua reaparição ao público carioca. Os Oito Batutas aproveitam os quinze dias que estão nessa capital, de regresso de sua bem-sucedida excursão pelos estados do Norte, não somente para um justo descanso como para fazerem a coletânea das últimas composições nortistas que trouxeram daquela viagem, e que darão agora a conhecer à plateia de nossa cidade. Os Oito Batutas se apresentam de novo na Avenida, no Trianon, numa vesperal, às quatro horas de quarta-feira próxima.*

Música, teatro, cinema, folhetim, enquetes populares, romances seriados, charges – produtos de um campo cultural em formação, que, malgrado sua timidez, conferiu prestígio e riqueza aos que dele participaram. *A Noite*, jornal de Irineu Marinho, será central nesse processo; e uma das campanhas que traduzem a posição do jornal no campo será relativa aos Oito Batutas.

Ao final do ano de 1921, já estava clara a intenção de associar aquele grupo de músicos à representação do tema nacional, à afirmação de uma "marca" especificamente brasileira, digna da Exposição Internacional de 1922, em preparação no Rio de Janeiro. Com os Oito Batutas viriam os temas da miscigenação, da troca cultural entre regiões geográficas e sociais, da musicalidade popular – todos derivados do debate que se travou naqueles anos. Tão decisivos que, logo, extrapolariam o ambiente da sua produção – a capital federal – e o contexto festivo do Centenário da Independência, para representar metonimicamente o Brasil.

N° 213

Signalement
Age 48 ans
Taille 1m 70
Cheveux grisonnants
Sourcils chatains
Yeux "
Front large
Nez effilé
Bouche moyenne
Menton rond
Barbe rasée
Visage long
Teint clair
Signes particuliers Chauve

République des Etats Unis du Brésil

PASSEPORT CONSULAIRE

Nous,

Consul Général du Brésil

Prions et requérons tous ceux à qui il appartiendra de laisser sûrement et librement passer Monsieur Irineu MARINHO, marié, journaliste, natif de l'État de Rio de Janeiro, accompagné de sa femme, née Pisani, et de ses enfants Roberto, Heloisa, Ricardo, Hilda et Rogerio, agés, respectivement de 20, 17, 15, 10 et 5 se rendant au Brésil------------------------------------sans leur donner ni souffrir qu'il leur soit donné aucun empêchement mais au contraire de leur accorder aide et assistance au besoin.

En foi de quoi, Nous les avons muni du présent Passeport, valable pour un an.

Fait à Lisbonne le 9 Février 1925.

10
SOL DE CARTOLINA AMARELA

A PRISÃO DE IRINEU MARINHO, EM 5 DE JULHO DE 1922, não era esperada, mas previsível. Seu jornal *A Noite* nascera independente e se mantivera assim durante todos os governos que se sucederam ao ano de sua fundação. Era órgão bastante crítico da dominação oligárquica e se posicionava, sem rodeios, contra uma República que não representava a totalidade da nação. À frente de um jornal com tais características, Irineu Marinho talvez não fosse muito estimado no palácio do Catete. Mas não serão suas convicções apenas que o levarão à prisão.

O Brasil, ele próprio, vinha mudando, endurecendo: avizinhava-se uma crise de grande extensão. No plano econômico, as dificuldades consistiam no fato de o país possuir uma pauta de exportação limitada, centrada no café, em um mundo crescentemente autárquico e protecionista. Em fins do século XIX, esse problema era pouco notado, pois os cafeicultores brasileiros detinham praticamente o monopólio da produção mundial. Mas, após a Primeira Grande Guerra, a concorrência fará despencar o preço do café, levando o governo brasileiro a tomar algumas providências. As medidas exigidas pelos cafeicultores paulistas consistiram na depreciação do câmbio e em enormes gastos públicos para comprar estoques e segurar a queda dos preços. Essa política desequilibrou financeiramente o país, que precisou emitir moeda, alimentando a espiral inflacionária.

Assim, Epitácio Pessoa, o presidente que assumira o posto pretendendo sanear financeiramente o Brasil, viu seu mandato escoar sob o signo da crise econômica, da pressão das oligarquias cafeeiras e do descontentamento da população urbana, às voltas com a elevação do custo de vida. Muito do clima de agitação das cidades brasileiras naquele momento se deveu à consciência dos consumidores de que ali se pagava a conta do café. Não foram os únicos a acusar o golpe. Menos graves em São Paulo, em virtude da integração da indústria com o setor agrário exportador, as dificuldades do pequeno empresariado estacionado na capital federal definiram os destinos de muitos deles, sobretudo dos que

PÁGINA AO LADO:
Passaporte da família Marinho emitido pelo consulado brasileiro em Lisboa, em fevereiro de 1925. O documento traz as fotografias dos viajantes: Francisca, Irineu e Hilda na foto superior e Roberto, Heloísa, Ricardo e Rogério na inferior.
MEMÓRIA GLOBO

dependiam da importação continuada de máquinas ou outros itens, como era o caso dos jornais. 1921, aliás, foi o ano de reestruturação da empresa de Irineu Marinho e de tomada de empréstimo para fazer face às dificuldades do momento.

No plano político-institucional também se avolumavam tensões. Publicistas como Oliveira Vianna e Alberto Torres – este último contratado, como se viu, por *A Noite* – denunciavam o chamado "idealismo" da Constituição brasileira, isto é, o desencontro entre os elevados princípios republicanos e as práticas rebaixadas que caracterizavam a política nacional: o coronelismo, o voto de cabresto, a falsificação de resultados eleitorais, a corrupção, a ausência de liberdade. Tal diagnóstico frequentava as páginas de *A Noite* e era corrente ao final da Primeira Grande Guerra, mas se tornará potencialmente explosivo quando novos personagens adentrarem o mundo urbano brasileiro, especialmente o movimento operário, os setores médios profissionalizados e a juventude militar.

Nesse sentido, durante sua primeira década de existência, o jornal *A Noite* vivera um tempo bastante agitado, cujos conflitos políticos, porém, restringiam-se a disputas entre oligarquias dominantes e dissidentes. Naqueles anos, a crítica, o humor corrosivo dos chargistas, tudo o que distinguia *A Noite* encontrava audiência; mas não havia, propriamente, portadores políticos de um novo arranjo republicano. Ao jornal de Irineu Marinho, por isso, se "consentia" o atrevimento, a radicalidade de suas denúncias, pois, a despeito da intensidade com que o fizesse, estavam dados os limites para o que poderia advir de intervenções daquele tipo.

O sistema, porém, começou a apresentar sinais de desequilíbrio na passagem da década de 1910 à de 1920. As grandes greves operárias de 1917, 1918 e 1919 inauguraram um tempo de eclosão de movimentos sociais, culturais e militares que prenunciava o esgotamento do domínio oligárquico. *A Noite* acompanhou atentamente o movimento grevista de 1917, noticiando em sua primeira página, durante quase todos os dias do mês de julho, os desdobramentos das negociações, a adesão progressiva de diferentes categorias profissionais, as cargas policiais sobre a massa de trabalhadores, os sucessos e os recuos do movimento. O mesmo se dará nos anos seguintes, até atingir seu ápice com a rebelião tenentista de 1922 e seus desdobramentos em 1924 – a chamada Revolução Paulista – e 1925, quando oficiais de nível intermediário do Exército darão início a uma marcha pelo interior do país – a coluna Prestes.

Aquele foi o contexto da prisão de Irineu Marinho. Por quê?

1922 foi um ano intranquilo na capital federal. Vivia-se o embate entre bernardistas e nilistas, na disputa eleitoral para a sucessão do presidente Epitácio Pessoa. Artur Bernardes representava os interesses das oligarquias de Minas Gerais e São Paulo: era o candidato da coligação "café com leite". Nilo Peçanha sustentou uma candidatura até certo ponto inesperada, à frente do movimento Reação Republicana. Os bernardistas estavam certos de sua vitória, mas, a partir de outubro de 1921, quando vieram à tona as cartas insultuosas a Hermes da Fonseca e Nilo Peçanha atribuídas a Artur

Sol de Cartolina Amarela

Bernardes, muitos militares aderiram ao movimento da Reação Republicana, tornando menos previsível o resultado das urnas. As eleições se cumpriram na data prevista – 1º de março de 1922 – e a apuração dos votos, controlada pela máquina oficial, deu a vitória a Artur Bernardes. Seus adversários políticos, porém, não reconheceram a derrota, mantendo seus líderes em debate aberto com as forças bernardistas. O clima foi se tornando mais tenso e em meados do ano já se falava abertamente em golpe militar. O presidente Epitácio Pessoa pediu a decretação do estado de sítio no Rio de Janeiro e no Distrito Federal, obtendo votos até mesmo de deputados da Reação Republicana. Temia-se a desordem, o descontrole das massas incitadas por interlocutores perigosos –, entre os quais a imprensa popular.

Ao movimento operário de poucos anos antes, com suas demandas por institucionalização do mundo do trabalho, agregava-se agora, no cenário social e político brasileiro, o movimento militar, cuja rejeição à política oligárquica traduzia, entre outras coisas, o próprio crescimento das cidades, a diversificação das atividades econômicas e a emergência de setores médios desejosos de participação pública. Classe operária e militares – os novos atores do jogo político nacional sacudiram a cena republicana e alertaram as oligarquias quanto aos riscos de virem a ser deslocadas por projetos políticos alternativos, por outros desenhos de nação. Por isso, a rebelião dos tenentes do forte de Copacabana desencadeou tão dura repressão por parte de Epitácio Pessoa. E os anos que se seguiram, sob a presidência de Artur Bernardes, verão o país mergulhado no estado de sítio, buscando conter os movimentos militares que agora eclodiam em diferentes pontos do país.

Mudou também o tom com que as autoridades se referiam à imprensa oposicionista; e os órgãos tradicionalmente mais vigiados, como *A Noite* ou o *Correio da Manhã*, por exemplo, serão os que terão seus proprietários advertidos e mais rapidamente encarcerados. Irineu Marinho era, sabidamente, antioligárquico, e seu flerte com o tenentismo tinha essa precisa razão. Ser preso nessa conjuntura, portanto, dizia mais dos perigos encerrados no contexto do que propriamente de suas convicções. Essa é uma presunção que atribui o encarceramento de Irineu Marinho não tanto às suas ideias, de resto, invariáveis desde a fundação de *A Noite*, mas à força que o seu jornal conquistara ao longo daquele tempo, e ao perigo que isso representava em contexto tão sensível. Enfraquecer o jornal, cortar o impulso ascendente de *A Noite*, fracionar a "panelinha" dos jornalistas, repetindo o que ocorrera em 1914, durante o estado de sítio decretado por Hermes da Fonseca, pode ter sido uma ideia presente no cálculo de seus antagonistas.

Jornal perigoso, no plano nacional, era tido também como impertinente, no local. Das autoridades que atuavam na cidade, Irineu Marinho e *A Noite* conheciam certa hostilidade, após uma década de críticas ao seu trabalho. Em relação à polícia, por exemplo, *A Noite* exigia respostas imediatas para as suas indagações, providências em relação às suas denúncias, agilidade no cumprimento das funções que cabiam aos policiais, rigor, inteligência. Eram embates cotidianos, tanto mais porque a própria elaboração das reportagens de *A Noite* assim o exigia – os repórteres desafiavam as rotinas urbanas, como no caso da instalação da roleta no largo da Carioca, e os policiais tentavam restaurá-las, quando, então, se tornavam parte da matéria publicada, quase sempre ridicularizados por suas intervenções malsucedidas.

Mas em relação às autoridades policiais, isso ainda não era tudo. *A Noite*, a *Gazeta de Notícias* e o *Correio da Manhã* faziam insinuações frequentes quanto ao fato de os chefes de polícia acobertarem práticas de coerção eleitoral exercidas por bandidos. Repórteres e cronistas daqueles jornais alegavam que os policiais, por conveniência ou temor de perder seus empregos, protegiam bandoleiros e gatunos no exercício da função de cabos eleitorais, deixando-os livres para praticar diversos crimes pela cidade. Essa era uma acusação grave, que engrossava o ódio das autoridades em relação aos jornalistas que tinham circulação no ambiente popular, atribuindo-lhes capacidade de inflamar a opinião pública e de indispô-la contra a ordem. Por isso, é fácil afirmar que, junto às autoridades locais, Irineu Marinho também não angariava simpatias e, portanto, não terá a seu lado personalidades benevolentes que costumam interceder pela liberdade de expressão em conjunturas políticas mais turvas.

Porém, o que talvez mais pesasse contra Irineu Marinho era algo difuso, sutil, alguma coisa próxima daquelas indisposições não mensuráveis que a sociedade mantém em relação a determinados personagens – algo que, se não o enjeita, também não o acolhe completamente; e que, se o vê em desgraça, manifesta sentimentos ambíguos em relação a isso. No caso de Irineu Marinho, pesava, talvez, a desarmonia evidente entre o empresário bem-sucedido, já então rico, e sua dificuldade em portar os símbolos associados àquela posição. Tal desequilíbrio é perturbador em qualquer circunstância, mas imperdoável na capital federal, pois ali se concentrara uma sociedade predominantemente em descenso, que ainda guardava distinções sociais que provinham do Império, e para a qual o despojamento de Irineu Marinho, sua timidez social, sua vida transcorrida no ambiente de trabalho, sua afeição ao lar deviam parecer ofensivas.

Chama a atenção, nesse caso, o isolamento de Irineu Marinho, cuja sociabilidade dependia inteiramente do jornalismo e, mais especificamente, da própria sala de redação. O que ele melhor fazia, somente poderia fazê-lo em um jornal – era um organizador de grupos, alguém treinado, desde muito cedo, na tradição do jornalismo como ofício artesanal. Isso não o impediu de atravessar a modernização tecnológica da imprensa, de se tornar um bem-sucedido empresário do setor e mesmo de estender seus interesses por outros segmentos do ramo do entretenimento. Mas manteve sua sensibilidade atrelada a um modo de vida cooperativo e de alianças horizontalizadas, que buscava, em primeiro lugar, na redação de um jornal. Nesse sentido, nada mais incompatível com a cultura afrancesada que permeava o Rio de Janeiro do que o etos laboral e associativo que Irineu Marinho terá cultivado. A clivagem era sensível e se manifestava de diferentes maneiras.

Uma forma benéfica de manifestação será o reconhecimento social que angariou quando as elites perceberam o raio de abrangência de sua ação organizadora – além das

Sol de Cartolina Amarela

associações ligadas ao jornalismo, Irineu Marinho participou da criação da Associação Protetora dos Pescadores da Ilha do Governador, arrabalde em que morou até 1903; da Liga Antioligárquica, fundada durante a campanha civilista de 1910; da Liga Brasileira pelos Aliados, criada durante a Primeira Grande Guerra; da Liga Brasileira contra o Analfabetismo, em 1916; do Retiro dos Artistas, do Retiro dos Jornalistas, da Liga contra a Tuberculose, entre outras. Mas o efeito mais dramático da clivagem entre o jornalista e as famílias remanescentes da Corte teve curso quando Irineu se encontrava preso na ilha das Cobras. Apressemos o contexto.

Irineu Marinho foi preso, como se disse, em 5 de julho de 1922 – dia do levante do forte de Copacabana – e enviado à ilha das Cobras, onde, entre outros desgostos, verá sua saúde piorar muitíssimo. Intuindo que suas cartas talvez fossem censuradas, ou, pelo menos, lidas, antes de serem enviadas a seus destinatários, escreveu imediatamente a d. Chica garantindo-lhe que brevemente seria liberto e teria reconhecida sua inocência, pois "nem mesmo de pregar a revolução pelo jornal podem [me] acusar, pois não há uma palavra nesse sentido impressa na *Noite*." A estratégia não foi eficaz – permanecerá na ilha das Cobras por quatro meses.

Durante o tempo em que esteve ali, seus correspondentes mais frequentes foram d. Chica e Antônio Leal da Costa, vice-presidente de *A Noite*, tornado seu confidente. As cartas enviadas a d. Chica eram, a um só tempo, íntimas e contidas, como revela o bilhete que lhe enviou cinco dias após ter sido preso: "Chica, estou bem, embora muitíssimo saudoso. Necessito apenas de uma toalha de banho. Até qualquer dia destes. Um abraço do teu Marinho". Mas foi em uma das cartas a Leal da Costa que Irineu melhor traduziu a percepção que tinha das diferenças que se punham entre ele e o mundo "cortesão", representado pelo procurador-geral Pires e Albuquerque, personalidade elitista, homem de Estado, distinguido social, profissional e politicamente no ambiente em que se movia. Na carta de Irineu Marinho está presente um velado sentido de "eu" e "eles", uma sensação de que pouca atenção terá merecido da parte do procurador, que, não obstante, trafegava socialmente de modo a seduzir seus interlocutores, prometendo o que não tinha a menor intenção de cumprir. Traçado o perfil do procurador, Irineu pede a Leal da Costa que avise a Solidonio Leite, advogado, jornalista e acionista de *A Noite*, provavelmente seu defensor, o que não deveria esperar daquele homem pouco autêntico.

Bilhete de Irineu Marinho para d. Chica, enviado da prisão da ilha das Cobras.
MEMÓRIA GLOBO

Sol de Cartolina Amarela

Irineu Marinho, preso, dá instruções a Antônio Leal da Costa sobre o caderno especial do Centenário da Independência.
MEMÓRIA GLOBO

PÁGINA AO LADO:
Desenho de Seth para a edição especial do jornal A Noite *comemorativa do Centenário da Independência.*
BIBLIOTECA NACIONAL

Transcrição:

Leal,

Bom dia.

Ontem, quando li a tua carta, já o Roberto havia saído. Mas não sei mesmo que resposta eu te podia mandar, uma vez que os assuntos de que tratavas já estavam definitivamente resolvidos. Já tínhamos, de fato, assentado em que as oito páginas seriam dadas na semana do Centenário, semana que, se para nós começa como todas as outras em segunda-feira, por exceção termina no sábado; e em que, para a solução da questão a que aludes, adotaríamos uma atitude de conciliação e transigência, até que a situação se normalize. Violências seriam, neste momento, mais do que nunca contraindicadas.

Não tenho, até este momento, nenhuma informação do modo por que correu ontem o trabalho, mas nutro a esperança de que as cousas hão de entrar nos eixos.

E até amanhã. Um abraço do M. [Irineu Marinho]

5-9-922 (63° dia de cornetas e tambores)

165

Sol de Cartolina Amarela

Quando me chegaram as primeiras informações sobre a intervenção do Pires e Albuquerque, eu delas concluí que esse cavalheiro estava iludindo ao nosso amigo Solidonio e a v., como tem enganado meio mundo com os seus ares de santarrão. Não era possível que o presidente tivesse recebido "com boa vontade para mim" o pedido de Pires, e menos possível ainda era aquela expansão, que tanto animou a v. e ao Solidonio: "– Que é que v. me pede que eu não faço." (Creio que foi isso).

Analisando essas circunstâncias, repito, concluí que andava nelas mentira grossa. Não quis esfriar o entusiasmo de que v. estava possuído; mas à Chica eu asseverei, no mesmo dia em que v. me comunicava tão feliz resultado, que se estava representando uma comédia. De duas, uma: ou o Pires não tinha chegado a fazer o pedido, ou, fazendo-o, tivera resposta negativa, mas queria manter, hipocritamente, o papel de mediador influente, de uma influência decisiva... de mim para mim eu tinha como muito mais provável a primeira hipótese, conhecendo, como há algum tempo conheço, o caráter do Pires.

Pois bem: acabo de ter informação segura, partida de fonte inteiramente digna de fé, de que foi essa a que se verificou. Conversando com o presidente, Pires aludiu, vagamente, à nossa reclusão prolongada e ao efeito que isso poderia causar nas vésperas do Centenário [da Independência]... Mas isso como se aludisse à necessidade de se incrementar no Brasil a cultura do trigo – sem emitir, sequer, uma opinião nítida e muitíssimo menos o que de longe pudesse parecer um pedido.

Da segunda vez o homem foi ao presidente, mas para tratar de si próprio – para explicar um incidente a que uma das pessoas ouvidas no inquérito fizera alusão em seu depoimento. Essa visita ao Catete foi posterior a outra à Chefatura de Polícia, onde esteve folheando e lendo o inquérito, mas exclusivamente para saber do que estava escrito com relação a esse incidente. E então, palestrando com o Geminiano, teve também referências, em que havia a aparência de certo interesse, à nossa situação. E mais nada. Quando os próprios fatos não estivessem indicando a absoluta falsidade das informações transmitidas a v. e ao Solidonio, eu nenhuma dúvida teria sobre elas ante a palavra da pessoa que me forneceu esses esclarecimentos e que é, pelo menos me parece, um dos raros caracteres que por aí andam.

Conversando com Chica, mostrou-me ela a necessidade de pôr v. ao corrente da história, para comunicá-la ao Solidonio, de modo delicado, é claro, porque, como lhe disse, não convém que se interrompa a amizade dos dois homens. Por outro lado, porém, bem possível é que se dê algum novo incidente, em que o Solidonio não esteja habilitado a agir como deve, homem sério e confiante como ele é, desde que ignore a verdade. V., entretanto, decida como melhor lhe parecer, julgando eu que, no mínimo, esse amigo deve ser cientificado de que não deve mais aceitar qualquer movimento por parte do Pires. Veja v. que época!

Um abraço do M.

Não deixes de rasgar imediatamente estas tiras. [Ilha das Cobras, 07/11/1922]

Sol de Cartolina Amarela

Irineu Marinho foi solto pouco tempo depois, ainda em novembro de 1922. Os efeitos daquela estada na ilha das Cobras serão, porém, irremediáveis do ponto de vista do agravamento de sua saúde. No começo de 1924 será submetido ao que então se chamava "cirurgia da pleura", procedimento efetuado na Casa de Saúde Dr. Pedro Ernesto, pelo dr. Castro Araújo, assistido pelos drs. Ovídio Meira e José Júlio Velho da Silva. Ao ato também estiveram presentes os drs. Quartim Pinto e Pedro Garneiro.

Foi uma dura provação. Por aqueles anos, as manobras efetuadas na pleura estavam associadas ao tratamento da tuberculose, para o que, como se sabe, não havia remédios, recomendando-se, tradicionalmente, o repouso em regiões serranas, de clima ameno. A intervenção, em alguns casos, podia ser uma alternativa, mas consistia em procedimentos dolorosos e com resultados imprevisíveis. Tratava-se de provocar um pneumotórax a fim de "fechar" as cavidades pulmonares produzidas pela doença – circunstância em que o bacilo, que é aeróbio, tem a sobrevivência comprometida. O método foi ainda aperfeiçoado em 1912, quando se passou a desfazer aderências pleurais que impediam o colapso da região doente. O pneumotórax terapêutico, associado ao repouso, passou então a ser largamente empregado – o que nada diz acerca da dor contida no tratamento, uma vez que inexistiam anestésicos de efeito duradouro. A fotografia de Irineu Marinho junto a d. Chica, irmão e filhos, convalescendo na Casa de Saúde, é impressionante: um grupo um tanto assustado e, ao mesmo tempo, aliviado, circunda o paciente, que nitidamente tenta disfarçar a dor.

A família na Casa de Saúde Dr. Pedro Ernesto, após a cirurgia de Irineu Marinho. Da esquerda para a direita: Heloísa, d. Chica, Hilda, Rogério, Irineu e Alarico, seu irmão.
MEMÓRIA GLOBO

Sala de cirurgia da Casa de Saúde Dr. Pedro Ernesto, no bairro de Vila Isabel.

MUSEU DA IMAGEM E DO SOM – RJ

Pouco tempo depois de deixar o hospital, provavelmente por recomendação médica, mas também pelo recrudescimento do clima de incerteza política que assolava o país, Irineu resolveu viajar para a Europa em companhia de d. Chica, dos cinco filhos – Roberto, Heloísa, Ricardo, Hilda e Rogério –, do médico dr. José Júlio Velho da Silva, noivo de sua filha Heloísa, de Castellar de Carvalho, amigo e redator de *A Noite*, com seu filho Joel de Carvalho, e da governanta Irma Geiser.

O embarque no navio *Conte Rosso*, no dia 20 de maio de 1924, foi muito concorrido. Diversos amigos e personalidades públicas foram ao cais se despedir pessoalmente de Irineu Marinho e os que não puderam comparecer enviaram flores. A lista de presentes publicada em diversos jornais incluía o ministro André Cavalcanti, os senadores Antônio Azeredo, Lauro Muller e Sampaio Corrêa, o procurador-geral da República, Pires e Albuquerque, jornalistas e diretores de jornais, como Cândido Campos, de *A Notícia*, Duarte Félix, do *Correio da Manhã*, e toda a equipe da revista *Fon-Fon*, membros da classe artística e empresários do ramo, como Leopoldo Fróes e Oduvaldo Vianna, além de músicos e do já consagrado grupo Oito Batutas, com Pixinguinha, Donga, China, Raul Palmieri e outros. Maxixes, choros, foxtrotes e *ragtimes* eram executados na plataforma de embarque, completamente coberta por buquês e *corbeilles* enviadas por entidades filantrópicas, associações civis e organizações profissionais, principalmente ligadas ao teatro, como a União dos Eletricistas Teatrais, a União dos

Sol de Cartolina Amarela

Irineu Marinho ao se despedir dos amigos, rumo à Europa. Da esquerda para a direita: d. Chica, Irineu (6), Antônio Leal da Costa (de terno claro) e Herbert Moses (no canto direito).

AGÊNCIA O GLOBO

ABAIXO:

Bilhetes de viagem na primeira classe do navio Conte Rosso.

MEMÓRIA GLOBO

Carpinteiros Teatrais, a Empresa Cinematográfica Paschoal Segreto, as comissões das companhias teatrais dos teatros Trianon, São José, São Pedro, Carlos Gomes, Recreio, República e Palácio, além da Sociedade Brasileira de Autores Teatrais.

Nos nove meses seguintes, o circuito cumprido na Europa compreenderá as cidades de Barcelona, onde o navio fez uma pequena escala em fins de maio de 1924, Gênova, Montecatini, com seu parque de águas, Pisa, Florença, Roma, Bolonha, Veneza e Milão. Visitarão, em seguida, o lago de Como, seguindo de lá para Lugano, Turim e Genebra. De Genebra rumarão a Paris, aonde chegaram no dia 5 de setembro de 1924 e permaneceram por cerca de um mês. Passarão rapidamente por Madri em direção a Portugal, ali se fixando por um tempo. De Lisboa retornarão ao Brasil.

A correspondência de Irineu Marinho teve início ainda no navio, tão logo o *Rosso* cruzou Gibraltar e adentrou o Mediterrâneo. Irineu escreveu para Antônio Leal da Costa, presidente interino de *A Noite*.

Sol de Cartolina Amarela

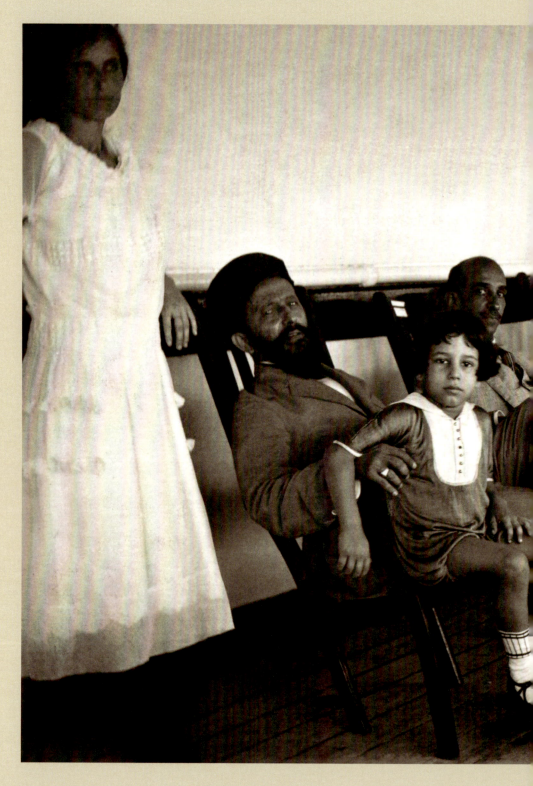

Sol de Cartolina Amarela

No convés do Conte Rosso. Da esquerda para a direita: a babá Irma Geiser, Castellar de Carvalho, com Rogério ao colo, Irineu, Hilda, Roberto, Velho da Silva, Heloísa e Ricardo.
MEMÓRIA GLOBO

Sol de Cartolina Amarela

Família Marinho em um café ao ar livre, em Portugal.
MEMÓRIA GLOBO

A carta seguiu em 30 de maio de 1924, de Barcelona: "Vinte e quatro horas depois de estar a bordo este teu amigo tinha apenas uma reminiscência do pleuris. Nem cansaço! Nem dor! Quase nem pus! Oito dias corridos, a ferida fechara. Eu engordara. A fome aumentara".

No entanto, o quadro geral de Irineu Marinho inspirava cuidados. No navio, apareceram novos problemas de saúde, e os médicos recomendaram que frequentasse parques de águas na Itália.

> *Como não há ventura completa neste mundo, apareceram-me umas pontadas no estômago, ou no fígado, ou em ambos (de tal forma eles em mim se casaram que já não sei o que a cada um deles pertence). Consultado o médico de bordo sobre a orientação que eu devia tomar na Itália, ficou assentado que não nos demoraríamos em Gênova e seguiríamos sem perda de tempo para Montecatini, de cujas águas farei uso se com isso concordar o professor Cheirolo, que pretendo ouvir. Só depois disso é que poderemos passear um bocado, não sendo impossível que eu vá descansar uns vinte ou trinta dias em Merano, uma esplêndida estação de cura e repouso no Trento, e que hoje vive incorporada. Dizem maravilhas de Merano, que é comparada aos melhores lugares da Suíça, com a vantagem colossal de exigir a quarta ou quinta parte do que atualmente se gasta nessa felicíssima República.*

Vez por outra, Irineu se confessava desanimado para escrever – mais do que isso, considerava a escrita uma prisão. Durante a viagem esse ânimo se manifestará algumas vezes. Dores, talvez. Após Gênova e uma rápida passagem por La Spezia, a comitiva seguiu para Bagno di Montecatini (província da Toscana, atualmente chamada de Mon-

Sol de Cartolina Amarela

tecatini Terme), uma das estações de águas termais recomendadas para seu tratamento. Irineu descreveu a Leal da Costa sua meticulosa rotina, em carta enviada cerca de um mês após a partida do Rio de Janeiro:

> [...] A nossa vida aqui é apertadíssima pelo tratamento, que é vasto e complexo. Levantamo-nos às seis, para às sete ingerirmos o nosso primeiro copo d'água, que pode ser da fonte Torretta ou da Tamerici, segundo manda o médico (aqui é tudo cientificamente organizado); quinze minutos depois, segundo copo d'água, que deve ser engolido em dez minutos, aos goles; depois, terceiro, sempre aos poucos, sem pressa. Vai-se depois para outro estabelecimento, o Tettuccio, onde se tem de engolir outros dois copos. Enfim, com as consequências de todas essas águas fortemente laxativas, para o que todos os estabelecimentos estão superiormente aparelhados, lá se vai uma grande parte da manhã. Só por volta das dez se regressa do Tettuccio, para às dez e meia entrar-se nas termas da Leopoldina (nada de confusões!) e tomar aí um banho de água iodada, que dura 25 minutos. Além do banho, ainda tomo umas duchas no ventre e no fígado, que, pelo que diz o meu médico daqui, o dr. Scalabrino, me eram absolutamente indispensáveis. Ao

A família Marinho e os companheiros de viagem posam para uma fotografia na cidade do Porto. Da esquerda para a direita, primeira fila: Hilda, Heloísa, Rogério, Velho da Silva e Ricardo; na segunda fila: Castellar de Carvalho, Joel de Carvalho, Roberto, d. Chica, Irineu e um casal de amigos.
MEMÓRIA GLOBO

meio-dia almoço. [...] Depois de um ligeiro descanso, tem-se de voltar às quatro e meia ou cinco horas para tomar outro copo d'água, este de uma fonte destinada às afecções renais. O jantar [...] e um pequeno passeio a pé enchem o resto do dia. Calcule que esfrega! Se eu sair daqui bom, como pensa e garante o Scalabrino, ainda bem.

Também Antônio Leal da Costa, mal o *Conte Rosso* se desprendera do cais, já se municiara de papel e tinta, a fim de garantir que seu amigo se mantivesse bem informado quanto ao que se passava com *A Noite*. As primeiras notícias tinham um tom eufórico, como se encontra na carta enviada em 29 de maio: "Vamos, até aqui, às maravilhas! Os casos políticos, ou não, se sucedem, com o natural êxito jornalístico, que nos eleva a tiragem a números quase vertiginosos, começando dos setenta para atingir as vizinhanças dos noventa!".

Contudo, ao lado da constante ênfase no sucesso empresarial do jornal, Leal da Costa infiltrava algumas notícias sobre a política no Brasil. No dia 29 de maio, relatou a Irineu Marinho que o senador Mendes Tavares, candidato bernardista, havia perdido as eleições, com grande diferença de votos, para o senador Irineu Machado, da oposição. E que o presidente Artur Bernardes anulara o resultado de todas as seções em que o candidato da oposição fora vitorioso. Leal da Costa disse que o episódio da "degola" orquestrado por Artur Bernardes tornara muito tensa a situação política. Acrescentou ainda que o senador Antônio Azeredo, num banquete oficial, havia incitado o governo a conciliar as várias correntes políticas, mas que teria sido repreendido imediatamente pelo então ministro da Justiça e Negócios Interiores, João Luiz Alves, e pelo jornalista Adoasto de Godoy.

> *Parece que o Azeredo quer entornar o caldo político. Pelo menos é de supor isso por suas últimas atitudes, ainda que alternadas pela sua maneira velhaca, de exímio pockerista... No banquete, ontem, ao Costa Rego, [...] ao que se diz, fez sugestões que o governismo amarelo (porque também temos agora isso) achou inconvenientes, pela boca de seu expoente J. L. Alves, que lho não escondeu no pró-prio local do crime. E sabes ou imaginas sequer o que deveria determinar essa censura imediata? Apenas isto: o Azeredo concitava o governo federal a praticar o que fizera o C. Rego em Alagoas – isto é, conciliar as várias correntes políticas e estabelecer a paz, tão necessária aos governos fecundos. Pois essa coisa tão natural levantou uma tempestade surda, em que trovejaram o J. Luiz e... e... o Ad. Godoy [Adoasto de Godoy], já agora assessor acatado e temido do governismo amarelo!*

O mês de junho é relatado a Irineu como o de uma das maiores modorras políticas que o Brasil já conhecera. Disso lhe falam Leal da Costa e Herbert Moses, que, quando da viagem de Irineu Marinho, se revela um de seus correspondentes ativos. Nascido

PÁGINA AO LADO:

Acima: cartão-postal enviado por Irineu Marinho para Antônio Leal da Costa: "Resumo: viagem magnífica, pleuriz já esquecido, magnífica saúde, com excepção apenas do fígado e do estômago, que talvez me obriguem a ir já e já para Montecatini. Um abraço do Marinho". Abaixo: cartão-postal do lago di Como, em Bellagio, Itália.

MEMÓRIA GLOBO

Sol de Cartolina Amarela

ACIMA E PÁGINA AO LADO:
Em Pisa, Irineu Marinho entrevista o aviador italiano António Locatelli.
MEMÓRIA GLOBO

no Rio de Janeiro, em 1884, era filho do austríaco Inácio Moses e da norte-americana Ida Moses, tendo passado por uma socialização juvenil parecida com a de Irineu Marinho, no que se referia à fundação de jornais estudantis em escolas de Niterói. Moses se associou ao grupo de jornalistas de *A Noite* pouco depois de sua fundação e se manterá fiel a ele.

Naquele mês de junho de 1924, Irineu Marinho, ainda bastante queixoso quanto à saúde e à dinâmica do tratamento em Montecatini, informou aos amigos que iria escapar rapidamente até Pisa, a fim de entrevistar o aviador António Locatelli (1895-1936), chefe do grupo italiano na expedição de Roald Amundsen, que planejava sobrevoar o polo Norte. De fato, investido da persona do repórter, Irineu enviou ao Brasil algumas fotos daquela "aventura" e um texto de Castellar de Carvalho para serem publicados em *A Noite*. Concedeu a Leal da Costa autorização para editar o material e pediu que cortasse quaisquer referências à autoria da matéria, pois não queria que sua viagem acabasse no colunismo social. Não conseguia deixar o ofício e também não parecia animado com a possibilidade de voltar. Suas queixas com a saúde eram entremeadas por manifestações de encantamento com a viagem, com a família, de cuja convivência, afinal, passara a desfrutar. Em carta aos amigos avisou que se deixaria ficar por lá durante mais algum tempo.

Sol de Cartolina Amarela

Segundo suponho, quatro meses são pouquíssimo tempo para realizar o passeio que eu imaginei. E mobilizar todo o meu regimento, embarcar vinte e tantas malas, pagar uma fortuna de passagem, para não ver as principais coisas que me ferem mais diretamente a curiosidade – com a circunstância de que só em Montecatini tenho de perder mais de quinze dias – parece-me uma falta de inteligência. Mas tudo depende do estado de nossa saúde e dos meus negócios aí: se tudo correr bem, como tem corrido, tenho vontade de prolongar por mais um ou dois meses a minha estada aqui, fugindo em todo o caso às surpresas do inverno. Vês, pois, que, quanto a regresso, é de braços cruzados que devo ficar...

Na mesma carta, porém, admitiu que a situação política europeia jogaria algum papel em suas decisões.

Todos esses planos, porém, podem ser perturbados por um elemento com que não se podia contar e que imprevistamente pode entrar em cena: uma revolução na Itália. Um caso, de que vocês já devem ter aí conhecimento – o incrível desaparecimento de um deputado – está causando uma impressão profunda. E não é para menos. Já dois ou três atentados se haviam consumado contra os membros da oposição, sem que as autoridades descobrissem qualquer culpado, quando o deputado Matteotti, saindo de casa, um dia, levando no bolso dez liras e um punhado de documentos que se julgam escandalosos e que pretendia ler durante a discussão do orçamento, desapareceu misteriosamente. Até hoje a polícia, que é tão boa quanto a nossa, não descobriu nada de nada, nem mesmo se o deputado unionista está morto ou vivo. Mas é um espetáculo curioso ver governo, polícia e jornais entregarem-se a pesquisas desatinadas, transformando vagos indícios em resultados categóricos e definitivos, para no dia seguinte voltar atrás. Eu, que nada tenho – felizmente! – com o peixe, acho uma graça enorme no noticiário dos colegas, noticiário muito mais rubro, muito menos calmo e orientado do que o nosso. Tudo isso está tornando o público meio nervoso. Sente-se que a grande confiança que havia em Mussolini começa a abalar-se seriamente. Órgãos independentes (ou que como tais são considerados) já se mostram trepidantes em face do sensacional acontecimento. O Corriere della Sera já não esconde as suas dúvidas e concita o governo a abandonar o terreno da retórica e provar praticamente a sua boa vontade e a sua boa-fé... Sintomas de outra espécie, e mais grave, estão aparecendo por outro lado. Os "camisas pretas" estão em franca agitação, como em atividade aguda se sente que estão os socialistas. Já uma proclamação chamou a seus postos os fascistas, não esquecendo de lembrar que estes são 600 mil... Até nesta pacata e florida Montecatini apareceu um pouco dessa excitação: ontem à noite um clarim, soprado pelas ruas da cidade, tocou o reunir e hoje já se viam, nos cafés e pelas ruas, com o seu uniforme tão pitoresco, muitos soldados de

Sol de Cartolina Amarela

Roberto, Irineu e Ricardo em Florença.
MEMÓRIA GLOBO

Mussolini. [...] Pelo sim, pelo não, mando, pelo mesmo correio, alguns jornais que tratam do caso e que foram apanhados a esmo, porque mesmo aqui não sou senhor de ter os meus papéis em segurança. Se o Eurycles [de Mattos] *tiver de fazer alguma coisa (e acho que é o caso), facilmente conseguirá outros números aí mesmo. Uma boa fotografia do deputado raptado é que não consegui ainda. O retrato publicado por alguns jornais não presta para nada.*

Em resposta à análise da conjuntura italiana realizada por Irineu Marinho, Antônio Leal da Costa, em 24 de junho, brincou com o amigo: "Com que então estás aí a braços com uma séria agitação política, provocada pelo caso Matteotti! Para o teu agudo espírito de observação jornalística, deve ser recreativa. E depois não és parte no caso: assistes de palanque, sem paixão nem interesse".

Contudo, a modorra política brasileira, se existiu, estava prestes a terminar. No dia 5 de julho de 1924, eclodiu a revolução tenentista de São Paulo, com desdobramentos em diversos estados do país. Liderada por Isidoro Dias Lopes e com o apoio de diversos líderes tenentistas, como Juarez Távora, Miguel Costa e Eduardo Gomes, entre outros, os revoltosos tomaram a cidade de São Paulo por 23 dias. A reação do governo foi das mais violentas, com bombardeio aéreo de bairros residenciais e a rápida chegada das tropas legalistas. Os revoltosos deixaram a capital paulista, partindo primeiro para o interior e depois marchando para o sul. Na capital do país, Artur Bernardes decretou o estado de sítio e deu início à repressão e censura à imprensa, à violação da correspondência e às prisões e deportações de jornalistas e políticos. Os amigos de Irineu Marinho lhe enviaram notícias sobre a situação. No início de julho, nem mesmo eles sabiam ao certo o que acontecia na capital paulista, já que as notícias não chegavam ao resto do país. Vasco Lima escreveu a Irineu Marinho:

É de presumir que neste momento, que já deve estar ciente do novo estado de sítio, o serviço postal se torne mais difícil e mais complicado.

Não me detenho a lhe narrar episódios dos últimos dias, não só porque ignoro a verdadeira causa e a situação do levante militar em S. Paulo, como, principalmente, quando esta aí chegar, já deve estar informado pelas notícias dos jornais. De resto, a não ser o natural sobressalto que a vida anormal do momento nos pode causar, tudo corre bem.

Herbert Moses também comunicou a Irineu Marinho o que se sabia dos acontecimentos de São Paulo. E não era muita coisa, segundo a carta que lhe enviou em 11 de julho: "Pelos telegramas da Agência Americana que aí chegaram V. deverá saber que rebentou um movimento militar em S. Paulo, e não temos outras notícias a respeito, além dos comunicados oficiais que *A Noite* publica. Há uma grande calmaria de negócios, pois como V. sabe S. Paulo hoje em dia é o coração do Brasil".

Antônio Leal da Costa escreveu a Irineu Marinho no dia 12 de julho:

Creio que deves ter ficado tranquilo, relativamente, é claro, pois que tudo aqui, pelo menos para nós, corre desejavelmente, sem embaraços de qualquer ordem que perturbem a vida da empresa ou a nossa. Naturalmente, o movimento, de que deves ter tido notícias telegráficas nos jornais daí, trouxe perturbações para o crédito geral e que já se estão refletindo no câmbio e possivelmente continuarás, até o restabelecimento integral da ordem pública.

Quanto ao cotidiano da redação, foi Eustáquio Alves quem se encarregou de avisar a Irineu que tudo corria bem e que nenhum companheiro do jornal havia tido problemas. Atribuía tal fato à influência de Geraldo Rocha, a quem chamou de "aquele nosso amigo". Disse que Rocha estava inteiramente ao lado do governo e obteria vantagens no caso do fracasso da Revolução Paulista. Geraldo Rocha era um engenheiro baiano ligado aos interesses do grupo inglês Brazil Railway, que havia conhecido Irineu Marinho poucos anos após a fundação de *A Noite* e que, vez por outra, o socorria com empréstimos de ocasião. A carta de Eustáquio Alves foi enviada no dia 24 de julho.

Todos nós, sem exceção, não tivemos nenhuma contrariedade, mesmo porque aquele nosso amigo está junto do governo velando por todos e Miguel Mello não se esquece de que é o antigo colega. [...] As coisas do nosso amigo correm mais ou menos admiravelmente. Ele está inteiramente ao lado do governo e se a revolução de S. Paulo fracassar, como se espera, é bem provável que ele tenha uma recompensa ótima, uma excelente maquia. É isso que se espera, se Deus assim aprouver.

PÁGINA AO LADO:
Primeira página de A Noite, em 7 de julho de 1924, dois dias após a erupção do movimento militar em São Paulo.
BIBLIOTECA NACIONAL

Sol de Cartolina Amarela

Ricardo Marinho em Veneza.
MEMÓRIA GLOBO

A correspondência enviada por Irineu Marinho relativa ao mês de julho de 1924 é bastante vaga acerca dos acontecimentos no Brasil: diz que recebeu alguns cartões "inócuos" de seus amigos, menciona que *A Noite* não deverá sofrer represália, pois se manteve bastante sóbria diante dos acontecimentos, e que... suas condições de saúde voltaram a piorar. Na carta de 25 de julho, enviada a Leal da Costa, explicou:

> *Deves ter percebido que fiz uma alteração no meu itinerário, deixando de ir a Nápoles e ao sul da Itália. É que o calor em Roma nos assustou, obrigando-nos a abreviar a nossa estada na Cidade Eterna e a fugir para o Norte. Em Bolonha estivemos três dias, apenas de passagem para Veneza, onde eu pretendia demorar-me pelo menos dez dias – e Veneza merecia muito mais. Eis, porém, que da antiga cicatriz, uma bela noite, jorra pus em quantidade, depois de uns acessos de febre a que eu não havia ligado maior importância. Fiquei desolado, e o Velho, cheio de medo, aconselhando-me a procurar imediatamente o caminho de Lausanne, a ouvir a opinião de [Cesar] Roux [famoso cirurgião e pneumologista suíço]. E lá deixamos Veneza, com um desgosto que não podes avaliar. Felizmente parece que a coisa não tem maior gravidade e fica o grande Roux dispensado de intervir no meu caso. Não me furtei de passar uns dias em Milão (que por sinal levou a sua gentileza ao ponto de refrescar para que não sofrêssemos muito), e aí partimos para esta deliciosa Bellagio, para este mitológico lago de Como, onde tenho a esperança de encontrar ainda a "árvore da ciência do bem e do mal", tão convencido estou de que foi por estas paragens que a humanidade teve início...*

Também ao longo do mês de agosto os comentários sobre a conjuntura nacional são muito escassos, pois a maioria das cartas tem o sentido de poupar Irineu Marinho

de preocupações quanto ao andamento dos negócios. Leal da Costa escreveu uma única longa análise acerca da Revolução Paulista, datada de 6 de agosto de 1924, e a entregou a um portador para que a fizesse chegar a Irineu Marinho. Nela há o retrato detalhado e trágico da situação do país, uma descrição densa, analítica, do ambiente revolucionário na capital federal. O texto é longo, mas, por sua força e precisão, é reproduzido quase integralmente.

Tenho, pela primeira vez, depois do lamentável fracasso da revolução paulista, a liberdade de escrever o que sei sobre os incríveis acontecimentos desta nossa desgraçada terra. E isso porque só agora tive, por intermédio do Moses, um portador de confiança que, de partida para a Europa, se prontificou a portar esta fora do território nacional, e, pois, da censura infame que aqui se exerce agora sobre tudo e sobre todos. Como índices da época maldita, verás por aqui abaixo, na singela narrativa dos fatos, a que estado nos achamos reduzidos, apesar das conquistas de 89. Comecemos pelo leader *da Câmara, o Antônio Carlos* [Ribeiro de Andrada]. *Conduzindo aquele triste rebanho que é hoje a câmara baixa, com exclusão apenas de dois homens – o* [Adolpho] *Bergamini e o Azevedo Lima – aquele patife teve ocasião, em discurso memorável, de estabelecer a doutrina de que não era lícito a ninguém, sob pena de prisão, deixar de prestar rigorosa solidariedade com todos os atos do governo, não se admitindo neutralidade e muito menos que se*

emitissem opiniões divergentes em qualquer assunto! Isso está, por outras ou quase as mesmas palavras, no órgão oficial e foi, aliás, também publicado na A Noite, como terás de ver. Só há um poder sem contraste: o executivo. O Congresso inteiramente humilhado. Imagina que os discursos dos mais oposicionistas que citei não saem no Diário Oficial.

O Bergamini, para que o público os conhecesse, mandou imprimi-los e foi, em pessoa, distribuí-los pelas ruas e repartições, de automóvel! [...]

Quanto à imprensa, particularmente a nós, é o arrocho, a pressão por todos os modos, não se nos consentindo ao menos publicar aquilo mesmo que os órgãos oficiosos fazem circular. – Por quê? Pergunta-se. – São ordens superiores, dizem. Temos recorrido dessas injustiças para o Miguel Mello, mas tudo resulta inútil, apesar das promessas de se modificar a situação.

Mas, ainda assim, temos lutado contra todos esses obstáculos e vamos conseguindo pequenos êxitos aqui e ali. Um destes foi a partida do Leal de Sousa para São Paulo, no dia imediato ao da saída dos revolucionários. Esse nosso prestimoso companheiro, superando várias dificuldades opostas perversamente, chegou, ainda assim, antes do pessoal do governo à capital paulista. Do que viu, do que apurou, para um possível, mas pouco provável aproveitamento futuro, vai ele dando diariamente aquilo em que consente a censura, com todos os seus atropelos prejudiciais à marcha do serviço interno do jornal. Contudo, porém, atingimos no mês que passou, todo ele em convulsão, as maiores rendas que já teve a empresa: 152 contos para a venda da folha e 181 para a matéria paga! Fantástico, principalmente esta última!

Desfrutamos aqui uma paz podre. O ambiente asfixia. As prisões cheias, abarrotadas, de gente daqui e dos estados. Dos estados, sim senhor! Diariamente chegam, notáveis ou humildes, presos políticos, aos quais já se aplica o regime do pau, mas do pau a valer. Vêm, sobretudo de São Paulo, mas também do Rio Grande, da Bahia (estes os maiores fornecedores) e outros.

O Estado de São Paulo foi suspenso, suspensos estão a United e a Ass. Press, tendo o gerente da primeira partido hoje para N. York. O Júlio de Mesquita também está preso aqui. O Oseas [Mota], ainda que se tivesse avacalhado logo nos primeiros dias, em que a Vanguarda passou a governista rubra, continua preso e disse que já foi espancado. Do Edmundo [Bittencourt] só tenho a te dizer que foi preso na sua fazenda e goza até hoje as delícias de um cubículo da Correção, como muitos outros reais ou supostos revoltosos. Transformaram-se porões de navios em prisões, assoalhando-se, o que não é inaceitável, que o propósito do governo é eliminar toda essa gente, "para sanear a política"! Como sabes, tenho ainda bem nítidas recordações das revoltas de 93. Pois devo dizer-te que o que se está passando agora ultrapassa em crueldade, em ferocidade tudo quanto ocorreu então. Os sabujos, os cabungos da imprensa requintam em sugestões de castigos que devem ser aplicados aos vencidos. E essa disputa macabra desola, entristece, porque se compreende que o que visam esses aproveitadores da situação é melhor se recomendarem à munificência do grão-senhor desta República, não de opereta, mas de tragédia.

[...]

Falei acima da prisão do Edmundo. Esqueci-me de dizer que do Correio *estão quase todos presos: o Paulo* [Bittencourt], *o Mario* [Rodrigues], *o Félix, o Oswaldo, da redação, afora outros, simples empregados, que já pagaram também o seu tributo. O Paulo esteve mal, em perigo de vida, que já passou, dizem; mas que devia ter acabrunhado muito a mãe e a esposa, cujo contato só era permitido em condições especiais. O Edmundo, disseram-me, está uma fera. E se este homem vier a morrer na prisão?*

[...]

Mas, dar-se-á a erupção temida? É o que todos se perguntam e nenhuma resposta tranquiliza os espíritos, duramente trabalhados, por tão longo tempo nesse tumultuar de informações que se contradizem. Mas, aqui, no Rio, estamos assim.

Em 20 de agosto de 1924, Antônio Leal da Costa envia a Irineu uma carta em que parece preocupado com o fato de os jornais de oposição ao governo virem desaparecendo, restando apenas *A Noite* e o *Correio da Manhã*. Afirma que o governo esperava "unanimidade de imprensa na capital até dezembro"...

O O Jornal *foi vendido por 3 mil contos ao Assis Chateaubriand, isto é, à Associação Comercial e Liga do Comércio. Menos uma válvula para a oposição, que atualmente só conta com o* Correio *(em deplorável decadência) e* A Noite. *Isso vem mais ou menos confirmar o boato há muito corrente de que o governo espera unanimidade de imprensa na capital até dezembro, sem que se diga como pretende consegui-lo.*

A resposta a essa carta, entretanto, Irineu Marinho só a dará algum tempo mais tarde. Permaneceu, nesse intervalo, notificando seu amigo cada mudança de itinerário e descrevendo suas experiências em Genebra e, posteriormente, em Paris. Somente em setembro de 1924 retoma considerações relativas ao jornal. Em 25 de setembro escreveu:

A situação em que pela força das circunstâncias se colocou A Noite, *moderando a sua oposição, que não desapareceu nem deve desaparecer, pelo menos enquanto estiver o meu nome no cabeçalho, permite acreditar que essas violências não nos atingirão.*

Faço um esforço desesperado por esquecer o Brasil e tudo quanto ele encerra, mas inutilmente [...].

Sol de Cartolina Amarela

> *Todas as seduções de Paris, todas as maravilhas desta cidade, que aliás nos tem prendido a todos, não bastam para atenuar o mau estado de nervos em que me tenho encontrado...*

Da França a família seguiu para a Espanha, onde permaneceu muito pouco tempo, e de lá para Portugal, último estágio da expedição. A partir de setembro, porém, em meio a notícias sobre aperfeiçoamentos que empreendia no jornal e sobre a chegada da nova máquina que comprara, Leal da Costa parecia mais interessado em relatar a Irineu Marinho suas preocupações quanto a mudanças de comportamento de alguns de seus companheiros. Para entender a preocupação de Leal da Costa, é necessário remontar à circunstância em que Irineu Marinho havia deixado o país.

Irineu sofrera um doloroso tratamento de saúde nos primeiros meses do ano de 1924 e, logo em seguida, partira para a Europa. Estava ainda moralmente esgotado com o seu longo encarceramento em 1922 e muito debilitado pela intervenção que sofrera na pleura – havia motivos, portanto, para que ele mesmo duvidasse da sua sobrevivência. Antes, então, de embarcar, realizou uma transação com Geraldo Rocha, de que não se tem completa informação. Das duas uma: ou, segundo a versão mais aceita, lhe vendeu o controle acionário de *A Noite*, sob a promessa de que, na volta, poderia recuperá-lo, ou lhe extraiu um empréstimo, deixando como garantia as suas ações do jornal, igualmente condicionadas a uma retrovenda. De qualquer modo, Irineu Marinho viajara destituído da condição de acionista majoritário de *A Noite*. Tal fato fora revelado, na ocasião, apenas aos amigos Antônio Leal da Costa e Vasco Lima, presidente interino e gerente de *A Noite*, respectivamente. Sem que se saiba como, o jornalista Eustáquio Alves acabou tomando conhecimento da transação, possivelmente pelo próprio Geraldo Rocha.

Em setembro de 1924, Leal da Costa enviou notícias a Irineu Marinho sobre alguns problemas no jornal envolvendo Eustáquio Alves, pois este, sabendo que Geraldo Rocha era, para efeitos legais, o proprietário de *A Noite*, publicou certas notícias que contrariavam a linha editorial do jornal e sequer agradavam ao seu novo "patrão". A partir desse fato, Leal da Costa tentou mostrar a Irineu o quanto a tentativa de Eustáquio em agradar ao governista Geraldo Rocha contrariava os "interesses" de *A Noite*. A resposta de Irineu virá, em seguida, em duas cartas de teor muito semelhante. A que se reproduz, a seguir, foi enviada por Irineu Marinho no final do mês de setembro. Nela se percebe a preocupação que se vai aninhando na correspondência trocada entre eles.

> *Meu caro Leal,*
> *Já confiei a um amigo uma carta para te ser entregue em mãos. Como esse amigo, porém, só parte a 23 de outubro, julguei mais prudente arranjar outro portador, igualmente seguro, que chegasse aí antes daquele, não só porque teremos assim mais tempo para providenciar, como porque deves estar com certa im-*

186

Sol de Cartolina Amarela

paciência de conhecer, em toda a sua plenitude, os motivos que me levaram à resolução provisória, pois a definitiva ficou dependente de posterior comunicação, de adiar o meu regresso. E ainda é bom que te exponha de novo esses motivos, porque receio bem que a minha primeira carta, escrita muito a correr e quando o resfriado que ganhei em Paris mais me incomodava, tenha omissões que dificultem a apreensão do que penso.

Quando recebi as tuas cartas confidenciais de agosto tive a ideia de completar as tuas informações com outras, mais recentes, que pudesse obter aqui em boas fontes. Por uma curiosa coincidência, nesse meio tempo recebo de Genebra (e esta é uma circunstância a que na outra carta não cheguei a aludir) um telegrama em que amigo solícito me aconselhava a procurar certa autoridade que "tinha alguma coisa a dizer-me". Fui. A pessoa indicada, que se diz também meu amigo, advertiu-me no meio de vários rodeios, dos perigos a que estava arriscado caso regressasse já e já ao Brasil. Outro alto funcionário, que em Paris acabava, por sinal, de estar muito em contato com o ex-presidente, disse-me saber, com alguma segurança, de que era agora que ia começar no Rio um período de violências. E é claro que também insistentemente me aconselhou a que não regressasse ao Brasil sem certa segurança, oferecendo-se até para fazer indagações, o que formalmente recusei.

Certamente a perspectiva de chegar ao Rio, nas vésperas do verão terrível, e ser preso por capricho de alguns magnatas da situação (e saber que alguns são meus encarniçados desafetos) devia desencorajar a quem já se sente meio cansado de lutar. Preso, mesmo num quarto limpo de quartel, seria, agora mais do que nunca, profundamente desagradável para mim. Mas eu hesitava. E tenho a certeza de que acabaria repelindo todas essas sugestões e partido no Orania se outras considerações não me acudissem.

Não preciso acentuar que a ausência daí, num momento destes, causa-me certa inquietude, que diminui muito os prazeres que eu aqui possa encontrar, nem que todo o meu desejo seria estar ao lado dos companheiros, como sempre estive em momentos como esse, com exceção única do sítio – Hermes – e por motivos que não ignoras. Além disso, eu refletia em que a atitude da Noite, de crítica livre, mas moderada – em que, seja dito de passagem, havemos de perseverar, passada a borrasca, mas com um pouco mais de vivacidade – não autorizaria de modo algum qualquer violência contra mim, pessoalmente. Lembrei-me mesmo de que, se algum dos meus inimigos promovesse qualquer coisa nesse sentido, outras influências provavelmente se lhe oporiam e a anulariam – o que, aliás, também muito me desagradaria, porque é infinitamente aborrecido dever-se a liberdade, pelo menos quando não se merece a prisão, a quem quer que seja, e porque talvez fosse esse mais um meio de me criar obrigações. Creio que me entendes perfeitamente.

Sol de Cartolina Amarela

Seja, porém, como for, o que me parece líquido e certo é que, sob o ponto de vista pessoal, eu talvez nada tivesse a recear, desde que a situação atual não sofresse a menor alteração. Mas não virá a sofrer? Aí começamos nós a examinar o lado contrário. Estando eu ausente, lícito é à Noite *deixar de tomar alguma atitude que venha a incorrer nas iras governamentais, dando aos meus miseráveis e mesquinhos desafetos o tão esperado pretexto para o golpe que há tanto tempo premeditam. Presente eu, o caso mudará imediatamente de figura. Bastaria, por exemplo, que eu tentasse visitar o Edmundo e prestar-lhe alguma assistência moral, como seria da minha obrigação, para que se desenhasse o começo de uma situação desagradável, com consequências que é impossível prever. Não achas?*

Mas ainda há aspecto mais importante. A simples liberdade em que, na melhor hipótese, me deixassem aí, quando outros estão sendo vítimas de feroz perseguição, não poderia ser interpretada desfavoravelmente pelo público, já tão cheio de desconfiança?

Durante vários dias pensei em todos esses aspectos da questão. Poder-se-ia dar um terrível dilema: ou eu preso e A Noite *bem, ou* A Noite *mal, embora eu livre. Talvez eu preferisse, com toda a certeza, e apesar de tudo, preferia a primeira hipótese. E nota que ponho de parte a questão de minha saúde, que, de fato e infelizmente, ainda não está restabelecida – bem longe disso.*

Eis porque decidi comunicar-me contigo antes de tomar qualquer resolução definitiva, e para isso era indispensável desistir do Orania. É necessário que examines com toda a calma a situação, quer com relação à atitude do governo, quer, principalmente, com relação aos sentimentos do público para conosco e os efeitos que poderá ter a minha presença no Rio. Mas é também indispensável que se ponham todas essas considerações de lado se por acaso julgares urgente o meu regresso, seja por que motivo for. Neste caso não haverá coisa alguma que me detenha – especialmente se a tua liberdade correr perigo. Um telegrama, passado por ti ou por qualquer dos nossos, bastará para que eu embarque, só ou acompanhado, no primeiro calhambeque que encontrar. Creio bem que nisso, como no mais, usarás de maior franqueza.

Poderás transmitir-me o resultado do teu exame do seguinte modo. Se achares que posso e devo embarcar, providencia para as passagens (desta vez definitivamente) e telegrafa-me: – Adquiridas passagens tal navio tal dia. *Caso contrário, manda dizer-me: –* Ainda não consegui passagens. *Resta o caso de urgência, de que não tratei na outra carta. Combinemos que, nessa hipótese, me dirás simplesmente: –* Vou providenciar *– e essas duas palavras me farão embarcar no primeiro vapor sem esperar as providências daí. Como ponto de embarque devemos adotar o de Lisboa, a menos que eu não tenha de resolver diversamente, do que te darei parte.*

Devo agora dizer-te, com toda a sinceridade, que, embora a excursão continue a ser simplesmente deliciosa, eu já estava com algum desejo de regressar, o que me levou a passar-te o telegrama de Genebra. Isso não quer dizer, entretanto, que seja sacrifício ficar por mais algum tempo.

E agora resumamos este estiradíssimo relatório. Insisto em declarar-te que estou pronto a partir ao primeiro aviso teu e que só adiei o regresso para mais claramente entender-me contigo. É claro que não espero de ti uma infalibilidade papal, mas probabilidades que só ali podem ser apreendidas e pesadas. A ideia da prisão, evidentemente, de modo algum me sorri. Mas eu não temo a prisão – temo principalmente que qualquer incidente possa concorrer para o nosso desprestígio. Entre desprestígio e prisão, não poderia hesitar.

Em suma: acho que devemos pensar nisto: na situação atual, pode ser que seja útil, pode ser que seja prejudicial a minha presença no Rio. Pesa bem as coisas e manda-me a tua opinião, que adotarei sem hesitar.

Para Irineu Marinho, o final do ano de 1924 foi marcado por sentimentos conflitantes acerca do seu retorno ao Brasil. Havia muito a ponderar: seu delicado estado de saúde, a situação política do país, mas havia também um certo "deixar-se ficar", uma aposta implícita em que as coisas se resolveriam por si, a crença, talvez, na palavra de cavalheiros, que fora, afinal, o que celebrara com Geraldo Rocha. O fato é que o processo foi se arrastando, as providências para o retorno sendo adiadas, ainda que Leal da Costa advertisse claramente a Irineu sobre o fato de que Geraldo Rocha, em relação ao jornal *A Noite*, tomava atitudes prejudiciais à reputação da folha e do seu proprietário "real".

Em Portugal, a família será colhida, mais uma vez, pela inquietação de Leal da Costa. Agora, lhes dizia claramente que a obra de toda a vida de Irineu Marinho parecia em risco. Irineu decidiu deixar a Europa.

Voltar. O saldo da viagem parecia satisfazer a todos: uma recordação feliz para os filhos, que se lembrarão e contarão aos seus futuros descendentes sobre o tempo em que estiveram junto a um pai sem ocupações avultadas; para d. Chica, que celebrou, em outro cenário, a aliança familiar; para Irineu, que tivera momentos de alegria e a chance de adquirir uma obra há muito ambicionada – o *Histoire de la révolution française*, de François Michelet. Mas como todo retorno precipitado, não foi concedido aos protagonistas um desfecho refletido e narrado. Persistem, por isso, indagações sobre o sentido daquela aventura para os viajantes.

Houve, é claro, naquela excursão, alguma coisa de um autoexílio decidido por Irineu Marinho. Mas era isso e mais. Suas descrições dos locais, das paisagens, dos estados de ânimo e das circunstâncias físicas e morais com que seguia seu roteiro europeu continham, ao mesmo tempo, o deslumbramento de um turista e o aprendizado do mundo. Seu corpo, suas chagas, sua melancolia não permitiam que Irineu Marinho

Sol de Cartolina Amarela

Família Marinho no mirante da serra do Bussaco, em Portugal.
MEMÓRIA GLOBO

PÁGINA AO LADO, ACIMA:
Hilda Marinho em Estoril, Portugal.
MEMÓRIA GLOBO

PÁGINA AO LADO, ABAIXO:
Bilhete de Hilda para o pai, durante a viagem: "Papae querido. Vê se gosta dessa composição. Não repare os erros você sabe que eu não sou jornalista... 'Florença' De todas as coisas que eu vi na Europa, o que mais gostei foi o cahir da tarde em Florença".
MEMÓRIA GLOBO

fosse um turista convencional; mas, por outro lado, seus sentidos adestrados pelo ofício de repórter não lhe permitiram deixar de saborear nada do que lhe era oferecido, revelando um prazer poucas vezes experimentado ao longo da sua existência como jornalista e empresário brasileiro. Havia na postura de Irineu, nos longos relatos de seus processos curativos, como que o desejo de uma depuração não apenas do corpo, mas de sua própria biografia. Foi, nesse sentido, um viajante "clássico", em busca de um encontro consigo mesmo; e um viajante "moderno", com o desejo de se arriscar em territórios ainda pouco trilhados.

Talvez seja nessa dialética entre os dois tipos de viagem realizados, simultaneamente, por Irineu que se possa melhor entendê-lo. A viagem expôs um Irineu de confirmações, resultado das insígnias que lhe couberam como filho de imigrante pobre, intelectual sem curso universitário, repórter sem "mundo" que chega ao lugar de um bem-sucedido empresário. Mas expôs também um Irineu que havia esbarrado em alguns limites estruturais da sociedade e dele mesmo. O fato de praticar um jornalismo "artesanal", na falta de melhor palavra, aquele jornalismo que aprendera com Rochinha, em que controlava todo o processo produtivo e administrativo, era algo que estava próximo a ter fim – e a figura de Geraldo Rocha, com os interesses do capital internacional de que se fazia portador, era um evento por si só emblemático dos tempos que estavam por vir.

Nesse sentido, a sensibilidade de Irineu Marinho esbarrava nos novos travejamentos do mundo. E quando se viu livre, projetado, talvez, para um recomeço, após o trauma do cárcere e do pneumotórax, buscou na Europa uma reequipagem existencial. A viagem seria uma abertura, talvez uma guinada pessoal. Mas, desde o começo, ela foi calibrada pelos símbolos brasileiros de status – dos quais as viagens de ilustração, as experiências de *sapientia mundi*, são exemplos. Ao olhar para o futuro, Irineu reencontrou-se com o passado brasileiro, muito mais próximo da sua compreensão gremial do capitalismo do que ele jamais percebera.

Assim, nos momentos que antecederam imediatamente a viagem à Europa, quando a excitação de sua pequena filha Hilda se tornava incontrolável e ela perguntava ao pai sobre o que estavam prestes a ver, Irineu Marinho lhe dizia que o Brasil era um lugar de grande beleza natural e que a Europa tinha todos os encantos artificiais. Elizabeth, filha de Hilda, contou em entrevista: "Então lá na cabeça dela [Hilda] ela achava que o Sol era de cartolina amarela, ela achava que as montanhas... Porque artificial para ela era isso... Então ela chegou lá [na Europa] fascinada..."

Hilda não sabia, mas, além de ouvir sobre a Europa distante, ouvira também o velho dilema das elites brasileiras, formulado por Joaquim Nabuco e adaptado, carinhosamente para ela, por seu pai. "De um lado do mar, sente-se a ausência do mundo; do outro, a ausência do país. O sentimento em nós é brasileiro, a imaginação europeia."

Na imaginação da criança, porém, o artifício europeu não eram os museus, a arquitetura, a arte, mas o papel de cores fortes, utilizável em cenários teatrais. Igualmente artificial, a cartolina expunha a distância do mundo de Hilda em relação ao das elites oitocentistas. Irineu Marinho podia se incomodar com a corte incrustada na capital federal, mas não pôde conceber uma figuração do mundo em radical ruptura com os signos que ela mobilizava.

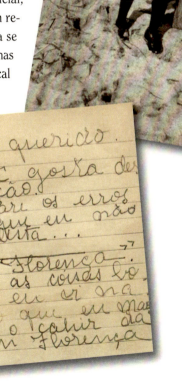

11
VOLTAR

A MANHÃ DO DIA 26 DE FEVEREIRO DE 1925, APÓS treze dias de viagem desde o porto de Lisboa, o navio inglês *Darro* desponta na entrada da baía de Guanabara.

Desde muito cedo, passageiros munidos de binóculos esperam por um grande espetáculo. Sente-se, então, o cheiro da terra e logo se tem a primeira visão das montanhas. A partir daí, se contam morros e ilhas até que se aviste a cidade. Mas ela não se mostra inteira, como Nápoles ou Marselha. À medida que o navio avança, sucedem-se pequenas enseadas separadas por morros, que Stefan Zweig comparará, mais tarde, a "varetas de um leque". Vê-se, então, Copacabana, mas ainda não é a cidade. Passa-se o Pão de Açúcar e lá estão as areias de Botafogo e do Flamengo. Onde, a cidade? O navio vence a ilha Fiscal e a ilha das Cobras, e só então se reconhece o casario em torno do cais. A entrada no porto do Rio de Janeiro terá sempre um andamento dramático, qualquer que seja a disposição do viajante.

No caso de Irineu Marinho e d. Chica, a lenta aproximação da cidade que deixaram havia nove meses era a perfeita representação do ânimo com que retornavam ao Brasil – um retorno chorado, completamente distinto do que fora a partida. A esperá-los, apenas poucos e fiéis amigos sabedores dos graves acontecimentos que haviam precipitado o regresso.

Mal havia desembarcado, sem tempo ainda de retomar sua rotina doméstica, Irineu terá dado curso às decisões que tomara juntamente com Antônio Leal da Costa, em prolífica correspondência. Escreverá, por aqueles dias, duas cartas dirigidas aos diretores da Sociedade Anônima A Noite e as entregará a Herbert Moses, solicitando-lhe que o representasse na próxima assembleia de acionistas. Moses era um colaborador do jornal e se tornará peça importante na consolidação de *O Globo*.

No dia 2 de março de 1925, na Assembleia Geral Ordinária da Sociedade Anônima A Noite, o acionista Herbert Moses pediu a palavra. Disse representar, naquela opor-

PÁGINA AO LADO:

Primeira sede do jornal O Globo, *na rua Bittencourt da Silva, no largo da Carioca. Irineu arrendou uma loja e três salas do edifício do Liceu de Artes e Ofícios.*

AGÊNCIA O GLOBO

tunidade, o presidente da sociedade, Irineu Marinho, e seu vice-presidente, Antônio Leal da Costa, entregando aos presentes as duas cartas de Irineu, uma delas também assinada por Leal da Costa e por ele, Moses.

Da ata lavrada na assembleia, e posteriormente publicada no *Diário Oficial da União*, consta o seguinte:

Antônio Leal da Costa, gerente de A Noite *e amigo mais fiel de Irineu Marinho.*
AGÊNCIA O GLOBO.

O sr. acionista dr. Herbert Moses, usando da palavra, disse que havia sido incumbido pelos srs. Irineu Marinho e Antônio Leal da Costa a apresentar à assembleia dois documentos.

Documento nº 1 – "Excelentíssimos senhores diretores da Sociedade Anônima A Noite. Achando-nos, presentemente, impossibilitados de exercer, com a assiduidade desejada, as atribuições com que fomos honrados pela digna assembleia de 3 de fevereiro último, vimos apresentar a V.Exª. a renúncia aos cargos que a mesma assembleia tão imerecidamente nos conferiu. Aproveitamo-nos desta oportunidade para agradecer de público aos senhores acionistas, por intermédio de V.Exª., as provas de alta confiança com que fomos distinguidos e às quais, pelo motivo alegado, nos foi possível corresponder. Rio de Janeiro, 2 de março de 1925. Irineu Marinho – Antônio Leal da Costa – Herbert Moses."

Documento nº 2 – "Exmos. srs. diretores da Sociedade Anônima de A Noite. Como a renúncia, que hoje fiz, ao cargo de diretor-presidente da Sociedade Anônima A Noite implica a minha completa inatividade, quer nessa empresa, quer no jornal por ela explorado, desisto igualmente das vantagens que me são atribuídas pelo artigo 25 dos estatutos, pedindo a V.Exª. que façam reverter a favor dos cofres sociais os 10% sobre os lucros líquidos que me cabem, como fundador da empresa e incorporador da sociedade anônima, e a que renuncio desta data em diante. Rio de Janeiro, 2 de março de 1925. Irineu Marinho."

Irineu Marinho deixara *A Noite*!

Ao longo do mês de março, as notícias publicadas em diferentes jornais seriam desencontradas. Havia, contudo, certo consenso quanto à ideia de que Irineu Marinho fora traído. Em 12 de março, o jornal paulistano *Diário da Noite* estampou:

A evolução da imprensa carioca – O caso de A Noite
[...] O caso de A Noite *apresenta aspecto bem específico. É que o golpe que o sr. Irineu Marinho levou, embora concebido pelo sr. Geraldo Rocha, foi manejado pelos*

194

seus colegas de redação, que antes demonstravam ser seus mais ostensivos amigos. A proposta, na assembleia, foi feita pelos sr. Mário Magalhães, e os elementos novos da diretoria, Castellar, Eustáquio Alves e Vasco Lima eram dos que quase não deixavam a residência do criador da Noite. *Basta que se frise que o sr. Irineu Marinho, na sua viagem à Europa, incorporou aos seus o sr. Castellar e um seu filho.*

A ideia de traição perturbou Roberto Marinho, primogênito de Irineu, que retornara ao Brasil logo após completar vinte anos de idade. A ele chegavam provavelmente retalhos de uma história que ninguém sabia contar muito bem. Contudo, acompanhara a preocupação de seu pai durante todo o tempo em que permaneceu na Europa, sobretudo quando soube da prisão de Antônio Leal da Costa. Porque, desde então, Irineu passara a temer não apenas pela integridade física de seu amigo, como também pela preservação de seu poder na empresa. De fato, pouco antes de embarcar de Portugal, Irineu escrevera a Leal da Costa dizendo-lhe que sua prisão o abalara muitíssimo. E que só não retornara ao Brasil porque fora novamente avisado de que seria preso em regime de incomunicabilidade.

Quanto às consequências do encarceramento de Leal da Costa para a Sociedade Anônima A Noite, Irineu tinha razão. Geraldo Rocha aproveitara a oportunidade para justificar algumas mudanças na composição da diretoria, alegando que à frente dela não poderia ficar apenas Herbert Moses, seu reconhecido desafeto. Convocou, então, uma assembleia de acionistas com o objetivo de rever os estatutos, criar novos cargos de diretores e elegê-los.

O repórter Castellar de Carvalho, descrito por Luiz Edmundo como tendo um ar conspirador, verdadeiro "homem-da-capa-preta dos romances de Ponson du Terrail e Xavier de Montepin".
ARQUIVO NACIONAL

Leal da Costa enviará um telegrama a Irineu sobre a convocação da assembleia, informando que lhe havia sido oferecido o cargo de vice-presidente e a Vasco Lima, o de diretor-gerente. Um dos intuitos de Geraldo Rocha era tirar o poder de Hebert Moses sem destituí-lo. O telegrama é datado de 27 de janeiro de 1925. "G. pediu convocação Ass. G. a fim de rever estatutos sentido criar cargo V. P. que indica meu nome e eleição Vasco diretor gerente pt. Parece intuito G. retirar qualquer intervenção Moses que não deseja destituir."

O susto, a tristeza, a indefinição quanto à atitude a ser tomada transparecem na resposta postada de Monte Estoril, em 31 de janeiro de 1925.

[...] *O destino, porém, estava à espreita e quando começávamos (Chica já podendo passear livremente pelas praias formosíssimas) a gozar com relativa tran-*

195

quilidade esta verdadeira maravilha [Estoril] – zás! – rebenta o caso da modificação da diretoria! Recebo o primeiro dos teus telegramas à hora do jantar, sete e meia da noite. Foi como se recebesse um choque elétrico. Diante de um caso desses, preciso pensar, preciso reunir ideias, preciso descobrir através das linhas impassíveis do telegrama a gravidade do acontecimento. Está claro que quase não jantei. Subo para o quarto. Às nove e tanto, segundo telegrama, desta vez reclamando uma providência urgente. A noite estava feia – a única noite de chuva e vento que aqui temos tido. Saio, com o Velho, sem saber bem o que devia resolver, o que devia mandar dizer-te, atordoado que estava. Vou pelas ruas mal iluminadas, enterrando os pés nas poças d'água, errando o caminho, com o cérebro em franca ebulição, a refletir no que devia fazer. Chego à estação telegráfica – a estação já estava fechada! Bato. Vem a encarregada. Era impossível receber qualquer despacho, mesmo para Lisboa. Como havia de ser? Peço, insisto, quase suplico. Por muito favor a senhora conseguiu, comunicando-se com um empregado da estação central, transmitir um dos telegramas, o que eu dirigi ao Geraldo. O teu tem de ficar para o dia seguinte, às primeiras horas. Venho para o hotel, passo uma noite terrível, durmo sobre a manhã. Quando acordo, arrependido dos termos em que o tinha redigido, mando ver se era possível suster o telegrama, mas o telegrama já havia sido solicitamente expedido. Daí para cá nunca mais tive sossego. O meu sistema nervoso, que desde a pleurisia tem estado fortemente abalado, piorou de modo sensível. Estou uma pilha, sem calma para refletir, sujeito a acessos que a custo domino. Há momentos em que sou invadido de um tal furor que receio uma violência; outros, em que sou atacado de uma tristeza profunda. O rim está irritado; o fígado e o estômago perseguem-me com dores, não muito fortes, mas em todo o caso bem aborrecidas; e como se tudo isso não bastasse, até tenho tido um desarranjo no coração, com arritmia, falta de ar, o diabo! Calcula, por aí, o meu estado de espírito. Deves estar notando certa contradição, entre o que aí fica e as minhas cartas anteriores. É que eu tenho feito o possível, até agora, para dissimular, para poupar aos outros os incômodos de que padeço, o que, aliás, nem sempre tem sido possível. Precisava desabafar e atirei-me a escrever, vazando com toda a sinceridade, embora na linguagem mais descosida, o que sinto. Tenho a certeza de que ninguém mais, como tu, me poderá compreender.

Mas basta de desabafo. Reajamos. É necessário reagir. Daqui a pouco descemos ao salão para jantar e os meus companheiros de hotel hão de olhar e ver em mim um feliz proprietário de jornal que goza as delícias de uma dulcíssima estação no Estoril, o lugar em que o Edmundo pretendia passar o resto da vida e onde tinha alugado um poético chalé...

Evidentemente o nosso bom amigo G. quer conquistar-te por completo. De resto, ele deve saber que isso não será muito fácil.

[Monte Estoril, 31/1/1925]

A assembleia transcorreu sem surpresas para Antônio Leal da Costa, sendo incorporadas todas as modificações propostas por Geraldo Rocha. Após o término da reunião, ele enviou um telegrama a Irineu Marinho comunicando essas alterações do estatuto. A resposta de Irineu seguiu em carta do dia 5 de fevereiro de 1925.

Consegui outro portador seguro, que parte pelo Massilia, e desejo aproveitá-lo, prevendo que a crise declarada tenha como consequência a minha renúncia ao jornal que fundei e que tanto me tem feito sofrer em troca de certa garantia para a minha família e para os poucos anos que me restam de vida. Esta não é a ocasião oportuna para divagações sentimentais, mas deves avaliar o meu desgosto.

Já mais de 24 horas se passaram depois que recebi o teu telegrama comunicando-me o resultado da assembleia e até este momento ainda não assentei numa resolução definitiva. Como o Moses deve receber a carta, a que aludi, amanhã ou depois, estou inclinado a esperar a resposta telegráfica que pedi, antes de assumir qualquer atitude. Do meu estado de espírito podes fazer um juízo pelas cartas de que foi portador o sr. Francisco Gonçalves, negociante aí, à rua Sete de Setembro, n. 165, onde as poderás procurar no caso de ainda não te terem chegado às mãos, por qualquer circunstância.

Uma das maiores causas da minha aflição agora é não saber exatamente qual a atitude de cada um dos meus amigos, notadamente do Vasco, que, como sabes, estimo profundamente. É que, a não ser as tuas comunicações, nenhuma outra me foi feita até este momento. Nem o Geraldo se dignou de responder ao meu telegrama de 27 de janeiro! Nessas condições, vou confiar-te algumas incumbências, embora não julgue, quero insistir bem nisto, que tenha havido qualquer deslealdade por parte do Vasco, além de outros.

É muito necessário que estejas habilitado a tomar algumas providências, sem as quais a minha vida se complicaria, arrastando pessoas que não têm culpa de coisa alguma. Em primeiro lugar, a minha casa da rua Senador Vergueiro. O Vasco diz-me em carta que julgas melhor recolher os móveis ao guarda-móveis, alvitre com que eu antipatizo, como já te mandei dizer, mas que me parece ser agora o único razoável, uma vez que não se me afigura possível prorrogar o atual contrato. Nesse caso, será necessário mandar chamar a Leontina, irmã de Chica, para proceder à necessária arrumação. Mandarás também recolher o automóvel a uma garage, a mais barata possível, que creio ser uma da rua do Resende, onde já guardei o meu carro. Ao Valadares continuarás a pagar a mensalidade que marquei e que não me lembro agora de quanto é.

Há, além dessa, três outras mensalidades, ainda mais importantes, que não é possível interromper – a da mãe de Chica (d. Christina), a de meu mano e a da família do Velho da Silva, de cujas importâncias não consigo também recordar-me com precisão.

Voltar

Imaginemos agora, porém, que o dinheiro preciso para tudo isso não possa sair mais dos meus vencimentos da Noite *(tudo é necessário prever). Entender-te-ás nesse caso com o Vasco, com quem deixei todos os meus documentos – e indicar-me-ás o meio mais prático de eu sacar daqui. Essa indicação será feita pelo telégrafo, em caso de urgência, apesar do alto preço dos telegramas, mesmo preteridos. Mas por carta – não a terei aqui antes de um mês.*

Conto que não terás de vencer grandes dificuldades para executar todos esses meus pedidos, especialmente se os acontecimentos não forem precipitados. Nota que, se, como desejo e espero, o Vasco se mantiver corretamente nessa crise, não me seria agradável que tomasses essas providências com exclusão dele, a quem só não me dirijo por enquanto porque não tive a menor manifestação sua ou informação sobre a sua atitude. É possível, entretanto, que, segundo a marcha dos fatos, ainda lhe passe um telegrama.

O jornalista e caricaturista Vasco Lima, que fazia parte da "panela" de Irineu Marinho, aliou-se a Geraldo Rocha, tornando-se mais tarde um dos diretores de A Noite.
MEMÓRIA GLOBO

Transparece, como se vê, a curiosidade de Irineu em relação ao comportamento de seus amigos mais próximos, como Vasco Lima, a quem encarregara de cuidar de alguns assuntos pessoais no Brasil, inclusive seu contrato de aluguel e o pagamento de pensões a parentes. Tão grandes eram a estima e a confiança de Irineu em Vasco Lima que havia deixado com ele todos os seus documentos. E mesmo após o relato de Leal da Costa sobre as mudanças introduzidas na empresa, Irineu ponderou que, se Vasco Lima se mantivesse correto naquela crise, Leal da Costa não deveria tomar providências sobre o aluguel sem antes ouvi-lo. Nas suas palavras: "[...] não me seria agradável que tomasses essas providências com exclusão dele [Vasco Lima]".

Portanto, Vasco Lima terá sido a pior decepção de Irineu Marinho em todo aquele processo – o que viria a ser atestado, pouco tempo depois, pela violência com que seu filho Roberto reagirá à posse do novo diretor-gerente de *A Noite*. No dia 9 de maio de 1925, ao passar pelo largo da Carioca, próximo ao chafariz que ali existia, Vasco Lima foi duramente agredido por Roberto Marinho, que lhe desfechou vários golpes no rosto, atingindo-lhe o olho direito. O caso foi parar na delegacia de polícia, que procedeu à investigação e remeteu os autos ao juiz da 2ª Pretoria Criminal, em 21 de maio de 1925.

Indignação, revolta, frustração, mas também energia e determinação foram sentimentos que frequentaram a família Marinho no período compreendido entre a perda de *A Noite* e a construção de um novo jornal – *O Globo*. Contudo, as versões sobre o que realmente terá ocorrido à empresa nos meses em que Irineu Marinho permaneceu na Europa não são satisfatórias. Há algumas pistas a serem seguidas – e todas elas levam ao crescimento progressivo da participação de Geraldo Rocha na sociedade.

Geraldo Rocha era representante do grupo inglês Brazil Railway, que dominava grande parte do sistema ferroviário brasileiro, principalmente no Rio de Janeiro e São Paulo. Ele conhecera Irineu Marinho em 1913, logo após ter viajado da Bahia à capital da República, a fim de assumir um alto cargo administrativo na holding britânica. Irineu era, então, diretor de *A Noite*, e ambos se tornaram amigos. Algum tempo depois, Irineu Marinho pretendeu adquirir mais uma rotativa e convidou Geraldo Rocha a subscrever algumas ações da empresa. Edmar Morel considera que aquele foi o momento em que o mau destino de *A Noite* começou a ser desenhado, com a infiltração de um representante do grupo inglês na sociedade.

Em janeiro de 1915, *A Noite* abriu subscrições para aumentar o capital comanditário de cem para duzentos contos de réis. A sociedade passou a ter, então, mil ações, no valor de 200 mil réis cada uma, e não apenas quinhentos, como até então. Os principais subscritores das novas ações foram Celestino da Silva (cem), Gregório Garcia Seabra (cem), Inglês de Souza Filho (25), dr. Pires Brandão (25), dr. Raul Ferreira Leite (quinze) e outros oito acionistas, com dez ações cada qual, entre os quais Geraldo Rocha.

Em 1921, o jornal inicia uma reorganização interna, e a antiga Sociedade em Comandita por Ações A Noite, sob a razão Marinho & Comp., se converte em Sociedade Anônima, com aumento de capital. Desde então, Irineu Marinho passou a adquirir empréstimos solicitados a Geraldo Rocha, que, por sua vez, trocava as letras que Irineu não conseguia resgatar por ações. Em outubro daquele ano, a dívida de Irineu com Geraldo Rocha, revelada em carta de Antônio Leal da Costa, é altíssima: 398 contos de réis!

Os interesses de Geraldo Rocha não se atinham exclusivamente ao jornal *A Noite*. Naquele mesmo ano tentará encampar o jornal *O Imparcial*, de propriedade de José Eduardo de Macedo Soares, que, tanto quanto Irineu Marinho, havia contraído dívidas com ele. Aquele era um momento em que grupos internacionais pretendiam ingressar mais fortemente na economia de países periféricos e precisavam ter aliados na imprensa e outras agências de formação de opinião.

Em dezembro de 1923, Geraldo Rocha assinou um documento pelo qual liberava quatrocentos contos de réis para que Irineu Marinho saldasse dívidas concernentes à Sociedade Anônima A Noite em troca de ações. E o que se segue é conhecido: em maio de 1924 Irineu Marinho viajaria para a Europa, e menos de um ano depois *A Noite* aprovaria uma recomposição da sua diretoria, cancelando muitas de suas prerrogativas como diretor-presidente. É nesse momento que Irineu se desliga do jornal, abrindo mão de benefícios estatutários a que tinha direito como fundador.

O empresário Geraldo Rocha, acionista de A Noite e credor de Irineu Marinho.

MUSEU DA IMAGEM E DO SOM – RJ

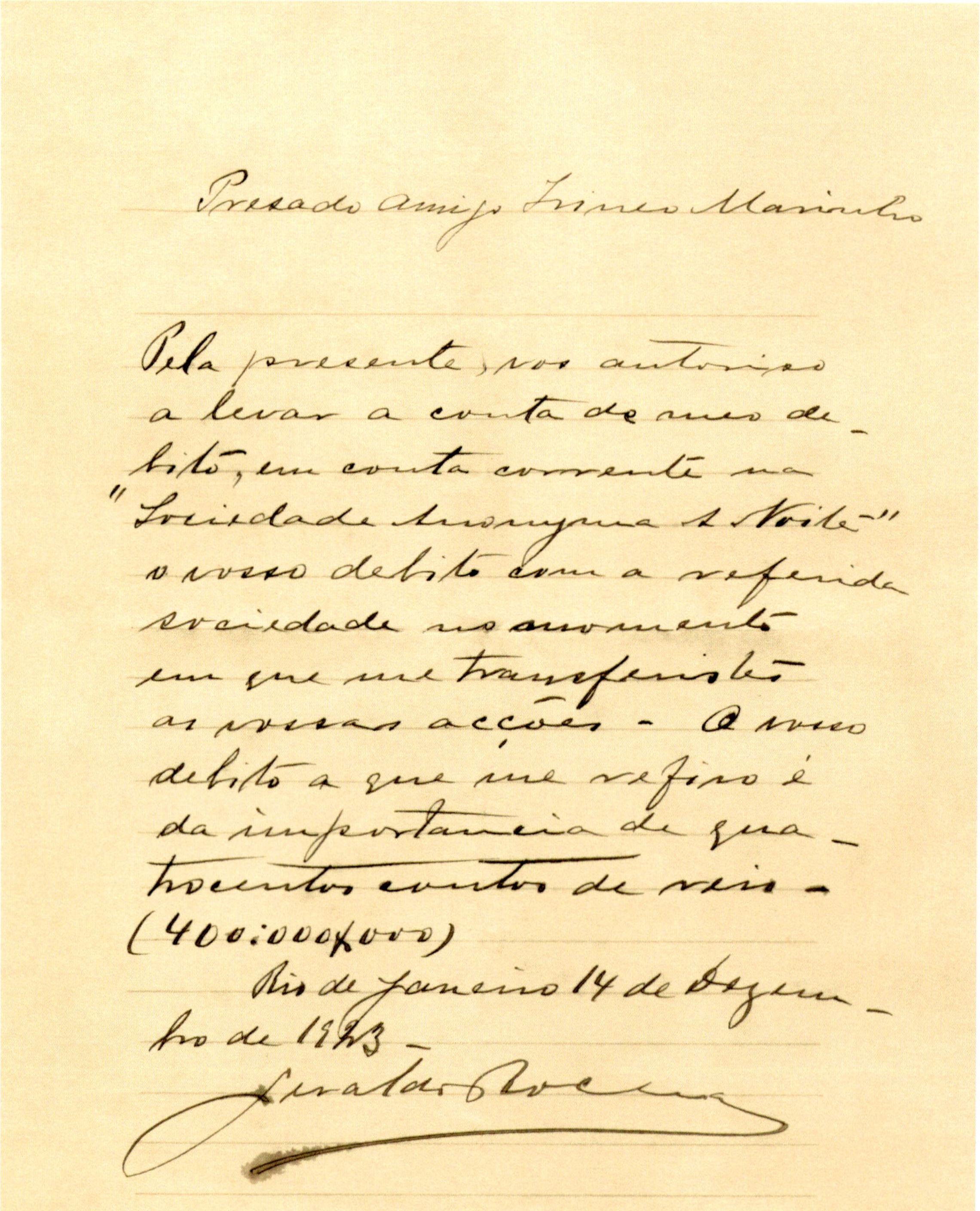

Presado amigo Irineo Marinho

Pela presente, vos autoriso a levar a conta de meo debito, em conta corrente na "Sociedade Anonyma A Noite" o vosso debito com a referida sociedade no momento em que me transferistes as vossas acções — O vosso debito a que me refiro é da importancia de quatrocentos contos de reis — (400:000$000)

Rio de Janeiro 14 de Dezembro de 1923 —

Geraldo Rocha

Voltar

A explicação dada pela família para o fato é a de que, logo após a cirurgia, acreditando que iria morrer, Irineu Marinho resolveu vender secretamente suas ações a Geraldo Rocha, obtendo dele a promessa de que, caso se recuperasse, poderia readquirir o jornal. Essa foi, por exemplo, a versão reiterada por Roberto Marinho em diversas ocasiões, e que muito contribuiu para que se generalizasse uma imagem de Irineu como excelente jornalista, porém empresário ingênuo, que acreditou que poderia reaver *A Noite* quando quisesse. Ingenuidade ou não, o jornal experimentava uma espécie de "crise" de crescimento que levava a sociedade a contrair empréstimos constantes e efetuar um jogo de protelações dos pagamentos que, durante muito tempo, Irineu conduziu bem. Sua viagem à Europa o retirou das decisões "a quente", e o afastou do controle direto de operações importantes, isolando-o, inclusive, da praça do Rio de Janeiro, que ele conhecia e que poderia lhe ter rendido alternativas à transferência recorrente de suas ações a Geraldo Rocha. O fato é que a perda de *A Noite* não dependeu, crucialmente, de ações individuais ou do temperamento do seu timoneiro: havia circunstâncias estruturais que apontavam para o desfecho tal como ele se deu.

Se não foi o responsável pela perda de *A Noite*, o foi em grande parte pela rápida reversão dos acontecimentos. Serão exatos 159 dias entre o desembarque da família Marinho no cais do Rio de Janeiro e a circulação do primeiro número do jornal *O Globo*. Em menos de cinco meses Irineu havia conseguido um local para montar as oficinas, organizar a redação e lançar o jornal na praça. No dia 29 de julho de 1925, a primeira edição rodou às dezoito horas, seguida de outra, num total de 33.435 exemplares. Trinta e três companheiros saíram de *A Noite* e o acompanharam no novo empreendimento, entre eles, Antônio Leal da Costa, Herbert Moses, Manoel Gonçalves, Barros Vidal, Horácio Cartier, Costa Ramos, Eurico Matos, Bastos Tigre, Costa Soares, Pereira Rego, João Louzada, Carlos Gonçalves, Eloy Pontes, Eurycles de Mattos, Henrique Gigante, Brício Filho, Neto Machado, Mário Melo, com apenas doze anos de idade, Silvio Leal da Costa e Valter Prestes.

Irineu Marinho investiu nesse novo negócio grande parte de suas economias. Nas cartas trocadas entre ele e Leal da Costa ficara dito que o ano de 1924 havia sido extraordinário e que seria fechado com cerca de oitocentos contos de réis de lucro. Era uma grande soma, mas não se sabe quanto dela ficou com Irineu Marinho. Sabe-se, contudo, que algum dinheiro ele possuía, pois, em meados do mês de abril emprestou a Levy Pereira Leite e esposa a quantia de oitenta contos de réis, por um ano, com juros de 10%; e no dia 2 de julho, às vésperas, portanto, da fundação de *O Globo*, emprestou quatrocentos contos de réis aos comerciantes de joias Emmanuel Bloch & Frère, estabelecidos na rua da Quitanda, a juros de 12%.

O lançamento de um jornal novo, com a marca de Irineu Marinho e após o escândalo em que se convertera a traição de Geraldo Rocha e de antigos companheiros de *A Noite*, não pareceu muito difícil. Célebre pelas enquetes que comandara em *A Noite*, Irineu resolveu lançar uma campanha pública para que os leitores se pronunciassem acerca do nome que deveria tomar o novo jornal. *Correio da Noite* foi o mais votado.

PÁGINA AO LADO:

Transferência de ações de A Noite *de Irineu Marinho para Geraldo Rocha.*
MEMÓRIA GLOBO

Transcrição:
Prezado amigo Irineu Marinho Pela presente, vos autorizo a levar a conta de meu débito, em conta corrente na "Sociedade Anônima A Noite" o vosso débito com a referida sociedade no momento em que me transferistes as vossas ações – o vosso débito a que me refiro é da importância de quatrocentos contos de réis (400:000$000) Rio de Janeiro 14 de dezembro de 1923. Geraldo Rocha.

Primeira equipe de O Globo *em agosto de 1925.*
MEMÓRIA GLOBO

Da esquerda para a direita, primeira fila, sentados: Eurycles de Mattos, Irineu Marinho, Henrique Gigante, Braz Martins Vianna, Osmar Graça, Joaquim da Costa Soares. Segunda fila, em pé: João Louzada, Honório Netto Machado, José Sizenando, Eloy Pontes, Severino Barbosa Correa, Ernesto Franciscôni, Moacyr Marinho, Mario Cataldi, Antonio da Silva Pereira, Antonio Serpa e Marcolino Linio. Terceira fila em pé atrás: Ernani Aguiar, Bandeira de Mello, João Cabral, Barros Vidal, João Guimarães, Roberto Marinho e Luiz Del Valle.

ANNO I — N. 1

EDIÇÃO DAS 18 HORAS

Quarta-feira, 29 de julho de 1925

JORNAL DA NOITE
RIO DE JANEIRO
Escriptorios e officinas proprias rua Bethencourt da Silva n. 15 (Edificio do Lyceu de Artes e Officios)
TELEPHONES
Redacção — Central 6241, Central 6242 e Official
Administração — Central 6243
Officinas — Central 6246

O GLOBO

Director-proprietario — IRINEU MARINHO
Director-thesoureiro — HERBERT MOSES
Director-gerente — A. LEAL DA COSTA

ASSIGNATURAS
Anno.... 36$000 Semestre.. 18$000
Numero avulso 100 réis (em todo o Brasil)
Correspondentes especiaes no estrangeiro e em todos os centros importantes do paiz, além dos serviços das Agencias Havas, Americana e United Press.
Não se dará a restituição de originaes mesmo dos não aproveitados

Voltam-se as vistas para a nossa borracha

A QUÊDA DO IMPERIO BRASILEIRO

Desvendam-se os mysterios de um archivo secreto

(Correspondencia de Vienna, especial para O GLOBO)

Um dos onze andares dos famosos archivos secretos de Vienna

Os archivos secretos da dynastia Habsburgo foram afinal abertos á curiosidade publica.

E' a revelação de seculos de intriga diplomatica. Esses archivos contêm enorme quantidade de correspondencias algumas das quaes, si se tivessem tornado conhecidas ha alguns annos, teriam talvez causado outras guerras sangrentas. Pela primeira vez se esclarecem os esforços dos Habsburgos desenvolvidos no mundo inteiro para manter unido o Imperio e estender o poder e a influencia da familia reinante. Numa palavra, os archivos revelam com exactidão o que os emissarios dessa monarchia absoluta faziam e diziam a respeito do resto do mundo, durante alguns seculos.

O Dr. Otto Ernst, o bem conhecido publicista viennense, examinando [illegible] respondencia, seleccionou documentos que contam pela primeira vez, do ponto de vista dos monarchistas austriacos, as historias de alguns dos grandes acontecimentos de annos passados. Ha, por exemplo, as communicações dos emissarios do Imperio austro-hungaro, relativas á quéda do ultimo Imperio americano — o desthronamento de Dom Pedro II, Imperador do Brasil. A maior parte dessas communicações eram transmittidas em codigo diplomatico.

Quando caiu D. Pedro, em novembro de 1889, por effeito de uma revolução incruenta que durou 24 horas, o conde Welsersheimb era embaixador do Imperio austro-hungaro junto á côrte do Rio de Janeiro. A 17 de novembro, o conde Welsersheimb enviava o seguinte cabogramma ao seu superior em Vienna, o conde Kalnoky, ministro dos Negocios Estrangeiros:

"A revolta militar incruenta, que rebentou na madrugada de ante-hontem, foi levada ao desthronamento pela força do Imperador e á proclamação da Republica Federal dos Estados Unidos do Brasil. O marechal Deodoro da Fonseca é o chefe do governo provisorio. Suas Majestades, com a familia, foram embarcados debaixo de escolta em um navio de guerra brasileiro, com destino a Lisboa. Despedi-me pessoalmente de Suas Majestades a bordo do navio, e pedi-lhes para dispôr dos meus serviços. O Imperador, mais que todos, está calmo, e physicamente bem. A ordem publica se acha inalteravel."

O conde Welsersheimb via, assim, do ponto de vista de um realista, os acontecimentos que se agitavam ao nascer a nova republica. O seu cuidado principal era o bem-estar de D. Pedro e de sua familia, parentes do seu glorioso soberano Francisco José. Essa fidelidade do diplomata austriaco não passou despercebida. Na parte inferior do documento original, existente nos archivos de Vienna, foi escripta a seguinte nota pela propria mão de Francisco José:

"Minha apreciação sobre a sua correcta attitude deve ser levada ao conhecimento do conde Welsersheimb.—F. J."

Seguiu-se a esse telegramma um pormenorizado relatorio do mesmo diplomata, tambem dirigido ao conde Kalnoky, que assim começava:

"Muito honoravel conde: Tive a honra de informar Vossa Excellencia, no telegramma de 17 de novembro, de que vae uma copia inclusa, da reversão da ordem politica, a qual se achava completada dentro de um periodo que pouco excedeu de 24 horas. Antes de começar a descrever os pormenores desse acontecimento historico, peço permissão para fazer brevemente o retrospecto do passado proximo, sem o conhecimento do qual seria difficil comprehender a catastrophe que caiu sobre o paiz com surprehendente rapidez..."

Neste ponto o embaixador traça um quadro do Brasil de 1889, narrando a seu modo os factos historicos brasileiros desde 1808.

Quando chega a 1889, o embaixador austriaco traça este quadro:

"O surdo excitamento, que se propagou pelo paiz inteiro, e o descontentamento universal com as condições existentes; o abuso illimitado da liberdade politica pelos leaders dos partidos e pela imprensa; o desrespeito de toda autoridade, e especialmente da dignidade e reputação do Chefe do Estado, continuaram por longo tempo. E tambem a corrupção, que se foi infiltrando em toda a administração publica. Além disso, grandes e numerosos erros commettidos pelo presidente do Conselho, como tambem pelos ministros dos departamentos especiaes — especialmente no da Guerra e no da Marinha — causaram o afastamento gradual de certas classes e partidos, e por fim alienaram completamente a opinião publica. Em taes circumstancias, o movimento, que tocou a nação quasi toda, ganhou do mesmo modo o Exercito e a Marinha, e os symptomas dessa corrente em pouco se tornaram tão evidentes que o governo foi forçado a cuidar de medidas preventivas. Foi resolvida a remoção para provincias distantes da maior parte das tropas concentradas na capital, e a execução dessa medida justificava a maior precaução. [illegible] preparar esse acto, o governo [illegible] ha poucas semanas, com elementos [illegible], uma guarda nacional uniformizada, a qual tinha de fazer o serviço de guarnição na capital, depois da projectada remoção das tropas de [illegible]. Esta medida apenas [illegible] combustivel ao fogo.

Na [illegible] 15 de novembro, que era a [illegible] para o embarque de um [illegible] batalhões de infantaria [illegible] foi informado de que o [illegible] estava decidido a recusar [illegible]; que outras tropas sympathizavam confessadamente com a revolta, e [illegible] dos mais influentes generaes [illegible], o marechal [illegible] [illegible] o marechal [illegible]

Assim o conde Welsersheimb só viu levantar-se a vaga da democracia com os olhos da realeza, dando-nos a seguinte impressão pessoal de D. Pedro II no dia da proclamação da Republica:

"O Imperador julgou os acontecimentos, que lhe eram communicados, com notavel compostura, e procurou acalmar a ansiedade dos seus conselheiros.

— Cousas desta especie têm acontecido diversas vezes, dizia o Imperador. Eu conheço os meus brasileiros. Isto passará tão depressa como veiu!"

Mas ao mesmo tempo em que D. Pedro estava dizendo estas palavras, os chefes republicanos redigiam uma proclamação, que declarava o desthronamento da dynastia, a extincção da constituição monarchica e a installação de um governo provisorio. Isso era seguido por um decreto definindo a nova fórma do Estado como uma republica federal e proclamando o estabelecimento dos Estados Unidos do Brasil.

O conde Welsersheimb faz uma breve e particularmente pouco lisonjeira exposição relativa aos membros do novo gabinete. Diz elle:

"E' geralmente e positivamente affirmado agora que o "Partido de Acção Republicana" projectava a revolta desde muito tempo, e fixara a sua data para o dia 2 de dezembro. E' tambem quasi certo que o mesmo partido deliberadamente ensaiava aproveitar-se do desgosto que prevalecia no Exercito e na Marinha, e que teve um adepto nos circulos militares. Todavia, nem o Exercito, nem a Marinha eram republicanos e anti-realistas antes de 15 de novembro. Mas os conspiradores republicanos obtiveram exito pela habil e viva exploração da verdadeira situação, desviando as tropas, que originariamente se revoltaram somente contra os ministros, para a realização dos seus planos. Essas tropas, festejadas pela populaça, foram desgarradas pelas ovações e logo lançadas na corrente dos acontecimentos. O marechal Deodoro, até então monarchista, viu-se elle proprio impellido a uma tribuna do povo. Si a imprensa da capital falla nas suas noticias de um "enthusiasmo inspirado", com os quaes a população e todos os partidos saúdam esses acontecimentos, essas noticias são artificiosas da primeira até a ultima palavra. A grande massa da população, todos os que não acreditavam no Partido Republicano, o qual era até então fraco em numero, ou no escandalo — a canalha affectuosa — saúdam, com espantosa indifferença, o espectaculo creado por uma minoria activa."

O conde Welsersheimb introduziu-se clandestinamente entre os que acompanhavam os netos de D. Pedro II ao navio. Ahi fallou com a familia imperial por mais de uma hora, offerecendo os serviços, simultaneamente com um convite para a côrte austriaca, e assegurando a D. Pedro que elle seria cordialmente recebido pelo seu "nobre, magnanimo, sublime e o mais gracioso senhor", Francisco José. Dom Pedro agradeceu a Welsersheimb, porém, explicou-lhe que o seu proximo e natural destino seria Lisboa, e que já tinha recebido um convite da côrte portugueza.

O embaixador observava ainda no seu relatorio que D. Pedro e o conde d'Eu estavam calmos e dominavam os seus sentimentos; mas a Imperatriz chorava, e sua filha, a condessa d'Eu, se mostrava indignada com "a cegueira e a ingratidão do paiz".

Agora, com a partida da familia imperial para a Europa, deixemos o conde Welsersheimb no Brasil. Sómente mais um dos seus telegrammas é de interesse porque Francisco José tomou nelle uma [illegible] que mostra o seu curioso ponto [illegible] vista na materia:

"Apresente-se uma moção concernente á nossa conducta relativa ao Brasil, [illegible] que [illegible] terá mas e urgente. — F. J.

Isso foi escripto pelo proprio punho do Imperador da Austria-Hungria, na copia original deste telegramma enviado do Rio de Janeiro pelo conde Welsersheimb:

"O governo provisorio notificou os representantes officiaes das grandes potencias do desthronamento da dynastia imperial e da proclamação da Republica, como da consideração em que toma os accordos existentes e do desejo de manter relações amistosas com as potencias. Deixo esta notificação sem resposta até aviso ulterior, como tambem o fazem os meus collegas allemão, italiano e inglez."

Mas alludi acima ao desejo que Dom Pedro II externara, de fixar-se em Lisboa; pois, segundo outro documento do archivo secreto, é attribuida ao barão Goedel Launoy, embaixador austriaco junto á Côrte Portugueza, a seguinte expansão acerca dos sentimentos de D. Carlos, o parente mais proximo dos exilados brasileiros.

"Elle (o Rei D. Carlos) espera que o Imperador não permanecerá aqui muito tempo. Dom Pedro póde causar muitos embaraços pelas suas maneiras democraticas e pelas suas preferencias por ligar-se aos liberaes e até a pessoas de principios republicanos."

O mais revoltante de tudo, entretanto, é o que os documentos austriacos agora encontrados attribuem ao conde Hayos, embaixador austriaco em Paris, que teria feito ao grande monarcha brasileiro cahido em desgraça esta clamorosissima injustiça:

"D. Pedro ficou secretamente satisfeito por ter sido deposto e apanhar uma indemnisação em dinheiro; ficou satisfeito de assim prégar uma peça á sua filha."

E' impossivel ser mais perverso.

UM CASO

Os inimigos natos

O successo de um jornal depende de um grande numero de circumstancias; e é nisso que um jornal se parece com outra empreza qualquer.

Dá-se, entretanto, com a empreza jornalistica o que não se dá com outras: ella conta, de [illegible], com varios inimigos natos que vão desde o analphabeto que não lê porque não sabe, até o mais que analphabeto, que não lê porque não quer.

Mas não são apenas esses: a essencia mesmo do jornal é a curiosidade, — sexto sentido que tem por orgão o reporter, mixto de ouvido, olho e faro com mãos para escrever e pernas para andar depressa. Por pouco um habitante de Marte em caricatura.

Ora, o reporter quer saber, saber para contar, saber justamente cousas que outros não querem que se saibam e elle proprio não quer que sejam sabidas de outrem, collegas, sobretudo.

E ahi está um dos maiores inimigos do jornal: o que tem segredos a guardar e que são todos que o reporter procura, acompanha, fareja, bisbilhoteiro e curioso.

Outro inimigo é o agente da autoridade que tem ordens a cumprir, ordens que collidem com os altos interesses da publicidade.

— Não póde entrar! Não póde passar! Não póde estar ahi... são formulas odiosamente restrictivas da liberdade do faro e do "furo".

Assisti, certa vez, ao seguinte caso:

Era um incendio. Um "pavoroso" na giria reportiva.

Fizera-se o cordão de isolamento com o maximo rigor. Approximou-se um rapaz, afobado, chapéo no alto da cabeça e [illegible] cordão.

O soldado que guardava aquelle ponto não consentiu. Era um caboclão reforçado, typo de nortista e pelo desengonço da "linha" mostrava ser novo na policia.

— Não póde passá, moço!

— Mas eu sou da imprensa.

— Já lhe disse que não póde, são "ordes".

Era tarde, mais de meia noite; cumpria andar com a maior actividade, afim de apanhar as notas para o seu jornal, que era da manhã.

O reporter recorreu aos meios brandos e suasorios:

— Olhe cá, camarada, eu sou reporter, preciso colher umas informações umas notinhas, saber o nome do dono da casa, se ella está no seguro, qual a companhia... você comprehende... não tenho tempo para dar a volta toda pela outra rua...

— Mas eu já disse ao senhor que não póde; não "ateime"!

— E como é que eu hei de saber tudo isso? rugiu o reporter já irritado.

— "Ora", fez o zeloso policial, "leia as fóia amenhã de menhã"; "ellas traz tudo"...

* * *

São Guttemberg proteja o GLOBO dos seus inimigos naturaes.

Don Xiquote.

A CIDADE ESBURACADA

S. M. o rei dos Buracos foi tapado provisoriamente

UM PEQUENO SERVIÇO PRESTADO AO PUBLICO PELO "O GLOBO"

Era esse, como está na primeira photographia, o perigosissimo buraco do Engenho Novo, sobre o qual O GLOBO collocou, para defender as vidas dos incautos, a tapagem provisoria que na segunda se destaca

Aquelle buraco era o mal dos nervos de toda a gente que passava á beira, ali, no Engenho Novo, entre os trilhos dos bondes e o leito da Central.

Não se sabe mais por que razões profundas, elle ali se cavou, terra a dentro, como uma ferida mostrando as visceras do intestino do bairro, com as suas complicações de canos da City, conductos das Obras Publicas, cabos da Light e outras numerosas complicações não especificadas que recortam o subsolo de uma cidade. Profundo e insondavel como o abysmo á beira do qual a Republica vem se equilibrando ha trinta annos, elle era, entretanto, muito menos theorico.

Caminhão desattento que ali passasse, automovel que tivesse um cochilo de direcção, catrapuz! — lá trambolhava para dentro do tremendo buraco insaciavel que engolia tudo, carro, "chauffeurs", passageiros, gazolina e até os cavallos!

Já varios desastres tinha custado a fauce terrivel do buraco sinistro, sendo que, de um, resultaram ferimentos graves no "chauffeur".

A Prefeitura não podia permanecer indifferente a esse calamitoso barathro. E, por isso, ha cerca de um anno, escalou uma turma de operarios sob a chefia do mestre Manoel José Ferreira e a superintendencia technica de um engenheiro.

Foi um successo o inicio das obras, que proseguiram, continuaram e... ainda continuam... apenas, ha quasi um anno, permanecendo o pavoroso buraco ainda aberto, faminto, como a pedir outros desastres, a exigir victimas, sangue e desolação no seu appetite formidavel de buraco de respeito:

— Comidas, meu santo!

E' que, para qualquer de nós, tapar um buraco é só e simplesmente tapar um buraco. Para a Prefeitura a coisa é muito differente. Para ella, não é só com terra que se tapa um buraco. Passam lá por baixo innumeros tubos, cordões, cabos, cannos, manilhas, ora da City, ora da Light, ora das Obras Publicas, num conjunto de jurisdicções differentes, de zonas de influencia em conflicto, que era preciso respeitar.

E a Prefeitura poz-se a tapar o buraco com papel de officio, pedindo medidas a todas essas potencias afim de que cada uma fizesse o remendo que lhe competisse, dentro do buraco.

Até hontem, as obras estiveram paralysadas quinze dias, mas a City, afinal, se resolveu a concertar o seu pedaço.

Ora, como, entre as varias maneiras de tapar o buraco muitas ha que independem disso tudo, encontramos uma que evita, desde já, o que era mais urgente, o perigo de desastres.

Imagine-se que o buraco ainda teria de estar fechado mais um anno, á espera de uns cannos especiaes que ainda estão se fabricando.

Hoje, pois, pela manhã, cedo, aquelles quinze homens da turma deram com o buraco tapado!

O GLOBO, durante a noite, armara sobre elle, como se vê na gravura, uma tampa resistente de pranchões fortes, offerecendo esse modesto serviço ao publico carioca em uma placa commemorativa, á semelhança daquellas — "El rey, por bem do seu povo" — que se lêm nas fontes publicas.

Formou-se logo um ajuntamento de curiosos que commentavam o caso, enthusiasmando-se ao ponto de acclamarem O GLOBO, num vozerio a que se incorporou o coro garrulo da creançada de uma escola publica, que funcciona em frente do buraco. O tapume foi logo inaugurado por um pesado auto-caminhão que lhe experimentou a solidez.

O mais interessante do caso foi que o chefe da turma embatucou com a coisa...

Não podia ser! E foi levar o caso, na suspeita de algum delicto ou infracção, ao engenheiro Dr. Gama Lobo.

Felizmente o engenheiro houve por bem tranquillizal-o. Que estava muito bem, que estava muito bem feito.

Foi nesse momento que suamos frio, no terror de ver destruido o resultado do nosso trabalho...

Não fossem elles mandar abrir de novo o buraco, só por falta das formalidades legaes, no seu fechamento!

UM INDICE NO NOSSO PROGRESSO

E' assombroso o augmento dos automoveis!

De 2.772 para 12.995 no espaço de um anno!

Em 1922

Recentissimos dados fornecidos pelo Serviço de Informações do Ministerio da Agricultura, dizem-nos que foi incrivel o augmento da importação de automoveis, de 1922 para 1923.

Esse augmento já se verificava, com relação ao oleo combustivel e á gazolina.

Os augmentos de gazolina e oleo combustivel são enormes; em 1913, apenas

Em 1923

importavamos 12.428 toneladas de gazolina e 152 de oleo combustivel. Hoje importamos 100.500 da primeira e .... 36.582 do segundo. Estudando-se separadamente a importação de vehiculos, verifica-se ter augmentado de modo consideravel a de automoveis. Em 1922 importámos 2.772 autos e já em 1923 a importação é representada por 12.995 carros, no valor de 53.546 contos.

O valor da importação de automoveis representa-se em 1923 por 53.546 contos, correspondentes a 1.197.586 libras; o valor da gazolina ascendeu a 55.579 contos equivalentes a 1.231.992 libras.

NO RIO

É descoberto o grande roubo da Ourivesaria Rio Branco

(2.ª pagina)

FÓRA DO RIO

Tres senhoras começaram a atravessar a nado a Mancha

(2.ª pagina)

Uma importante questão para o Brasil

O que o Sr. Ford [vae] fazer no Pará

A luta contra o predominio in[glez] no mercado da borracha

LONDRES, 29 (U. P.) (Despacho [es]pecial para O GLOBO). — A in[for]mação, procedente do Rio de Jan[eiro] de que o Sr. Henry Ford, o grande [in]dustrial archi-millionario norte-am[eri]cano, é esperado brevemente em [Be]lém do Pará, já é corrente no Min[cing] Lane, que é hoje em dia o merc[ado] mundial da borracha. Tal notici[a] interpretada como proposito signif[ica]tivo da parte do Sr. Ford para c[om]bater "o preço extorsivo da bo[rra]cha", pela inversão de grandes c[api]taes com vistas ao restabeleciment[o] antiga escala de producção dessa [ma]teria prima na região do Amazo[nas].

Não obstante a falta de qualq[uer] noticia dos Estados Unidos, que [con]firme o annuncio da proxima par[tida] do Sr. Ford para o Brasil, outra [in]formação divulgada no Mincing L[ane] relativa ao grande industrial no[rte-]americano, o qual declarara rece[nte]mente que estava tratando de "estu[dar] certo projecto no Brasil", contrib[ue] para que os commerciantes de bo[rra]cha desta praça acreditem no b[oato] de que ou o Sr. Ford tem realme[nte] em vista fazer uma visita pessoal [ao] Brasil ou enviará alguns engenhei[ros] da sua maior confiança a esse p[aiz] em futuro proximo, para examinar as possibilidades de reorganisação [da] producção da borracha no extre[mo] norte brasileiro.

Entretanto, apezar da firme deter[mi]nação dos fabricantes norte-ameri[ca]nos de pneumaticos e outros arte[fa]ctos de borracha em levantar u[ma] grande somma para combater o [que] consideram um monopolio inglez so[bre] o fornecimento mundial de borrac[ha] e apesar da crença de que o Sr. Hen[ry] Ford pretende intervir na situaç[ão], não ha nenhuma perturbação no M[in]cing Lane.

Os corretores de borracha de[sta] praça calculam que seriam necessar[ios] mais de quinhentos milhões de doll[ars] [illegible] sombrios, [illegible] no coração de Londres, onde se concentra agora o commercio mundial de borracha.

O mais conhecido e o mais opulento capitalista do mundo: o Sr. Ford

Observa-se aqui que Amsterdam te[m] tentado durante trinta annos manter "contrôle" da venda de borracha d[as] Indias Orientaes Hollandezas, mas, [se]gundo os especialistas, mais cedo [ou] mais tarde a borracha hollandeza vi[rá] procurar compradores no mercado [de] Londres.

Os especialistas acreditam igua[l]mente que sempre acontecerá o mesm[o] em relação a Nova York. Os corre[c]tores do Mincing Lane estão inteir[a]mente convencidos de que os fabr[i]cantes norte-americanos de pneumat[i]cos poderão sempre fazer compra ma[is] vantajosa em Londres do que e[m] qualquer parte, inclusive os paizes pr[o]ductores, seja a India, as Indias Ho[l]landezas ou o Brasil.

Se o Sr. Henry Ford pretende rea[l]mente executar um projecto no Bras[il] e si dessa tentativa resultar o a[u]gmento da producção mundial, haver[á] com certeza maior quantidade de bo[r]racha a comprar e a vender, e prova[]velmente um augmento correspondent[e] do consumo. Mas o Mincing Lane es[tá] na convicção inabalavel de que po[r] experiencia e a tradição ficará sendo [o] mercado preferido, não importando [a] reluctancia dos fabricantes norte-ame[ri]canos de pneumaticos e outros arte[]factos de borracha.

Procura-se consolidar a divida de guerra belga

BRUXELLAS, 29 (Radio-Havas) — Partiu, hoje, para os Estados Unid[os] a missão financeira belga encarregad[a] de negociar com o governo american[o] a consolidação da divida de guerra.

Está sendo preparada a amnistia na Allemanha

Só os communistas serão excluidos dessa medida

BERLIM, 29 (Radio-Havas) — Consta em rodas politicas que a lei de amnistia, que está sendo preparada no Reichstag, excluirá dos beneficios dessa medida os communistas. Assegura-se que essa restricção foi adoptada, a pedido expresso do governo.

Augmenta a nossa compra de automoveis aos Estados Unidos

WASHINGTON, 29 (U. P.) — As informações publicadas pelo Ministerio do Commercio demonstram que o Brasil comprou no mez de maio ultimo 925 automoveis americanos no valor de 817.095 dollars contra 385.000 dollars no mez de maio do anno anterior.

Esses algarismos são interpretados nos circulos commerciaes, como indicio eloquente da prosperidade do Brasil.

Encontro de forças

DESENHO DE RAUL

— Assim o campeão da Despesa derrota o campeão da Receita. Forças deseguaes...
— Não faz mal. E' do programma. Já estamos acostumados.

SUCCEDEM-SE OS ATTENTADOS COMMUNISTAS EM VARSOVIA

Uma testemunha morta em meio da audiencia do Tribunal!

VARSOVIA, 29 (Radio-Havas) — A primeira audiencia do processo dos autores do attentado contra o presidente da Republica foi perturbada pela intervenção violenta dos communistas.

A' certa altura dos debates, um communista assassinou uma testemunha da accusação, suscitando-se grande tumulto.

Em poder do assassino, foram encontrados documentos compromettedores, que estão dando motivos a novas prisões.

Como o título não estava disponível, foi escolhido *O Globo*, segundo colocado no concurso. Sua primeira rotativa foi alugada de Leônidas de Rezende, um dos proprietários, juntamente com Maurício de Lacerda, do jornal *A Nação*, ambos escondidos, por aquela época, fugindo ao cerco do presidente Artur Bernardes. Amigos comuns terão arranjado um encontro de Irineu Marinho e Leônidas de Rezende em uma barbearia, favorecendo a realização da locação. O novo jornal foi instalado no prédio do Liceu de Artes e Ofícios, com entrada no largo da Carioca, aluguel amigável e mobiliário herdado da Companhia de Seguros Sul América, que havia deixado o endereço e parte dos móveis que lhe pertencia. Alguns dias antes de seu lançamento, foram publicados e distribuídos dois boletins: um com a informação completa do jogo de futebol Paulistano × Fluminense, realizado no estádio de Laranjeiras; e outro, o *"Boletim Gratuito de* O Globo*"*, que noticiava o batismo de suas novas instalações. Outros métodos de propaganda do novo jornal foram a transmissão de notícias e concertos de música popular pela Rádio-Sociedade do Rio de Janeiro e pela Rádio-Club; e a composição de um foxtrote, intitulado "O Globo", cuja partitura foi impressa aos milhares e distribuída em toda a cidade. Portanto, quando o jornal começou a circular pelo Rio de Janeiro, na tarde de 29 de julho de 1925, já era amplamente conhecido e aguardado pela população da capital federal.

Cerimônia de batismo das máquinas do jornal O Globo *em 25 de julho de 1925.*
MEMÓRIA GLOBO

PÁGINA AO LADO:
Primeiro número do jornal O Globo, *lançado em 29 de julho de 1925.*
AGÊNCIA O GLOBO

205

Primeira equipe de O Globo, em jantar improvisado na sede do jornal, antes de seu lançamento, em julho de 1925. Em sentido horário, começando de baixo pelo homem de paletó escuro: Arlindo Valentim da Rocha, chefe da oficina de composição; Valentim Petry, emendador; Alarico Marinho, contador de linhas; Henrique Gigante, auxiliar da gerência; Herbert Moses, tesoureiro; Póvoas Siqueira, da redação; João Cabral, da revisão; Manoel Gonçalves, da redação; Severino Barbosa Corrêa, da redação; Ernani Aguiar, da redação; Ernesto Francisconi, desenhista; Barros Vidal; Odilir Souza e Silva; Joaquim da Costa Soares; José Maria Pereira; Costa Ramos, todos da redação; Ricardo Marinho; Hélio Neto Machado, da redação;

Arthur Guimarães, da redação; Braz Vianna, chefe da estereotipia; Irineu Marinho, diretor; Honório Netto Machado, chefe da seção de esportes; e Moacyr Marinho (sobrinho de Irineu), fotógrafo.
AGÊNCIA O GLOBO

Papel timbrado de O Globo, datado de 28 de julho de 1925, véspera do lançamento do jornal e com assinatura de alguns de seus integrantes.
MEMÓRIA GLOBO

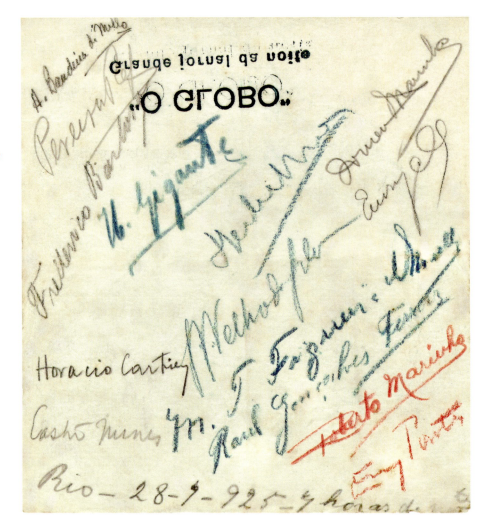

Irineu Marinho faleceu cerca de vinte dias após o lançamento de seu novo jornal, na sua residência à rua Haddock Lobo, n. 366, Tijuca, em uma banheira que usava para atenuar as dores causadas por pedras nos rins. Morreu de infarto, deixando d. Chica, cinco filhos e, recém-criado, *O Globo*. Roberto Marinho relatou:

> Com vinte anos de idade, eu era secretário particular de meu pai e todas as noites, por volta das sete horas, eu o acompanhava no automóvel até a casa em que morávamos. Justamente no vigésimo sexto dia, essa rotina se repetiu. Fizemos a pequena viagem de volta, falamos do jornal, da aceitação pública que ele estava recebendo. E meu pai, entusiasmado, expandia-se sobre os seus planos. Jantamos juntos, como sempre, e, depois, saí para a vida de um jovem da minha idade. Voltei para casa às duas da manhã. Fui acordado às seis da manhã, pelos

Voltar

gritos de minha mãe, que não conseguia abrir a porta do banheiro, onde meu pai ia buscar alívio para suas crises renais, em banhos de água quente, por conselho médico. Agarrei uma cadeira e consegui passar por uma abertura que havia por cima da porta. E aí começamos a tentar fazer com que ele voltasse à vida. Mas ele já estava morto.

O corpo de Irineu Marinho foi velado na sala de redação de O Globo. Uma multidão se aglomerou no largo da Carioca para prestar homenagem ao jornalista. O cortejo seguiu para o cemitério São João Batista, em Botafogo, e as fotos do evento falam por si: Irineu Marinho morreu como um herói da cidade. Fiel ao seu estilo, o funeral foi filmado pela Botelho Film e transmitido na tela do cinema Odeon.

A Botelho Film, prestando derradeira homenagem à memória do nosso querido mestre, fez confeccionar um filme dos funerais de Irineu Marinho, filme este que está sendo passado desde ontem na tela do Odeon. O trabalho da Botelho Film apresenta vários aspectos da demonstração de pesar que a população prestou

Após a morte de Irineu Marinho, O Globo foi comandado por Eurycles de Mattos. Até assumir a sua direção, em 1931, Roberto Marinho aprendeu o ofício com os companheiros do pai. Da esquerda para a direita: Henrique Gigante, Roberto Marinho e Herbert Moses.
AGÊNCIA O GLOBO

209

ao nosso saudoso diretor, bem como flagrantes da cerimônia do saimento fúnebre, do desfile do cortejo etc.

É difícil imaginar o que teria sido *O Globo* sob a direção de Irineu Marinho. Uma história plausível do novo jornal seria aquela em que a inspiração de *A Noite* se faria presente, transmitindo ao recém-nascido as características genéticas que a tinham tornado tão bem-sucedida. Mas o próprio desfecho da participação de Irineu Marinho na Sociedade Anônima A Noite – isto é, a intervenção de interesses mais pesados na estrutura organizacional da folha, fazendo com que ele abdicasse de dirigi-la –, indicava que alguma coisa do velho sistema de gestão empresarial e condução intelectual praticado por Irineu Marinho havia encontrado limites.

O Brasil, de fato, havia mudado, enquanto mudava o jornalismo brasileiro. As aventuras de empresários e seus negócios de risco, aquilo que caracterizou o "americanismo à brasileira" nas primeiras décadas republicanas, não encontrara solução institucional adequada, e o Estado se avultava como tutor de uma sociedade que, sozinha, não conhecera a ordem e a prosperidade. Getúlio Vargas já se pusera no horizonte das alternativas modernizadoras do país. E, com ele, o interesse nacional será orquestrado pelo Estado, e não pela sociedade e suas agências de opinião.

Irineu Marinho foi um homem de seu tempo. Morreu com ele.

Cortejo fúnebre de Irineu Marinho em frente à sede do jornal O Globo, *nas páginas das revistas* Ilustração Moderna *e* Fon-Fon.
MEMÓRIA GLOBO

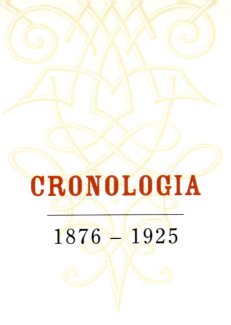

CRONOLOGIA
1876 – 1925

19/6/1876 Nasce Irineu Marinho Coelho de Barros, em Niterói, RJ, filho de João Marinho Coelho de Barros e Edwiges Souza Barros. Estudou no Liceu Popular Niteroiense (Colégio William Cunditt) e concluiu seus estudos, em 1892, no Liceu de Humanidades, atual Nilo Peçanha.

1891 Irineu Marinho trabalha como suplente de revisor no *Diário de Notícias*.

1891/1892 Atua como redator do jornalzinho *A Juventude – Órgão da Associação Literária Juvenil*.

2/8/1892 Publica o artigo "Reflexões (ao Lívio Moreira)", no jornal *A Pena – Órgão Literário*, editado por Octávio Kelly e impresso na tipografia de *O Fluminense*.

8/1892 Funda o Grêmio Literário Homenagem a Silvio Romero, responsável pela edição do jornal *O Ensaio*, no qual atua como redator chefe.

23/9/1892 A 28/1/1893 Colabora com *O Fluminense*. Estreia com o artigo "Remarcks", no qual defende os intelectuais atacados por Luiz de Azevedo, crítico do jornal *A União*. A querela entre os dois é publicada em *O Fluminense* até 2 de outubro de 1892. Irineu encerra sua colaboração em *O Fluminense* com o artigo "Reflexos".

1893 É contratado como revisor da *Gazeta de Notícias*. Nesse ano, faz uma reportagem sobre os primeiros acontecimentos da Revolta da Armada.

9/1894 Ainda funcionário da *Gazeta de Notícias*, aceita o convite para trabalhar como revisor no vespertino *A Notícia*, recém-lançado por Manoel J. de Oliveira Rocha, o Rochinha.

1898 Sai de *A Notícia* e vai para *A Tribuna*, jornal de Antônio Azeredo, dirigido por Alcindo Guanabara. Além de revisor, começa a atuar como repórter policial.

1903 Funda e participa da diretoria do Círculo dos Repórteres.

24/12/1903 Casa-se com Francisca Pisani (d. Chica).

1904 Volta para a *Gazeta de Notícias*, primeiro como chefe da revisão, depois repórter, secretário de redação (1906) e diretor financeiro (1910). Nesse período, Manoel da Rocha, o Rochinha, era o diretor do jornal.

3/12/1904 Nasce seu primeiro filho, Roberto Marinho.

21/10/1907 Nasce a filha Heloísa Marinho.

8/4/1909 Nasce o filho Ricardo Marinho.

18/7/1911 Lança o jornal *A Noite*. O vespertino tinha sede no largo da Carioca e oficinas gráficas na rua do Carmo. Entre os que entraram com o capital necessário para o lançamento estavam o empresário teatral Celestino da Silva (vinte contos), o escritor João do Rio (vinte contos), Joaquim Marques da Silva (cinco contos) e Avelino de Medeiros Chaves (oito contos), além de companheiros da *Gazeta de Notícias*.

7/1911 *A Noite* lança diversas campanhas, entre elas "Melhoremos os subúrbios!"; "O quiosque é uma ignomínia"; apoio à candidatura do barão do Rio Branco ao Nobel da Paz e à regulamentação do horário de trabalho dos comerciários. Nos primeiros meses, *A Noite* saía com tiragens de 5 mil exemplares.

8 A 10/1911 Para promover a aviação, *A Noite* oferece um prêmio de dez contos de réis para o vencedor de um *raid* aéreo sobre a baía de Guanabara. O aviador francês Edmond Plauchut decola da avenida Rio Branco e cai, com seu Bleriot, próximo à ilha do Governador. Em outubro, na redação de *A Noite*, é fundado o Aeroclube do Brasil.

5/1913 *A Noite* publica a reportagem "O jogo é franco! – uma roleta em pleno largo da Carioca".

1913-1914 A venda diária de *A Noite* ultrapassa os 20 mil exemplares.

3/1914 Durante o estado de sítio decretado por Hermes da Fonseca, Irineu Marinho se refugia na Legação Argentina e depois em São Paulo. *A Noite* é suspensa e, para

evitar danos financeiros, a equipe lança o jornal *A Nota*, suspenso um dia depois. Com a ausência de Irineu Marinho, alguns jornalistas e fundadores rompem com *A Noite* e lançam o vespertino *A Rua*.

6/1914 *A Noite* faz a primeira reportagem aérea no Rio de Janeiro. Os repórteres Paulo Cleto e Freitas Pitombo sobrevoam e fotografam o Rio de Janeiro a bordo de dois aeroplanos.

7/1914 *A Noite* oferece uma taça ao melhor time brasileiro nos jogos de futebol contra o time inglês Exeter City. Esse é considerado o primeiro jogo da seleção brasileira, que derrotou os ingleses por 2×0.

7/9/1914 Nasce a filha Hilda Marinho.

3/1915 *A Noite* inicia a publicação, em folhetim, do romance *Numa e a ninfa*, de Lima Barreto.

5/1915 *A Noite* publica as reportagens "Duas semanas entre mendigos", sobre a mendicância no Rio de Janeiro; "Como é fácil roubar!", sobre roubos em museus e bibliotecas; e "O escândalo das matrículas".

12/1915 *A Noite* publica a mais célebre de suas reportagens: "A sensacional história de um faquir", denunciando o charlatanismo na cidade.

1915 *A Noite* apoia a campanha para criação da Casa dos Artistas, idealizado por Leopoldo Fróes.

1/1916 Alberto Torres inicia colaboração no jornal, com artigos semanais publicados na primeira página.

1916 Irineu Marinho edita livros através das Oficinas Gráficas de *A Noite* e da Empresa de Romances Populares.

6/1916 Nasce a filha Helena Marinho, que morre com um ano e três meses, em 25 de setembro de 1917, vítima de uma pneumonia.

1916-1917 Irineu Marinho investe em cinema. Em sociedade com o fotógrafo português Antônio Leal, na Leal-Film, participa da produção de *Lucíola* (1916). Em 1917, cria sua própria produtora, a Veritas Film, produzindo as películas *A quadrilha do Esqueleto*, *Um senhor de posição*, *Ambição castigada* e *Rosa que se desfolha* (ou *O dominó misterioso*).

1917 *A Noite* lança seu *Almanaque d'A Noite para o ano de 1917*, com ilustrações de Vasco Lima.

1/1918 Irineu Marinho é operado dos rins na Casa de Saúde do dr. Crissiúma pelo cirurgião Álvaro Ramos.

6/1918 Irineu Marinho rompe com o sócio Joaquim Marques da Silva, comprando sua parte na sociedade de *A Noite* por 230 contos de réis. O capital social da empresa, nessa época, era de quatrocentos contos de réis, sendo duzentos contos de Irineu Marinho e duzentos dos sócios comanditários.

12/1918 Os acadêmicos da ABL Alberto de Oliveira, Coelho Neto, Augusto de Lima, Alcides Maya, Antônio Austregésilo, Mario de Alencar e Goulart de Andrade iniciam colaboração no jornal *A Noite*.

15/5/1919 Nasce o filho caçula Rogério Marinho.

29/6/1919 Irineu Marinho recebe, de Portugal, a cruz de oficial da Ordem de Cristo.

9/1920 Irineu Marinho compra uma casa de veraneio para a família em Correias, Petrópolis.

8/1921 *A Noite* publica a reportagem "Entre as fazedoras de anjos", sobre o aborto na cidade do Rio de Janeiro.

9/1921 A 4/1923 *A Noite*, em parceria com a *Revista da Semana*, promove o concurso "Qual a mulher mais bela do Brasil?", com vitória da santista Zezé Leone. O concurso teve ampla participação de periódicos de todo o país.

10/1921 Irineu Marinho faz tratamento de saúde na estação de águas de São Lourenço, Minas Gerais.

5/1922 A Sociedade em Comandita por Ações A Noite, sob a razão Marinho & Comp., se converte em Sociedade Anônima, com aumento de capital (de quatrocentos contos para 1,5 mil contos de réis).

5/7/1922 A 11/1922 Irineu Marinho é preso na ilha das Cobras sob acusação de colaboração com o movimento tenentista.

Cronologia

13/4/1924 Irineu Marinho é operado de uma pleurisia na Casa de Saúde Dr. Pedro Ernesto, no bairro de Vila Isabel.

20/5/1924 Irineu embarca com a mulher e os filhos para a Europa, acompanhados pelo médico e futuro genro Velho da Silva, pelo jornalista Castellar de Carvalho e por seu filho Joel de Carvalho. O grupo visita Itália, Suíça, França, Espanha e Portugal.

6/1924 Julio César de Mello e Souza, sob o pseudônimo de Malba Tahan, começa a escrever para *A Noite* "Contos de mil e uma 'noites'".

7/7/1924 *A Noite* registra recorde de vendas: 154.150 exemplares.

3/2/1925 Com Irineu Marinho ausente, uma assembleia extraordinária dos acionistas de *A Noite* muda a composição da diretoria do jornal, diminuindo os poderes de seu presidente.

26/2/1925 Com a crise no jornal, a família Marinho retorna ao Brasil no navio inglês *Darro*.

17/3/1925 O nome de Irineu Marinho é estampado pela última vez no expediente do jornal *A Noite*. No dia seguinte, estavam os nomes de Eustáquio Alves, Vasco Lima e Castellar de Carvalho.

5/1925 Irineu Marinho lança um concurso popular, veiculado por alguns periódicos, para a escolha do nome de seu novo jornal.

14/7/1925 Para fazer reclame de seu futuro jornal, Irineu Marinho distribui um boletim com informações sobre o jogo de futebol Paulistano × Fluminense, realizado na mesma tarde no estádio de Laranjeiras. No mesmo mês, imprime e distribui a partitura do foxtrote "O Globo".

25/7/1925 É celebrado o batismo das máquinas de *O Globo* e distribuído um boletim sobre o evento.

29/7/1925 Irineu Marinho lança *O Globo*. Em duas edições, o primeiro número teve tiragem de 33.435 exemplares.

21/8/1925 Irineu Marinho morre de enfarte em sua residência.

BIBLIOGRAFIA

ALVES, Jorge Fernandes. *Os brasileiros: emigração e retorno no Porto oitocentista*. Lisboa: Gráficos Reunidos, 1994.

ASSIS, Machado de. A reforma pelo jornal. In: COUTINHO, Afrânio (org.). *Machado de Assis. Obra completa*. Rio de Janeiro: Nova Aguilar. 1979. p. 963-964. v. 3.

BAHIA, Juarez. *Jornal, história e técnica: história da imprensa brasileira*. Rio de Janeiro: Mauad, 2009. v. 1.

BARBOSA, Marialva. *História cultural da imprensa. Brasil – 1900-2000*. Rio de Janeiro: Mauad, 2007.

BARRETO, Lima. *Toda crônica*. Rio de Janeiro: Agir, 2004.

BARTHES, Roland. *Structure du Fait Divers: Essais Critiques*. Paris: Seuil, 1966.

BERGER, Paulo. *A tipografia no Rio de Janeiro: impressores bibliográficos, 1808-1900*. Rio de Janeiro: Cia. Industrial e Papel Pirahy, 1984.

BIAL, Pedro. *Roberto Marinho*. Rio de Janeiro: Jorge Zahar Editor/Memória Globo, 2004.

BRETAS, Marcos Luiz. A guerra das ruas. Povo e polícia na cidade do Rio de Janeiro. Rio de Janeiro: Arquivo Nacional, 1997.

CAMPOS, Humberto de. *Perfis: Irineu Marinho*. São Paulo: W. M. Jackson Inc., s.d.

CARVALHO, José Murilo de. *Os bestializados: o Rio de Janeiro e a República que não foi*. São Paulo: Companhia das Letras, 1987.

_____. Os três povos da República. In: CARVALHO, Maria Alice Rezende de (org.) *A República no Catete*. Rio de Janeiro: Museu da República, 2001.

CARVALHO NETTO, Manoel Cardoso de. *Norte oito quatro*. Rio de Janeiro: s.n., 1977.

CHARLE, Christophe. *A gênese da sociedade do espetáculo: teatro em Paris, Berlim, Londres e Viena*. São Paulo: Companhia das Letras, 2009.

CHARNEY, Leo; SCHWARTZ, Vanessa (orgs.). *O cinema e a invenção da vida moderna*. São Paulo: Cosac Naify, 1984.

CORTÉS, C. *Homens e instituições no Rio*. Rio de Janeiro: Serviço Gráf. do IBGE, 1957.

CORREA, Viriato. Irineu Marinho, o aclamado – trecho de um livro de memórias. *O Globo*, s.d.

COSTA, Licurgo; BARROS VIDAL. *História e evolução da imprensa brasileira*. Rio de Janeiro: Comissão Organizadora da Representação Brasileira à Exposição dos Centenários de Portugal, 1940.

COSTA, Silvio Leal. Notas de um amigo para os que não conheceram Irineu Marinho. *O Globo*, 8 dez. 1958.

ELIAS, Norbert. *Mozart: sociologia de um gênio*. Rio de Janeiro: Jorge Zahar Editor, 1994.

FERREIRA, Marcela. A série de crônicas "diálogos" de Figueiredo Coimbra. 2009. Disponível em: www.iel.unicamp.br/revista/index.php/sinteses/article/viewFile/1226/899. Acesso em: 1 mar. 2011. Artigo resumo da dissertação *As crônicas dialogadas de Figueiredo Coimbra (1866-1899): entre o jornalismo e o teatro* (Campinas, Unicamp, Programa de Pós-Graduação em Teoria e História Literária).

FONSECA, Manoel José Gondin da. *Biografia do jornalismo carioca (1808-1908)*. Rio de Janeiro: Livraria Quaresma, 1941.

FREIRE, Rafael. *Carnaval, mistérios e gangsters: o filme policial no Brasil (1915-1951)*. Tese (Doutorado) – Instituto de Arte e Comunicação Social, Universidade Federal Fluminense, Niterói, 2011.

GRANDE Livro do Continente Americano. Rio de Janeiro: Typografia do Jornal do Commercio, 1914.

GUIMARÃES, Valéria. Sensacionalismo e modernidade na imprensa brasileira no início do século XX. *ArtCultura*, Uberlândia, v. 11, n. 18, p. 227-240, 2009.

IMPRESSÕES do Brazil no século vinte – sua história, seo povo, commercio, indústrias e recursos. Londres: Lloyd's Greater Britain Publishing Company, Ltd., 1913.

IPANEMA, Marcello de; IPANEMA, Cybelle. *Imprensa fluminense: ensaios e trajetos*. Rio de Janeiro: Instituto de Comunicação Ipanema, 1984.

LACERDA, Izomar. *Nós somos batutas: uma antropologia da trajetória do grupo musical carioca Os Oito Batutas e suas articulações com o pensamento musical brasileiro*. Dissertação (Mestrado em Antropologia) – Programa de Pós-Graduação em Antropologia Social, Universidade Federal de Santa Catarina, Santa Catarina, 2011.

LECLERC, Max. *Cartas do Brasil*. Tradução, prefácio e notas de Sérgio Milliet. São Paulo: Comp. Ed. Nacional, 1942.

LEITE NETTO, Wanderlino Teixeira. *Passeio das letras na taba de Arariboia: a literatura em Niterói no século XX*. Niterói, RJ: Niterói Livros/Fundação de Arte de Niterói, 2003.

LUSTOSA, Isabel. *Histórias de presidentes: a República no Catete*. Rio de Janeiro: Fundação Casa de Rui Barbosa, 1989.

MAGALHÃES JUNIOR, R. Paulo Barreto e a fundação de *A Noite*. *Jornal do Commercio*, 19 jun.1960, 2º caderno, p. 1.

_____. *A vida vertiginosa de João do Rio*. Rio de Janeiro: Civilização Brasileira; Brasília: INL, 1978.

MARTINS, Ismênia de Lima; KNAUSS, Paulo. *Cidade múltipla: temas de história de Niterói*. Niterói, RJ: Niterói Livros, 1977.

MATTOS, Ilmar Rohloff de. *O tempo Saquarema*. São Paulo: Hucitec, 1994.

MEDEIROS, Aldalita de Jesus Barbosa Lima de. *Niterói, Rio de Janeiro: 4º Centenário*. Rio de Janeiro: IBGE, Dep. de Divulgação Estatística, 1981.

MEDEIROS, Maurício de. Roberto Marinho. *O Globo*, 6 jul. 1960.

MEDEIROS E ALBUQUERQUE, José Joaquim. *Minha vida – da mocidade à velhice: 1893-1934*. Rio de Janeiro: Calvino Filho Editor, 1934.

MOREL, Edmar. *Reportagem sobre Irineu Marinho*. Biblioteca Nacional, Seção de Manuscritos (25, 3, 2 n. 23) e Acervo Roberto Marinho, s.d.

MOURA, Roberto. *Tia Ciata e a Pequena África no Rio de Janeiro*. Rio de Janeiro: Secretaria Municipal de Cultura, Dep. Geral de Doc. e Inf. Cultural, Divisão de Editoração, 1995.

MUNTEAL, Oswaldo. *A imprensa na história do Brasil: fotojornalismo no século XX*. Rio de Janeiro: PUC-Rio/Desiderata, 2005.

MURUCI, Lucio Picanço. *Seth: um capítulo singular na caricatura brasileira*. Tese (Doutorado em História) – Pontifícia Universidade Católica, Rio de Janeiro, 2006.

NEEDELL, Jeffrey. *Belle Époque Tropical: sociedade e cultura de elite no Rio de Janeiro na virada do século*. São Paulo: Companhia das Letras, 1993.

O GLOBO. *A Noite* foi fechada para dar lugar à TV-2. 30 dez. 1957.

O GLOBO. Do aprendizado à experiência renovadora: surge *A Noite*. 15 jun. 1976.

OLIVEIRA MARTINS, Joaquim Pedro de. *História de Portugal*. Lisboa: Guimarães Editores, 1972.

PALMER, Luiz. Aspectos históricos e geográficos; evolução social. In: BRASIL, CNE. *Sinopse estatística do município de Niterói*. Rio de Janeiro: Serv. Gráfico do IBGE, 1948.

PEREIRA, José Mario. Sou um obcecado pelo trabalho. [Entrevista com Roberto Marinho]. *O Globo*, 1 nov. 1992.

ROCHA, Geraldo. Viva o espírito de Marinho. *O Globo*, 3 ago. 1956.

RODRIGUES, Nelson. *Menina sem estrela*. São Paulo: Companhia das Letras, 1993.

SANDRONI, Carlos. *Feitiço decente: transformações do samba no Rio de Janeiro, 1917-1933*. Rio de Janeiro: Jorge Zahar Editor, 2001.

SANTOS, José Maria dos. *A política geral do Brasil*. São Paulo: J. Magalhaes, 1930.

SARLO, Beatriz. *Tempo passado, cultura da memória e guinada subjetiva*. São Paulo: Companhia das Letras; Belo Horizonte: Editora da UFMG, 2007.

SCHILLER, Dan. *Objectivity and the News. The Public and the Rise of Commercial Journalism*. Philadelphia: University of Pennsylvania Press, 1981.

SCHUDSON, Michael. *Discovering the News. A Social History of American Newspapers*. Washington, DC: Basic Books, 1978.

SILVA, Eduardo. *As queixas do povo*. Rio de Janeiro: Paz e Terra, 1988.

SILVA, Geovana. Assistência e poder: os provedores da Santa Casa de Misericórdia do Rio de Janeiro. *Em Debate – Revista Eletrônica do Departamento de Serviço Social*, PUC-Rio, n. 8, 2008.

SOARES, Emmanuel de Macedo. *José Clemente e a Vila Real da Praia Grande*. Niterói: Fundação Atividades Culturais de Niterói, 1980.

SODRÉ, Nelson Werneck. *História da imprensa no Brasil*. Rio de Janeiro: Mauad, 1999.

THIMOTHEO, Pedro (seleção, preâmbulo e biografias). *Antologia do jornalismo brasileiro* Rio de Janeiro: Livraria Zelio Valverde, 1944.

FONTES

Periódicos

A Época, 1914-1919
A Noite, 1911-1925
A Notícia, 1894-1925
A Penna – Órgão Litterário, n. 4, 2 ago. 1892
Correio da Manhã, 1914-1925
Diário Oficial da União, 1911-1925 (atas de assembleias de acionistas de *A Noite*, *Gazeta de Notícias* e *A Notícia*)
Gazeta de Notícias, 1893-1925

Bibliografia

O Ensaio, orgão do Grêmio Literário Homenagem a Silvio Romero, 1 out. 1892
O Fluminense, set. 1892 a jan. 1893
O Globo – Boletim Gratuito, 25 jul. 1925
O Globo, 1925
O Imparcial, 1914
O Paiz, 1900-1925
Revista Brasil-Portugal, ano II, n. 30, 16 abr. 1900
Revista da Semana, 1910-1925
Revista Selecta, 1917

Documentos

ACERVO ROBERTO MARINHO/ MEMÓRIA GLOBO
Correspondência entre Irineu Marinho e:
Antônio Leal da Costa (162 cartas, 1914 a 1925)
Castellar de Carvalho (três cartas, 1924 a 1925)
Celestino da Silva (uma carta, 1910)
Duarte Félix (duas cartas, 1910)
Francisca Marinho (sete cartas, 1922)
Geraldo Rocha (duas cartas, 1923 a 1925)
Herbert Moses (doze cartas, 1923 a 1925)
Hilda Marinho (três cartas, 1925)
Joaquim Marques da Silva (25 cartas, 1913 a 1918)
Lucas Ayarragaray (duas cartas, 1914 a 1915)
Manoel J. de Oliveira Rocha (sete cartas, 1910 a 1911)
Medeiros e Albuquerque (cinco cartas, 1911 a 1919)
Paulo Barreto (João do Rio) (sete cartas, 1910 a 1911)
Raul Pederneiras (duas cartas, 1920)
Vasco Lima (cinquenta cartas, 1913 a 1925)
Viriato Correa (uma carta, 1914)
Documentos pessoais de Irineu Marinho.
Documentos pessoais de João Marinho Coelho de Barros.
Estatutos da Sociedade Anônima A Noite (Rio de Janeiro: Officinas Graphicas de A Noite, 1922).
Mensagem por S. Pedro dirigida aos membros das Domingueiras. Rio de Janeiro, 22 abr. 1917 (datilografado).
Modus Vivendi [contrato para um dia de domingo]. Rio de Janeiro, 16 jul. 1916 (datilografado).
Ordem do dia para 7 de setembro – Independência ou vida sem cuidados nem amofinações. s.d. (datilografado).
Caderno de recortes com notícias sobre a cirurgia e a viagem de Irineu Marinho (1924-1925).
BARATA, Cau. Estudo genealógico da Família Marinho, 2010.
Estatutos da Comédia Brasileira organizada pela deliberação da Casa dos Artistas na Assembleia Geral de 3 de Outubro de 1923. Rio de Janeiro: Officinas Graphicas de A Noite, 1923.
MARINHO, Roberto. Roteiro e anotações para livro de memórias "Condenado ao êxito".

ARQUIVO NACIONAL
Documentos de Polícia, 2ª seção, dossiê 6c 505, Inquérito Conspiração, março de 1914.
Ofícios de Notas da Cidade do Rio de Janeiro – escrituras de compra e venda, arrendamento, locação e confissão de dívida.
Processo de naturalização de João Marinho Coelho de Barros (1857). Processo 5193.857, Cod. 30.323.

Depoimentos

MEMÓRIA GLOBO
Claudio Mello e Souza
Elizabeth Marinho
Henrique Caban
Hilda Marinho
João Roberto Marinho
Jorge Rodrigues
Jorge Serpa
José Roberto Marinho
Lenita Vasconcelos
Luiz Paulo Vasconcelos
Roberto Irineu Marinho
Rodrigo Goulart
Rogério Marinho

Outros acervos consultados

Academia Brasileira de Letras (ABL)
Acervo Alice Gonzaga/Cinédia (AAG)
Acervo Fotográfico da Light (ACL)
Arquivo Agência O Globo (AOG)
Arquivo G. Ermakoff (AGE)
Arquivo Geral da Cidade do Rio de Janeiro (AGCRJ)
Arquivo Histórico do Museu da República (MR)
Arquivo Nacional (AN)
Associação Brasileira de Imprensa (ABI)
Centro de Pesquisa e Documentação de História Contemporânea do Brasil (CPDOC)
Fundação Biblioteca Nacional (FBN)
Fundação Casa de Rui Barbosa (FCRB)
Fundação Museu da Imagem e do Som (MIS-RJ)
Centro de Documentação e Informação em Arte da Funarte (Cedoc/Funarte)
Instituto Histórico e Geográfico Brasileiro (IHGB)
Instituto Moreira Salles (IMS)
Museu Histórico Nacional (MHN)
Real Gabinete Português de Leitura (RGPL)

ÍNDICE ONOMÁSTICO

Relação dos nomes próprios que ocorrem na obra. Ocorrências em *itálico* indicam que estão presentes na legenda. Em **negrito**, nas transcrições.

Acácio de Lannes | 114
Adoasto de Godoy | 175
Adolpho Bergamini | 183, 184
Afonso Pena | 79
Alarico Marinho | 34, *167*, *206*
Alberto Botelho | 148
Alberto de Oliveira | 216
Alberto Torres | 132, 133, 160, 215
Alcides Maya | 216
Alcides Silva | 83
Alcindo Guanabara | 214
Alexandre de Albuquerque | 151
Alexandrino, Alm | 116
Alexis de Tocqueville | 41
Alfredo Azamor | 55
Aluísio Azevedo | 49
Álvaro de Teffé | 122
Álvaro Marins (ver Seth)
Álvaro Ramos, dr. | 216
Amélia, tia | 141
Ana Paula Goulart Ribeiro | 17
Anatole France | 72
André Cavalcanti | 168
Ângelo Agostini | 43
Antônio Marinho | 34
Antônio Austregésilo | 216
Antônio Azeredo | 168, 175, 214
Antônio Carlos Ribeiro de Andrada | 183
Antônio da Silva Pereira | *203*
Antônio Leal 23, 26, 154, 215
Antônio Leal da Costa | 20, 62, 79, 90, *92*, 93, 116, 134, 151, 163, *165*, 169, *169*, 173, 175, *175*, 176, 179, 181, 182, 183, 185, 186, 189, 193, 194, *194*, 195, 197, 198, 199, 201
Antônio Locatelli | 176, *176*
Antônio Pinheiro | *89*
Antônio Pinto Coelho de Barros | 29, 31, 32, 33
Antonio Serpa | *203*
Ariosto | 107
Aristides Lobo | 58
Aristóteles
Arlindo Valentim da Rocha | *206*
Arnaldo de Carvalho | 100, *119*
Arnaldo Guinle | 13, 157
Arthur Guimarães | *207*

Artur Azevedo | 43
Artur Bernardes | 11, 14, 134, 135, 160, 161, 175, 179, 205
Artur do Carmo | 100
Artur Marques | 83, *102*
Assis Chateaubriand | 185
Astarbé Rocha | 83, *102*
Astolpho Resende | 83, *113*
Augusto de Lima | 216
Augusto Malta (fotógrafo) | *27*, *53*, *62*, *68*, *69*, *75*, *77*, *113*
Augusto Mosse de Castro | *92*
Augusto Rodrigues Ferreira | 83, *102*
Aurélio Viana | 111
Avelino de Medeiros Chaves | 100, 214
Azevedo Lima | 183
Bambino (ilustrador) | *76*
Bandeira de Mello | *203*
Barreto (fotógrafo) | *35*, *59*
Barros Vidal | 201, *203*, *206*
Bastos Dias (fotógrafo) | *13*
Bastos Tigre | 201
Beatriz Sarlo | 19
Belmiro de Almeida | 83
Benjamin Constant | 37
Bento Ribeiro | 122
Bertrand de Moleville, conde | 146
Bezanilla, viúva | *47*
Bonifácio da Costa | 148
Braz Martins Vianna | *122*, *203*, *207*
Brício Filho | 201
Caetano Filgueiras | 58
Caio Monteiro de Barros | 114, 116, 130
Campos Sales | 11, 62, 65, 73
Cândido Campos | 168
Carlos Abreu | 151
Carlos Bittencourt, mal. | 64
Carlos Gonçalves | 201
Caruso | 72
Castellar de Carvalho | 25, 63, 83, *92*, 93, 95, *102*, 121, 122, *135*, 142, 168, *171*, *173*, 176, 195, *195*, 217
Castro Araújo, dr. | 167
Caxias, duque de | 31
Celestino da Silva | 26, *26*, 100, 199, 214
Cesar Roux, dr. | 182
Chica, d. (Francisca Pisani) | *5*, 65, *83*, 84, *84*, 85, *85*, 86, *86*, 87, 88, 89, 90, 91, *91*, *92*, *92*, 93, 95, *122*, *135*, *159*, 163, *163*, 166, 167, *167*, 168, *169*, *173*, 189, 193, 195, 197, 208, 214

Índice Onomástico

China | 168
Chiquinha Gonzaga | 156
Christiane de Assis Pacheco | 17
Christina, d. (mãe de d. Chica) | *5*, 84, 90, 197
Christophe Charle | 154
Ciata, tia (Hilária Batista de Almeida) | 15, 141, *141*, 142
Cícero, padre | 86, 112, 114
Claudia Coelho de Barros | 32, 34
Clodoaldo da Fonseca, cel. | 111
Coelho Neto | 25, 83, *139*, 155, 215
Constant Guéroult | 155
Costa Ramos | 201, *206*
Costa Rego | 175
Costa Soares | 201
Crissiúma, dr. | 216
Custódio de Melo, alm. | 62
Dantas Barreto, gal. | 111
Débora Paiva | 17
Delfim Moreira | 133
Deodoro da Fonseca, mal. | 58, 62, 63
Dilermando Cruz | 83
Donga (Ernesto Joaquim Maria dos Santos) | 13, 141, 142, 156, 157, 168
Dorothy Parker | 13
Duarte Félix | 168
Edmar Morel | 35, 73, 117, 199
Edmond Plauchut | 117, *117*, *118*, 119, *119*, 214
Edmundo Bittencourt | 11, 76, 114, 115, 184, 185, 188
Eduardo Campos | 136
Eduardo Gomes | 179
Eduardo Prado | 63
Eduardo Silva | 11
Edwiges Souza Barros | 29, 32, 34, 35, *35*, 213
Elizabeth Marinho | 91, 191
Eloy Pontes | 201, *203*
Elvira (meia-irmã de d. Chica) | *5*, 84
Epitácio Pessoa | 14, 133, 134, 159, 160, 161
Ernani Aguiar | *203*, *206*
Ernesto Francisconi | *203*, *206*
Ernesto Joaquim Maria dos Santos (ver Donga)
Ernesto Nazareth | 156
Euclides Hermes | 135
Eulália Almerinda | 34
Eurico Matos | 201
Eurycles de Mattos | 87, 102, 179, 201, *203*, *209*
Eustáquio Alves | 83, 93, 100, *102*, *113*, 142, 148, *148*, 151, 181, 186, 195, 217
Fabiano Pereira Barreto, comendador | 32

Félix Pacheco | 50, 185
Ferreira de Menezes | 58
Ferreira dos Santos | 83
Figueiredo Pimentel | 63, 67, 68, *72*
Floriano Peixoto | 62, 111
Florindo Junior | *56*
Floro Bartolomeu, cel. | 112, 114
Fortunato Campos de Medeiros | 114
Francisca Pisani (ver d. Chica)
Francisco (pai de d. Chica) | 84
Francisco Gonçalves | 197
Francisco Inácio Valadares | 114, 115, 121, 122, 197
Francisco Otaviano | 58
Francisco Pastor (ilustrador) | *26*
Francisco Veloso | 114
Franco Rabelo, cel. | 111, 112, 113, 114
François Michelet | 189
Freitas Pitombo | 215
Gastão Toujeiro | 154
Geminiano | 166
Geraldo Rocha | 181, 186, 189, 190, 194, 195, 196, 197, *198*, 199, *199*, 201, *201*, **201**
Germano, mestre | 142
Getúlio Vargas | 210
Giuseppe Labanca | 25
Goulart de Andrade | 216
Gregório Garcia Seabra, | 199
Guedes, sr. (Joaquim Marques da Silva)
Helena Marinho | 84, *85*, 87, 215
Hélio Neto Machado | 201, *206*
Heloísa Marinho | *5*, 84, *85*, 86, *122*, *135*, *159*, *167*, 168, *171*, *173*, 214
Henrique Gigante | 201, *203*, *206*, *209*
Herbert Moses | *113*, *169*, 175, 181, 183, 193, 194, 195, 197, 201, *206*, *209*
Hermes da Fonseca, mal. | 11, 14, 27, 79, 86, 103, 110, *110*, 111, *111*, 112, 113, 114, 119, 122, *122*, *125*, 126, 133, 134, 160, 161, 187, 213
Hermeto Lima | 155
Hilária Batista de Almeida (ver Ciata, tia)
Hilário Jovino | 142
Hilda Marinho | 84, *85*, *86*, 87, *88*, 91, *159*, *167*, 168, *171*, *173*, *190*, 191, 215
Honório Netto Machado | *203*, *207*
Horácio Cartier | 201
Hugo Leal (ver Vasco Lima)
Ida Moses | 176
Inácio Moses | 176
Inglês de Souza Filho | 199

Índice Onomástico

Irineu Machado | 114, 175
Irineu Marinho | 5, *5*, 6, 9, 11, 13, *13*, 14, 15, 17, 19, *19*, 20, 21, 23, 24, 25, 26, 27, 29, *29*, 34, 35, 37, *37*, 39, 40, 41, 46, *47*, 50, 51, 53, *53*, 54, *54*, 55, 56, 58, 59, 62, 63, *63*, 65, 69, *69*, 72, *72*, 73, 76, 77, 78, 79, 80, 83, *83*, 84, *85*, 86, *86*, 87, 88, 89, *89*, 90, 91, *91*, 92, 93, *93*, 95, 97, 99, 100, 102, 103, 104, *104*, 106, 107, 113, 115, *115*, 116, 119, 121, 122, *122*, 125, *125*, 126, *126*, 128, 130, 132, 134, *135*, 136, *136*, 139, 142, 143, 144, 148, 151, 154, 156, 157, 159, *159*, 160, 161, 162, 163, *163*, 165, 167, *167*, 168, 169, *169*, 171, 172, 173, *173*, 175, *175*, 176, *176*, 179, *179*, 181, 182, 183, 185, 186, 189, 190, 191, 193, *193*, 194, *194*, 195, 197, 198, *198*, 199, *199*, 201, *201*, **201**, *203*, 205, *207*, 208, 209, *209*, 210, *211*, 212, 213, 214, 215, 216
Irma Geiser | 168, *171*
Isidoro Dias Lopes | 179
Itaboraí, visconde de | 31
J. Carlos | 107, *126*
J. Cfuri | 136, 148, 150
João Alfredo Pereira Rego | 83, *102*, *113*, 201
João Antônio Brandão | 83, *102*, 116, 125
João Cabral | *203*, *206*
João Cândido | 80
João do Rio (Paulo Barreto) | 41, *41*, 63, 72, 78, 97, *99*, 100, 102, 103, *106*, 214
João Ferreira de Moraes | *47*
João Ferreira Romariz | 64
João Franklin | 115
João Guimarães | 203
João Louzada | 201, *203*
João Luiz Alves | 175
João Marinho Coelho de Barros | 29, *29*, 30, *30*, 31, *31*, 32, *32*, 33, *33*, 34, 35, *35*, 37, 213
João Ribeiro | 155
João Roberto Marinho | 6
Joaquim da Costa Soares | *203*, *206*
Joaquim Marques da Silva | 23, 83, 100, 103, 115, *115*, 116, 121, 122, 125, *125*, 126, 154, 214, 215, 216
Joaquim Nabuco | 58, 191
Joaquim Serra | 58
Joel de Carvalho | 168, *173*, 217
Jorge Fernandes Alves | 30
José Barbosa da Silva (ver Sinhô)
José Carlos Rodrigues | 9
José de Alencar | 58
José Eduardo de Macedo Soares | 11, 114, 115, 116, 199
José Francisco da Rocha Pombo Filho | 83, 145

José Júlio Velho da Silva, dr. | 95, 167, 168, *171*, *173*, 182, 197, 216
José Maria, monge | 111
José Maria dos Santos | 65
José Maria Pereira | *206*
José Murilo de Carvalho | 76, 77, 128
José Roberto Marinho | 6
José Sizenando | *203*
Joseph Pulitzer | 41, 43
Juarez Távora | 179
Julião Machado | 107
Júlio César de Mello e Souza (ver Malba Tahan)
Júlio de Castilhos | 62
Júlio de Mesquita | 116, 184
Júlio Verne | 155
K. Lixto | 107, *143*
Laurinda Santos Lobo | 72
Lauro Muller | 168
Leal de Sousa | 155, 184
Leônidas de Rezende | 14, 115, 205
Leontina (meia-irmã de d. Chica) | 84, 197
Leopoldo Fróes | 100, 168, 215
Levy Pereira Leite | 201
Lima Barreto | 15, 53, 62, 64, 126, *126*, 128, 155, 215
Lopes Trovão | 43, 58
Louis Couty | 77
Lucas Ayarragaray | 115
Lúcio de Mendonça | 13, 58
Luís Barbosa da Silva | 58
Luís de Castro | 72
Luiz de Azevedo | 55, 213, 214
Luiz Del Valle | *203*
Luiz Edmundo | 15, 50, *50*, 67, *195*
Luiz Vianna Filho | 110
Machado de Assis | 58
Malba Tahan (Júlio César de Mello e Souza) | 217
Manoel de Oliveira Rocha (ver Rochinha)
Manoel Gonçalves | 201, *206*
Manuel Bonfim | 155
Marc Ferrez (fotógrafo) | *43, 67*
Marc Leclercq | 47
Marcolino Linio | *203*
Maria Alice Rezende de Carvalho | 5, 9, 11
Maria Augusta (esposa de Rui Barbosa) | *113*
Maria de Lourdes (filha de Mariana Rui Barbosa) | *113*
Maria José (Zezé) Leone | 148, 216
Maria Luisa (filha Mariana Rui Barbosa) | *113*
Mariana Rui Barbosa | *113*

Índice Onomástico

Mario Cataldi | *203*
Mario de Alencar | 216
Mario Lima | 150
Mário Magalhães | *5*, 83, 90, 93, 100, 195
Mário Melo | 201
Mario Rodrigues | 185
Maurício de Lacerda | 14, 114, 205
Maurício de Medeiros | 83, 84, 100, 114, 115
Mauro "Peru dos Pés Frios" de Almeida | 141, 142, 143
Max Fleuiss | 154
Medeiros e Albuquerque | 13, 43, 58, 65, 83, 97, 100, 102, 103, 114, 130, 132, 133
Mena Barreto, mal. | 114
Mendes Tavares | 175
Miguel Calmon | *113*
Miguel Costa | 179
Miguel Lemos | 37
Miguel Mello | 181, 184
Moacyr Marinho | *92, 203, 207*
Monteiro Lobato | 132
Mozart | 20
Mussolini | 178, 179
Nair de Teffé | 116, 126
Narciso Luiz Machado Guimarães | 34
Nascimento e Silva | 148
Nelson Rodrigues | 106, 151
Nelson Werneck Sodré | 43
Nicola Caravella | 20
Nicolau Ciancio | *92*
Nilo Peçanha | 53, 134, 160
Noêmio Xavier da Silveira | 122, 125
Norbert Elias | 20
Octávio Kelly | 54, 213
Odilir Souza e Silva | *206*
Oduvaldo Vianna | 148, 168
Olavo Bilac | 63, 78
Olinda, marquês de | *32*
Oliveira Martins | 29
Oliveira Vianna | 160
Orson Welles | 40
Oscar Lopes | 144, 145, 146
Oseas Mota | 83, 184
Osmar Graça | *203*
Osmundo Pimentel | *89*
Osório de Paiva, gal. | 114
Oswaldo Cruz | 73, 76
Oswaldo | 185
Ovídio Meira, dr. | 167
Paraná, marquês de | 31

Paul Janet | 55
Paulo Barreto (ver João do Rio)
Paulo Bittencourt | 185
Paulo Cleto | 215
Pedro II, d. | 39, 58
Pedro Garneiro, dr. | 167
Pedro Moacir | 114
Pereira Passos | *68*, 73
Pinheiro Machado | 103, 111, 113, 114
Pinto da Rocha | 114, 115
Pires Brandão, dr. | 199
Pires e Albuquerque | *113*, 163, 166, 168
Pixinguinha | 13, 155, 156, 168
Ponson du Terrail | *195*
Póvoas Siqueira | *206*
Procópio Ferreira | 25
Prudente de Morais | 62, 64
Quartim Pinto, dr. | 167
Quintino Bocaiúva | 58
Ramiro Souza Cruz | 34
Raphael Borja Reis | 83
Raul Ferreira Leite, dr. | 199
Raul Palmieri | 168
Raul Pederneiras | 83, 107, *109, 152*
Ricardo Marinho | 84, *85*, 86, *122, 159*, 168, *171, 173, 179, 182, 206*, 214
Ricardo Xavier da Silveira | 122, 125
Rio Branco, barão do | 214
Roald Amundsen | 176
Roberto Gomes | *72*, 100
Roberto Irineu Marinho | 11
Roberto Marinho | 5, *5*, 11, 34, 56, 84, *85*, 86, 87, 91, *92*, 115, *122, 135, 159*, **165**, 168, *171, 173, 179*, 195, 198, 201, *203*, 208, *209, 214*
Rochinha (Manoel de Oliveira Rocha) | 27, 63, *63, 64*, 72, 83, 90, 100, 103, 104, *104*, 190, 213, 214
Rodolfo Miranda | 103
Rodrigues Alves | 67, 68, 73, 77, 133
Rogério Marinho | 84, *86*, 87, *88, 159, 167*, 168, *171, 173*, 215
Rui Barbosa | 27, 53, 58, 110, *111, 113*, 114, 115, 116, 126, 130, *130*, 132, 133
Salvador de Mendonça | 58
Sampaio Corrêa | 168
Santos Dumont | 73
Scalabrino, dr. | 173, 175
Sebastião Bandeira, gal. | 114
Sebastião Pinho, conde | 27
Seth (Álvaro Marins) | *19, 97*, 106, 107, *139, 144, 145, 145, 165*

Índice Onomástico

Severino Barbosa Correa | *203, 206*
Silvia Fiuza | 17
Sílvio Leal da Costa | 151, 201
Silvio Romero, dr. | 53, *56*
Sinhô (José Barbosa da Silva) | 141, 142, *143*
Siqueira Campos | 136
Solidonio Leite | 163, 166
Stefan Zweig | 193
Tatiana Di Sabbato | 17
Thaumaturgo de Azevedo, gal. | 114
Thereza Christina Maria, d. | 146
Uruguai, visconde de | 31
Valentim Petry | *206*
Valter Prestes | 201
Vasco Lima | 92, 93, 95, 97, 107, 110, 148, 150, 154, 155, 179, 186, 195, 197, 198, *198*, 216, 217
Vicente Piragibe | 114, 115
Victor Meirelles | 146
Vieira Fazenda | 154
Viriato Correa | 69, 72, 78, 83, 100
Vitorino de Oliveira | 83, 100, 115, 125, 126
Wenceslau Braz | 111, *121*, 133
William Hearst | 24, 40, *40*, 41, 43
Xavier de Montepin | *195*

CRÉDITO DAS ILUSTRAÇÕES

ACERVO ALICE GONZAGA / CINÉDIA | 152a; 152b; 152c; 153

ACERVO DA FUNDAÇÃO BIBLIOTECA NACIONAL – BRASIL | 18: *Revista Selecta*. Ano III, nº11, 17/03/1917; 23: *A Noite*, 11/12/1917; 24: *A Noite*, 23/10/1917; 25: *A Noite*, 23/10/1917; 26; 33: *Centenário da Independência. Álbum do Estado do Rio de Janeiro*; 35: *Álbum de Nictheroy*; 36: *Centenário da Independência. Álbum do Estado do Rio de Janeiro*; 47: *Gazeta de Notícias*, 26/04/1906; 56: *Álbum de Nictheroy*; 57: *O Ensaio*, 01/10/1892; 59: *Álbum de Nictheroy*; 63: *Grande Livro do Continente Americano*, 1914; 76: *Revista da Semana*, 02/10/1910; 78-79: *Revista da Semana*, 05/09/1914; 81: *A Noite*, 31/07/1911; 96: *O Gato - Álbum de Caricaturas*, nº 15, janeiro/1912; 101: *A Noite*, 18/07/1914; 108: *A Noite*, 28/02/1914; 109: *A Noite*, 19/02/1921; 110: *A Noite*, 24/03/1913; 115: *Grande Livro do Continente Americano*, 1914; 117: *A Noite*, 22/10/1911; 118: *A Noite*, 21/10/1911; 119: *A Noite*, 16/10/1911; 120: *A Noite*, 04/11/1917; 123: *A Nota*, 07/03/1914; 124: *Grande Livro do Continente Americano*, 1914; 126: *A Noite*, 05/03/1925; 127; 129: *A Noite*, 01/08/1914; 131: *A Noite*, 14/04/1917; 136-137; 138: *A Noite*, 03/03/1924; 140: *A Noite*, 02/05/1913; 144; *A Noite*, 05/05/1913; 145: *A Noite*, 10/05/1915; 147: *A Noite,*23/09/1921; 149: *A Noite*, 14/12/1915; 151: *A Noite,* 21/12/1915; 156: *A Noite*, 14/08/1922; 164: *A Noite*, 07/09/1922; 180: *A Noite*, 07/07/1924; encarte: *A Noite*, 03/03/1924

ACERVO FOTOGRÁFICO DA LIGHT | guarda; 27

ACERVO INSTITUTO MOREIRA SALLES | 42: Marc Ferrez / Coleção Gilberto Ferrez; 60-61: Augusto Malta / Coleção Gilberto Ferrez; 66

ACERVO ROBERTO MARINHO / MEMÓRIA GLOBO | capa; 4; 12; 28; 30; 32; 54-55; 69; 72; 82; 84; 85; 86; 88; 89; 91; 92a; 92b; 93; 94; 95; 98-99; 102; 105; 122; 135; 155; 158; 163; 165; 167; 169b; 170-171; 172; 173; 174; 176; 177; 179; 182-183;190; 191a; 191b; 198; 200; 202-203; 205; 208; 210; 211

AGÊNCIA O GLOBO | 107; 169a; 192; 194; 204; 206-207; 209

ARQUIVO G. ERMAKOFF | 52

ARQUIVO GERAL DA CIDADE DO RIO DE JANEIRO | 50; 77; 141

ARQUIVO NACIONAL / COLEÇÃO CORREIO DA MANHÃ | 41; 195

CELORICODIGITAL | 31

FUNDAÇÃO CASA DE RUI BARBOSA / ARQUIVO / FUNDO RUI BARBOSA | 111; 112

FUNDAÇÃO MUSEU DA IMAGEM E DO SOM – RJ 22; 38; 44-45; 46; 48; 49; 64; 68; 70-71; 74-75; 80: Coleção Guilherme dos Santos; 143; 168; 199

ISTOCK | 2-3; 7; 8; 10; 16; 230; quarta capa

AGRADECIMENTOS

Acervo Alice Gonzaga / Cinédia
Acervo Fotográfico da Light e Light Serviços
    de Eletricidade S.A.
Arquivo Agência O Globo
Arquivo da Academia Brasileira de Letras
Arquivo da Cúria Metropolitana de Niterói
Arquivo da Fundação Casa de Rui Barbosa
Arquivo Geral da Cidade do Rio de Janeiro
Arquivo Histórico do Museu da República
Arquivo Nacional
Associação Brasileira de Imprensa
Cau Barata
Centro de Documentação da Fundação Nacional
    de Artes (CEDOC/FUNARTE)
Centro de Pesquisa e Documentação de História
    Contemporânea do Brasil (CPDOC)
Cícero Rodrigues
Cláudio de Carvalho Xavier
Departamento de Ciências Sociais da PUC-Rio
Editora G. Ermakoff
Fundação Biblioteca Nacional
Fundação Museu da Imagem e do Som – RJ
Instituto Histórico e Geográfico Brasileiro
Instituto Moreira Salles
Marco Morel
Mônica Carneiro
Museu Histórico Nacional
Paulo Luiz Carneiro
Rafael de Luna
Real Gabinete Português de Leitura
Roberta Mociaro Zanatta
Ronaldo Tumminelli
Vera Lúcia Garcia Menezes

Sobre a autora

MARIA ALICE REZENDE DE CARVALHO nasceu no Rio de Janeiro, licenciou--se em história na PUC-Rio (1975) e se tornou doutora em sociologia pelo Iuperj (1997), onde trabalhou como docente e pesquisadora por vinte anos, alguns deles como professora titular de sociologia. Desde 2005 é professora associada da PUC-Rio, coordenando, atualmente, o Programa de Pós-Graduação em Ciências Sociais daquela instituição. Autora premiada pela Fundação Biblioteca Nacional e pela Associação Brasileira de Escritores, tem pesquisado e atuado na área de estudos sociais da cultura e da cidade. Foi presidente da Associação Brasileira de Pós-Graduação e Pesquisa em Ciências Sociais – Anpocs, no biênio 2009/2010.

MEMÓRIA GLOBO

SUPERVISÃO EDITORIAL

GERENTE DO CONHECIMENTO
Sílvia Fiuza

ASSESSORA DA GERÊNCIA DO CONHECIMENTO
Ana Paula Goulart Ribeiro

PESQUISADORA
Christiane de Assis Pacheco

PESQUISA TEXTUAL E ICONOGRÁFICA

SUPERVISORA EXECUTIVA DE PESQUISA
Tatiana Di Sabbato

PESQUISADORA
Christiane de Assis Pacheco

PESQUISADORA
Débora Paiva Monteiro

Copyright © 2012 Editora Globo S. A.
para a presente edição
Copyright © TV Globo 2012

Todos os direitos reservados. Nenhuma parte
desta edição pode ser utilizada ou reproduzida –
em qualquer meio ou forma, seja mecânico ou
eletrônico, fotocópia, gravação etc. – nem
apropriada ou estocada em sistema de banco de
dados sem a expressa autorização da editora.

Texto fixado conforme as regras do Novo
Acordo Ortográfico da Língua Portuguesa
(Decreto Legislativo nº 54, de 1995).

DIRETOR EDITORIAL
Marcos Strecker

EDITOR RESPONSÁVEL
Aida Veiga

ASSISTENTE EDITORIAL
Elisa Martins

PROJETO GRÁFICO
Victor Burton

DIAGRAMAÇÃO
Cacau Mendes
Fernanda Mello

PREPARAÇÃO DE TEXTO
Daniela Antunes

REVISÃO
Ana Tereza Clemente
Maria A. Medeiros

INDEXAÇÃO
Ampel Produções Editoriais

REPRODUÇÕES FOTOGRÁFICAS
E TRATAMENTO DE IMAGENS
Cícero Rodrigues

PRÉ-IMPRESSÃO
Trio Studio

Dados Internacionais de Catalogação na Publicação (CIP)
(Câmara Brasileira do Livro, SP, Brasil)

Carvalho, Maria Alice Rezende de
  Irineu Marinho: imprensa e cidade / Maria Alice Rezende
de Carvalho; prefácio José Murilo de Carvalho; pesquisa
Memória Globo. – São Paulo: Globo, 2012.

  ISBN 978-85-250-5302-2

  1. Imprensa - Brasil - História 2. Jornalismo - Brasil -
História 3. Jornalistas - Brasil 4. Marinho, Irineu, 1876-1925
5. O Globo (Jornal) I. Carvalho, José Murilo de. II. Memória
Globo. III. Título.

12-12791   CDD-079.85

Índices para catálogo sistemático:

1. Irineu Marinho : Jornalista brasileiro :
Relato da trajetória e obra 079.85

1ª edição, 2012 - 1ª reimpressão, 2012

EDITORA GLOBO S. A.
Av. Jaguaré, 1485 – 05346-902 – São Paulo – SP
www.globolivros.com.br

Este livro foi editado
na primavera de 2012 na
cidade de São Paulo.
Foram usados tipos
Clearface, criados em 1907
por Morris Fuller Benton
para uso em jornais.
E foi impresso na gráfica Ipsis.